2021年教育部人文社会科学研究一般项目"'刑罚附随性制裁'规范化研究"（21YJA820023）成果

光明社科文库
GUANGMING DAILY PRESS:
A SOCIAL SCIENCE SERIES

·法律与社会书系·

刑罚附随性制裁规范化研究

王瑞君 | 著

光明日报出版社

图书在版编目（CIP）数据

刑罚附随性制裁规范化研究 / 王瑞君著 . -- 北京：光明日报出版社，2025.2. -- ISBN 978 - 7 - 5194 - 8516 - 0

Ⅰ. D914.104

中国国家版本馆 CIP 数据核字第 2025XY3055 号

刑罚附随性制裁规范化研究
XINGFA FUSUIXING ZHICAI GUIFANHUA YANJIU

著　　　者：王瑞君	
责任编辑：史　宁	责任校对：许　怡　李海慧
封面设计：中联华文	责任印制：曹　净

出版发行：光明日报出版社
地　　址：北京市西城区永安路 106 号，100050
电　　话：010-63169890（咨询），010-63131930（邮购）
传　　真：010-63131930
网　　址：http://book.gmw.cn
E - mail：gmrbcbs@gmw.cn
法律顾问：北京市兰台律师事务所龚柳方律师
印　　刷：三河市华东印刷有限公司
装　　订：三河市华东印刷有限公司
本书如有破损、缺页、装订错误，请与本社联系调换，电话：010-63131930
开　　本：170mm×240mm
字　　数：200 千字　　　　　　　　　印　张：15.5
版　　次：2025 年 2 月第 1 版　　　　印　次：2025 年 2 月第 1 次印刷
书　　号：ISBN 978 - 7 - 5194 - 8516 - 0
定　　价：95.00 元

版权所有　　翻印必究

前 言

2021年全国两会召开之际，全国政协委员、中华全国律师协会副会长朱征夫再次提交《关于建立前科消灭制度的提案》，朱征夫委员担心的问题之一就是"因案底导致就业困难"。事实上，前科所带来的远不止就业困难的问题。因受刑罚惩罚所发生的，除职业限制与排斥之外，还包括落户积分和考试资质的限制、社会评价的减损、义务负担增加等诸多方面的负价值与不利益，此种情况被称为"刑罚附随后果""附随法律责任""刑罚体系外资格刑""犯罪附随后果"等。作者在前期成果中，也将之称为"刑罚附随后果"，但是后期更倾向于称之为"刑罚附随性制裁"，因为包括"职业禁止""资格限制"等在内的大量因前科所自然延伸出来的一系列非刑罚性禁止或限制措施，其否定性和惩罚性属性和特点非常明显，并且这类负价值和不利益自觉或不自觉地被延伸至被定罪判刑人员的子女及其亲属。2023年全国两会期间，全国政协周世虹委员在接受《中国新闻周刊》采访时，提出消除对罪犯子女考公的限制的建议，这在网上掀起了一场声势不小的"关于罪犯子女考公的限制"的激烈争论，于是，"犯罪前科附随后果、附随性制裁该不该有，可否连累适用于其后代"，再一次成为争论的热点话题。

关于"刑罚附随性制裁"的研究，大致始于18世纪末19世纪初，以德国刑法学家克莱因为首倡，体现在其针对刑罚残酷性反省而提出的社会防卫思想之中。刑事实证学派代表人物、意大利法学家菲利对被定罪判刑人出狱后，其身上带有的污名将给其职业获得带来的窘境，表示过担忧（1901年4月23日于那不勒斯大学的演讲）；另一位刑事实证学派代表人物、德国刑法学家弗兰茨·冯·李斯特，特别重视社会政策与预防犯罪的关系，他以人类及社会是否会有改善的可能作为出发点，研究对罪犯的教育改造和回归社会问题，并且专门就犯罪之人刑罚执行完毕后的"恢复原状"（Rehabilitation），即"复权"制度在当时欧洲各国的立法和实践进行过考察和分析。进入21世纪，美国刑法学界开始关注广泛存在的非正式"刑罚附随性制裁"，美国学者洛根·韦恩最先提出了非正式刑罚附随后果（Informal Collateral Consequences）的概念，并认为这些后果不是通过明示的法律规定产生的，而是起源于非正式的、独立于特定的法律权威而产生。

"刑罚附随性制裁"由于自身欠缺有效的制约机制，易于在社会秩序的管控中被广泛应用，引起了一些学者的疑虑。美国学者金·加百列认为，由于"刑罚附随性制裁"是"监管性的"而不是惩罚性的，因此不受罪刑法定原则的约束，官方机关可以对很久以前被定罪的人施加新的"刑罚附随性制裁"。也有学者对大量的"刑罚附随性制裁"的社会治理效果产生怀疑。以德国Marlaina Freisthler和Mark A. Godsey为代表的学者通过实证调查，举例说明了部分职业禁止是毫无必要的。美国小麦格雷斯·史密斯等学者认为，在以美国为代表的一些国家，"刑罚附随性制裁"使得那些本就因为经济困顿而去犯罪的犯罪者，在刑满释放后经济状况更加恶劣，从而难以回归社会。我国徐久生、师晓东等学者则认为，"刑罚附随性制裁"过度压制公民的职业自由，存在制裁程度超出立法者意图的可能。徐安住等通过研究发现，由于信息技术的发展，大量公权力机关和社会组织设置了"无犯罪记录"准入门槛，公民的犯罪记录被频繁查阅，这就使得犯罪者普遍受到非正式"刑罚附随性制裁"的影响。我国康均心、付强、符洪雪、李兰英等犯罪学和刑法学领域的研究人员认为，我国因刑罚附随产生的后果过于严厉，并认为不应给刑满释放人员再就业设置太多障碍。总之，"刑罚附随性制裁"

值得研究的问题有很多。

1. "刑罚附随性制裁"的属性，是法律制裁还是"社会性制裁"？制度内与超制度的制裁，运行情况如何？刑罚附随性制裁为何存在并呈逐年扩大的趋势？大量的"刑罚附随性制裁"在社会治理中扮演着怎样的角色，其背后有着怎样的社会需求？

2. 就刑罚附随性制裁自身的缺陷而言，刑罚附随性制裁上位法与下位法在理念和制度内容之间的不协调状况是否有必要解决？如何解决？针对同类事项各地的差异性做法，哪些是允许的，哪些是不允许的？刑罚附随性制裁适用的对象是否需要进一步细化类型，以增强前置条件与附随制裁后果之间的逻辑关联性？无时间限制的刑罚附随性制裁是否合理？

3. "刑罚附随性制裁"关涉社会主体的重要利益，其法治底线是什么？此类制裁的边界在哪里？对这些否定评价或者禁止和限制性的规定及做法，是否应该有复权或者救济制度的跟进？

4. 随着一些地方将犯罪信息纳入社会信用信息的范畴，出现了犯罪行为与严重失信行为竞合的情况，在以刑罚为典型的法律制裁与大量的非法律制裁手段共存的情况下，其相互间的关系如何统筹协调？

2023年《最高人民法院工作报告》指出："五年来审结一审刑事案件590.6万件，判处罪犯776.1万人。"这一数据表明2018—2023年，平均每年判处罪犯155.22万人，这是一个不小的数字。由于刑罚附随性制裁有针对犯罪者本人的，也有针对犯罪人家庭成员甚至其亲属的，因此，刑罚附随性制裁的合法性与合理性，其存在的理由和边界控制，特别值得重视和关注。此项选题包括针对有罪前科人员的职业排斥、户籍限制、考试资质剥夺、社会保障削减等多达数十种的刑罚附随制裁、失信惩戒及"社会动员"等一系列关涉非法定权力、社会治理多元主体问题。研究此项选题，进行根本性的学理阐释和分析，对推进我国"刑罚附随性制裁"的规范化和法治化，具有重要的现实意义。在当前社会治理日趋复杂化的形势下，反思和进一步优化我国社会治理理论体系和制度体系的理念，并以此推动"刑罚附随性制裁"的跨学科交叉研究，能够进一步推动对刑罚理论和犯罪预防理论的扩展和提升。从社会治理实践来看，以公权力机关为主导的法律制裁不可能独立完成社会治理任务，尤其是在预防犯罪上，需要其他社会力量提供支持，于是，行业协会、社会团体、企事业单位等用人过程中实际存在的"刑罚附随性制裁"，在当前社会治理中有着广阔的适用空间，但由于缺乏系统认识，因而存在规范化程度较低、社会治理效益不高的问题。因此，对"刑罚附随性制裁"的基础理论和运行状况的实证研究，能够为建构和完善我国以刑罚为核心的法律制裁体系以及由刑罚延伸形成的"社会性制裁"体系的法治化建设献言献策，从而调动多元社会主体合理参与社会治理，科学设置"刑罚附随性制裁"，服务于社会治理目标的实现。

目 录
CONTENTS

第一章 刑罚附随性制裁语义及性质的争议 …………………… 1
 第一节 刑罚附随性制裁语词及语义 ………………………… 1
 第二节 围绕刑罚附随性制裁性质的争议 …………………… 6
 第三节 刑罚附随性制裁的多重属性 ………………………… 11

第二章 刑罚附随性制裁：制度层面的考察 …………………… 18
 第一节 刑罚附随性制裁的主要内容 ………………………… 18
 第二节 刑罚附随性制裁的特点 ……………………………… 24

第三章 刑罚附随的社会性制裁 ………………………………… 39
 第一节 "社会性制裁"的提出及其概念辨析 ……………… 40
 第二节 "社会性制裁"相较于"法律制裁"的特点 ……… 46
 第三节 社会性制裁存在的必然性 …………………………… 53
 第四节 基于犯罪记录的"连带责任"与社会性制裁 ……… 57
 第五节 社会性制裁的合理限缩 ……………………………… 60

第四章　刑罚附随性制裁的功能 …… 71
第一节　刑罚附随性制裁的一般功能 …… 72
第二节　刑罚附随性制裁存在的现实需求 …… 78

第五章　刑罚附随性制裁价值选择的难题 …… 86
第一节　价值平衡与选择的难题 …… 86
第二节　价值理念及实践改进和完善的可行性 …… 93

第六章　刑罚附随性制裁规范化的理念和原则 …… 97
第一节　法治理念 …… 97
第二节　先报应后预防的逻辑思维 …… 99
第三节　回归社会与预防犯罪相兼顾的理念 …… 107
第四节　比例原则 …… 121
第五节　"不连累"原则 …… 125

第七章　刑罚附随性制裁的作用边界及轻罪前科消灭制度的构建 …… 130
第一节　刑罚附随性制裁的作用边界 …… 131
第二节　轻罪前科消灭制度的构建 …… 146

第八章　人的社会性与社区矫正人员回归社会问题 …… 158
第一节　犯罪治理策略的多元化 …… 159
第二节　社区矫正人员面临的再社会化的困境 …… 165
第三节　人的社会性与社区矫正人员再社会化 …… 168
第四节　促进社区矫正人员再社会化的建议 …… 172

第九章　犯罪信息纳入社会信用评价的适当性及限制 …………… 191
　第一节　犯罪信息纳入社会信用评价的文本检索情况 …………… 192
　第二节　文本层面制度设计的特点及问题 ………………………… 196
　第三节　犯罪信息纳入社会信用评价的积极意义 ………………… 201
　第四节　犯罪信息纳入社会信用评价的弊端与风险 ……………… 203
　第五节　犯罪信息纳入社会信用评价的限制 ……………………… 208

参考文献 ………………………………………………………………… 221

第一章

刑罚附随性制裁语义及性质的争议

我国存在大量的包括"职业禁止""资格限制""落户积分"等在内的非刑罚性禁止或限制措施，有散见于不同层阶的制度内的，也有制度外的。这些与某人因被定罪或被定罪判刑有关的非刑罚性禁止或限制措施，理论和实务界对其称谓不一，外延涵盖不是完全一致，自然对其性质、属性争议也比较大，随着我国轻罪立法活跃的现状和刑罚附随后果的延伸扩张趋势，这一问题值得关注和研究。

第一节 刑罚附随性制裁语词及语义

在我国目前的制度体系中，包括刑法在内的法律以及行政法规、部门规章、地方性法规、行业规定等，对于被定罪或者定罪受过刑罚处罚的人员来说，规定有大量的非刑罚性质的禁止或限制措施。在非制度化的领域，同样存在因犯罪前科而带来的污名、社会评价的减损、义务负担增加等的负价值与不利益。这类与犯罪人直接关联的，基于其犯罪或犯罪并接受刑罚惩罚所发生的职业限制与排斥、落户积分和考试资质的限制、社会评价的减损、义务负担增加等负价值与不利益，在我国学者的研究中，称谓上有"刑罚附随后果""附随法律责任""刑罚体系外资格刑""犯罪附随后果"等不同的表述。有很多人采用"犯罪附随后果""犯罪附随性制裁"等称谓。[①] 当然，这些语词的内涵和外延并不完全相同，但是从总体来看，关注的问题方向大体接近，如有些学者所讲的"所谓犯罪附随后果，是指刑法之外的法律法规、规章等规定的，对有犯罪前科者或其家庭成员、亲属等适用的，对特定权利和资质的限制、禁止或者剥夺"[②]。"犯罪附随后果是对有犯罪前科者及其家庭成员或亲属适用的，对特定权利和资质的限制、禁止或者剥夺。"[③] 与使用"刑罚附随性制裁""刑罚附随后果"相关语词展开的研究，问题指向大体一致。

耶赛克（Hans-Heinrich Jescheck）、魏根特（Thomas Weigend）教授在《德国刑法教科书》中，将刑法典中刑罚和保安处分之外的其他法律后果，称为"附随后果"[④]，其内涵与我国学者所使用的"刑罚附随后果"较为接近。罗克辛（Claus Roxin）教授在《德国刑法学总论》（第2卷）中也提出了"附随后果"一词，但对于"附随后果"的具体内涵并未进行解释和

[①] 付强．论犯罪行为的刑罚附随后果［J］．法学杂志，2015，36（07）：105-111；徐安住．犯罪行为的附随法律责任初探［J］．求索，2008（01）：109-111；李荣．我国刑罚体系外资格刑的整合［J］．法学论坛，2007（02）：66-70；李正山．我国犯罪附随后果之职业限制的缺陷及因应［J］．公民与法（法学版），2016（05）：26-29；罗翔．犯罪附随性制裁制度的废除［J］．政法论坛，2023，41（05）：24-35；彭文华．犯罪附随后果制度的体系定位与本土设计［J］．中国刑事法杂志，2023（04）：140-156；彭文华．我国犯罪附随后果制度规范化研究［J］．法学研究，2022，44（06）：171-188；严磊．积极刑法观下犯罪附随后果研究［J］．人大法律评论，2021（01）：333-361；徐久生，师晓东．犯罪化背景下犯罪附随后果的重构［J］．中南大学学报（社会科学版），2019，25（06）：65-75；等等。

[②] 彭文华．我国犯罪附随后果制度规范化研究［J］．法学研究，2022，44（06）：171-188．

[③] 罗翔．犯罪附随性制裁制度的废除［J］．政法论坛，2023，41（05）：24-35．该篇论文题目使用的是"犯罪附随性制裁"，正文中多处使用的是"犯罪附随后果"，作者并没有刻意区分"犯罪附随性制裁"与"犯罪附随后果"。

[④] 汉斯·海因里希·耶赛克，托马斯·魏根特．德国刑法教科书［M］．徐久生，译．北京：中国法制出版社，2001：947．

说明。本书延续作者之前论文中使用"刑罚附随性制裁"一词，仍将其界定为"与犯罪人直接关联的，基于其所受的刑罚惩罚所发生的职业限制与排斥、落户积分和考试资质的限制、社会评价的减损、义务负担增加等负价值与不利益"①。这主要是考虑到，不同于德国刑法典明确规定了刑罚"附随后果"的做法，我国并未在刑法中明确规定或提出"刑罚附随后果"的概念，而且相比"后果"这一更为宽泛的语词，"制裁"一词更能准确地揭示对于曾受刑罚者的权利克减和义务添附之实质，其内涵和外延更能准确地表述本书思考的问题。②

"刑罚附随性制裁"在各国的社会治理实践中普遍存在。美国《犯罪人的附带制裁和酌情取消资格法案》（Collateral Sanctions and Discretionary Disqualification of Convicted Persons），将"刑罚附随性制裁"划分为刑事附带制裁（Collateral Sanctions）和酌情取消资格（Discretionary Disqualification）。前者指的是一个人因重罪、轻罪或其他罪行被定罪后，自动被施加的法律惩罚、资格剥夺或不利条件，其不要求在判决中明确记载和具有特定名称。后者指的是被授权的民事法庭、行政机构或官员对被定罪的人施加的惩罚、资格剥夺或不利地位，其不要求一定是因为定罪的事实而被施加，但应当确保让犯罪人承担的这种法律惩罚、资格剥夺或不利条件是为了促进重返社会并减少再犯。法国刑法典将"刑罚附随性制裁"作为缓刑考验期内的附随性制裁手段，授权审判法院或刑罚执行法官可以特别规定被判刑人遵守包括不得出入零售酒馆、不参与赌博等一项或多项特定义务。③ 德国刑法典在主刑和附加刑之外规定的"附随后果"，包括剥夺担任公职的资格和选举权、被选

---

① 王瑞君. "刑罚附随性制裁"的功能与边界[J]. 法学, 2021（04）：44-60.
② 尽管本书关注的内容也包括定罪免刑情形下的附随性制裁，但认为"犯罪附随后果"或"犯罪附随性制裁"还是显得过于宽泛，加上司法实践中定罪免刑的占刑事案件的比例较少，因此仍采用"刑罚附随性制裁"的表述。因此，当提到"因受刑罚"或"受过刑罚处罚"，以及所涉及的原理、理论分析和建议时，是包括定罪免刑情形的，特此说明。
③ 法国刑法典[M]. 朱琳，译. 北京：法律出版社，2016：446-448.

举权等内容。① 芬兰、意大利等国也存在相关而富有特色的制度规定。我国历史上有"禁锢"（剥夺犯罪人或其亲属的任职资格）、"革胙"（剥夺犯罪人或其后代祭祀祖先的权利）、"除名"（将犯罪人从家谱、族谱中剔除，不再承认其宗族成员身份）、"押游"（宗族成员或街坊邻里将犯罪人等押上街头游行示众）等"刑罚附随性制裁"形式。② 我国《刑法修正案（九）》设定了"禁业"规定，应被视为"刑罚附随性制裁"开始进入刑法典的一种表现。

刑罚附随性制裁，可从不同的角度进行不同的分类，这有助于对该领域的关注重点有更深入的认识。

1. 刑罚附随性制裁可分为广义和狭义。广义的刑罚附随性制裁，包括现实存在和可能发生的、因受过刑罚处罚所产生的、所有抽象与具体可见的、不利的惩罚性结果，如信誉的不被认同、人格的不被认可、职业和岗位选择的限制、户籍等的限制，几乎涉及有刑罚经历的人回归社会的全部，甚至牵涉其家庭成员的工作、生活等方方面面。而与犯罪人直接关联的，由于受过刑罚处罚而为其本人所带来的"剥夺"或"限制"性质的、各种不利的后果，我们不妨称之为狭义的"刑罚附随后果"，或狭义的"刑罚附随性制裁"。本书在广义上讨论刑罚附随性制裁。

2. 刑罚附随性制裁可做"评价型"与"禁止和限制准入型"的划分。评价型刑罚附随后果，是指不直接设置禁止或限制性的内容，而是通过评价性"标签"，对有刑罚经历人员的人格、信誉、人身危险性的评价，向周围的人释放否定评价的信号，隐性地、间接地迫使其疏远与熟人和原有社群的关系，剥夺和限制其参与社会成果分配的资格和机会，减损其社会权利。例如，2018 年 5 月 7 日广东省揭阳市惠来县鳌江镇的 10 户家庭的围墙或大门

---

① 德国刑法典 [M]. 徐久生，庄敬华，译. 北京：中国方正出版社，2004：16.
② 吴睿佳，王瑞君. 传统与当下的对话：论社会性制裁的宗族法渊源 [J]. 民间法，2019，23（01）：17-29.

处，被喷上了"涉毒家庭"的字样，以达到警示教育的效果。① 这一案例就是评价型刑罚附随性制裁的体现，并且将附随后果延伸到涉毒犯罪嫌疑人的家属。禁止和限制准入型的刑罚附随性制裁，即直接通过法律、法规或其他制度载体，禁止获得特定行业职业资格、禁止或限制其从事某种职业、禁止户籍准入等，相当于发布"禁止令"，直接地排斥其获得或从事特定职业、参与特定社会活动、参与社会成果分配的资格和机会，这类刑罚附随性制裁的后果更直接。

3. 刑罚附随性制裁可划分为"制度性"刑罚附随性制裁与"非制度性"刑罚附随性制裁。前者有立法、行业等专门的授权，体现的是国家权力、社会团体权利的应用，载体可以是法律、法规、团体规章等，关联问题主要是其合法与否。后者没有明确的授权，通常也见不到"规范性"载体形式，如雇主内心不能接受有盗窃前科的人员从事与"钱"打交道的工作，从而拒绝聘用有盗窃前科的人员担任收银员，因其并无任何制度规范作为依据而区别于"制度性"刑罚附随后果，成为一种因人而异的内生性社会排斥，关联问题更多的是其是否合理。"非制度性"刑罚附随性制裁更多地体现在社会性制裁中，当然，社会性制裁也有相当的部分体现为所谓制度的形式，但无关国家权力。

如前所述，本书将与犯罪人直接关联的"刑罚之外"，基于其被定罪或被定罪受到刑罚惩罚所发生的职业限制与排斥、落户积分和考试资质的限制、社会评价的减损、义务负担增加等负价值与不利益，称为"刑罚附随性制裁"。首先，它必须与定罪和刑罚有关；其次，这一后果是"附随"的，即伴随定罪或刑罚的实际执行，即有被定罪或被定罪接受过刑罚处罚的事实；

---

① 据报道，被喷漆的十个家庭来自五个村，均涉及较大制贩毒案件的家庭，十户被喷漆村屋中大部分家庭的成员为在逃人员。同时，惠来县委和禁毒办表示，在喷漆前，已提前告知村民并得到了村民的同意，但在5月8日晚意识到喷漆行为不妥，并准备组织人手去除喷漆。（韩方航. 因成员或涉制贩毒案件，十户家庭被喷漆"涉毒家庭"[EB/OL]. 好奇心日报网，2018-05-10.）

最后，体现为"制裁性后果"的，是以消极的、无益的形式存在，是刑事违法者不愿看到、不想接受的，一般表现为剥夺其公民所享有的某些权利，禁止从事某种职业，限制获得某种资格、荣誉。简言之，它在一定程度上剥夺了通常情况下人之为人所应有的权益。

第二节 围绕刑罚附随性制裁性质的争议

关于刑罚附随性制裁的性质，我国主要有保安处分说、行政处罚说和资格刑说。①

1. 保安处分说。"《刑法修正案（九）》增设的职业禁止不是刑罚、行政处罚，而是从预防犯罪、保障社会公众安全和维护社会公众利益的角度所采取的一项预防性措施，其在实质上相当于保安处分。"② "犯罪附随后果根据职业关联性和禁止期限两个标准设置，在性质上属于保安处分。……其一，在功能上，犯罪附随后果具有保安处分的功能……在内容上，犯罪附随后果和刑法中从业禁止的内容类似。虽然我国刑法没有使用'保安处分'概念，但是越来越多的学者赞同我国刑法实质上规定了保安处分，《刑法修正案（九）》增设的从业禁止属于保安处分已经成为学界的基本共识。如

---

① 学界对刑罚附随后果和刑罚附随性制裁的研究，有的仅侧重研究其中的职业禁止。关于职业禁止的法律性质，就有"刑罚""刑罚的辅助性措施""刑罚的附带处分""保安处分""非刑罚措施""刑事制裁措施"等不同的观点。[徐翕明. 也论刑法中职业禁止的法律性质 [J]. 成都理工大学学报（社会科学版），2017，25（04）：32-36；刘志伟，宋久华. 论刑法中的职业禁止制度 [J]. 江西社会科学，2016，36（01）：144-149；于志刚. 从业禁止制度的定位与资格限制、剥夺制度的体系化：以《刑法修正案（九）》从业禁止制度的规范解读为切入点 [J]. 法学评论，2016，34（01）：98-107；等等。]

② 刘夏. 保安处分视角下的职业禁止研究 [J]. 政法论丛，2015（06）：130-137.

此，犯罪附随后果的内容同样是从业禁止，理应具有保安处分的性质。"①"从业禁止是防止犯罪人利用职业再犯罪的保安处分，而不是刑种与刑罚执行方式。"②

保安处分由德国刑法学者克莱因（E.F.Klein）首倡，强调在刑罚之外还需要对犯罪人的危险性进行评估，通过保安处分来加强社会的管控。在当代，最广义的保安处分，不以犯罪行为的存在或之前实施过犯罪行为为前提，因此，保安处分作为针对特定行为人的社会危险性的社会防卫措施，有的国家刑法中有保安处分，有的国家没有。刑法中规定有保安处分的国家，各自的适用对象也有很大的差别，并且各国学者对保安处分的语义界定也存在不小的差别，加之，刑罚附随性制裁不限于从业禁止等内容，因此，直接将刑罚附随后果、刑罚附随性制裁归结为保安处分，不是十分准确的，只能说，刑罚附随性制裁之所以存在并不断扩张，其价值取向更接近保安处分制度的社会保安、维护社会治安的功能和设置目的。

2. 行政处罚说。犯罪附随后果是一种行政措施，是行政处罚中的资格罚。③ 也有著述表达为"行政责任说"。例如，徐安住认为，刑罚附随后果"……从法律性质上分析，多数具有行政责任的性质，其中行政许可占有一定的比例"④。他将刑罚附随后果具体区分为行政许可性质、行政确认性质、行政奖励性质、行政给付以及其他性质五种。也有的认为属于犯罪前科的"民法或行政法上的后果"⑤。

应该说，刑罚附随后果或附随性制裁中，有的确实属于行政责任的性质。如行政许可法第12条规定，下列事项可以设定行政许可："……（三）提供公

---

① 徐久生，师晓东.犯罪化背景下犯罪附随后果的重构[J].中南大学学报（社会科学版），2019，25（06）：65-75.
② 张明楷.刑法学.6版[M].北京：法律出版社，2021：822.
③ 马克昌.刑罚通论[M].武汉：武汉大学出版社，1999：710.
④ 徐安住.犯罪行为的附随法律责任初探[J].求索，2008（01）：109-111.
⑤ 马克昌.刑罚通论[M].武汉：武汉大学出版社，1999：709.

众服务并且直接关系公共利益的职业、行业，需要确定具备特殊信誉、特殊条件或者特殊技能等资格、资质的事项……"从业资格的限制和禁止性规定，亦大多属于"行政许可"规定的范畴。但本书认为，刑罚附随后果并不限于"行政责任"，且远比之复杂得多。行政责任说将刑罚附随后果的设置主体局限于行政机关，但事实上有相当一部分对具有犯罪前科者的权利限制规定并非出自行政机关，而是来自一些非官方的企业、组织或个人的社会排斥。如珠海共享汽车企业拟设立信用体系，有违法犯罪记录者可能被禁租共享汽车。① 并且，行政处罚是针对违法行为的制裁措施，而犯罪附随后果的前提是曾经的犯罪人身份，而非行为。也正是基于这一事实，行政责任说无法很好地解释刑罚附随性制裁，特别是"非制度性"刑罚后果存在的理由或成因。

3. 资格刑说。有学者认为，"相对于其他大陆法系国家刑法而言，我国刑罚体系中的资格刑种类较少，只有剥夺政治权利和驱逐出境两种。然而，与此互为因果的一个行政法（行业法）现象是，在刑罚体系之外又存在着大量的实质为资格刑的行政处罚。这些法律制裁以行政处罚之名而行资格刑之实，故可将其称为刑罚体系外资格刑"②。

本书不同意这种看法。资格刑，在刑法理论界习惯上与生命刑、自由刑、财产刑一道，被归类为刑罚种类。从古至今，尽管各国资格刑的内容不同，但都离不开一个核心词汇——"刑"字，只是在仅作为附加刑，或是既可以作为主刑也可以作为附加刑，抑或是有的资格刑可以作为主刑，有的只可以作为附加刑的适用方面上有差别。尽管我国刑法典没有直接采用"资格刑"这一语词，但从尊重语词表达习惯的角度出发，不适合通过轻易改变一个已经为人们惯用语词的含义，而硬将新的尚未形成共识的内容囊括其中。

---

① 李京. 有违法犯罪记录者或被禁租共享汽车［N］. 南方都市报，2017-09-22（ZB02）.
② 李荣. 我国刑罚体系外资格刑的整合［J］. 法学论坛，2007（02）：66-70.

而刑罚附随后果，则是指除"刑罚"之外，仅仅是因为被定罪、刑罚适用所引起的给有犯罪前科人员所带来的被禁止、限制等排斥性的不利后果。二者的外延与内涵有很大的差别。

4. 本书同意将刑罚附随性制裁的性质进行较为宽泛的界定，既不单纯是行政处罚，也不单纯是保安处分，更不是资格刑，它包含了制度内的和制度外的、有形的和无形的、物质和精神层面的、多元的否定性内容，但对社会主体的制裁属性是共同的，价值取向和功能上包含预防、惩罚多重功能。理由如下。

仅仅就目前我国制度层面的情况而言，刑罚附随性制裁的性质就很难确定，如果加上事实状态下的由刑罚产生的附随的惩罚性后果、附随的各类禁止和限制、附随的否定、诸多不利的事项，再加上长时间监禁环境和有别于常人的囚徒生活、被社会群体歧视和排斥、世人的冷眼对待所导致的心理阴影和条件反射行为等，其性质就更加复杂。以保安处分说为例，尽管刑罚附随性制裁就其存在和扩张所蕴含的预防价值取向而言，更接近保安处分制度的存在理由，但由于刑罚附随性制裁制度不仅承担着一般预防和特殊预防的防范功能，还包含着报应和惩罚性功能，因此，并非保安处分的单一属性。

形成这种疑难的原因在于，我国在制度层面上对于受过刑罚处罚人员的资格和权利的限制与剥夺，不仅在体系和制度层阶上杂乱无章，刑罚附随性制裁、附随后果的前置条件多样、种类五花八门，而且在具体规定上缺乏针对性，前置条件与法律后果之间缺乏严谨的、合理的逻辑关联性，加上制度的不断扩张，导致刑罚附随后果、附随性制裁的性质呈现"四不像"的状态。不论是保安处分说、资格刑说还是行政处罚说，学术界的讨论都可自成一家之言，但统观全局，却又均有失妥当。要解决这个问题，首先应该厘清目前制度体系下刑罚附随性制裁、附随后果的不同法源规定，分门别类进行梳理归类和整理，提升和明确设定刑罚附随后果的法源位阶，为下一步系统化制度构建做准备，使刑罚附随性制裁的定性问题得以有的放矢。

其次，也不要无视和忽略制度化之外大量的否定结果和不利益，因为社会上存在的现象，不会被法律、制度所涵盖尽。法律社会学派代表人物之一的埃利希（Eugen Ehrlich）所首倡的"社会司法"，对解读当今社会治理的主体的多元性、措施的多样性，具有重要的借鉴意义。"如果我们只考虑法院的功能，我们在讨论时必须包括法院中那些和国家关系或远或近并执行社会司法职能的、相当多的名称各异的机构：荣誉法院、纪律法院、仲裁法庭、社团法院、调解法庭。"①按埃利希的观点，仲裁法庭、社会法院、荣誉法庭、调解法庭、会所法院、工会法院、信托法院等都属于"社会司法"组织，即非国家法庭，它们都是由社会自己建立和维持的法院，它们的裁决主要以非法律规范为基础，它们开展了富有成效的、日益增多的活动，而且在某种程度上，这些法庭有其自主决定的强制手段，这些强制手段比国家裁决机构的强制手段更有效。②当然，随着国家对社会管控能力的提升，所谓"社会法院"会逐渐弱化、逐渐较少，但会以隐蔽的形式长期存在。哈特（H. L. A. Hart）曾借由其对于刑罚的五项构成标准的定义，而进一步将"由政府官员以外的其他人施加与执行的对违反法律规则的行为的惩罚"排除于刑罚之外，明确称其为"分散的制裁"③。日本学者佐伯仁志（さえき ひとし）也进一步提出："制裁可以分为以国家为主体、作为法律制度被组织化的法律制裁和除此之外的社会性制裁。"④借助哈特、佐伯仁志等学者的理论，结合社会现实，刑罚附随性制裁所具有的社会性制裁的特点或民间法的属性，就变得十分明显。"狭义的司法指国家司法，即法院适用法律处理案件的活动；广义的司法除国家司法外，还包括社会司法。'社会司法'是一种由社会组织根据社会规则进行的、化解纠纷的活动，它对基层社会秩序的

---

① 尤根·埃利希. 法律社会学基本原理 [M]. 叶名怡，袁震，译. 北京：中国社会科学出版社，2009：89.
② 尤根·埃利希. 法律社会学基本原理 [M]. 叶名怡，袁震，译. 北京：中国社会科学出版社，2009：96.
③ 哈特. 惩罚与责任 [M]. 王勇，等译. 北京：华夏出版社，1989：5.
④ 佐伯仁志. 制裁论 [M]. 丁胜明，译. 北京：北京大学出版社，2018：6.

稳定起着至关重要的作用。社会司法的存在，打破了国家对司法的垄断，弥补了国家权力在调整基层社会秩序方面的缺陷。社会司法体现的是一种社会意志、社会权力和社会利益，而国家司法体现的是一种国家意志、国家权力和国家利益。社会司法实质上是社会对司法问题的一种回应，这一回应的结果是社会组织突破了国家对司法的垄断。"[1] 在国家治理、社会治理中，我们越来越能够体会到，参与治理的主体多元化、价值的非单一性、理念随时代变化的特点，那么治理的措施和手段也一定是多元的。

第三节 刑罚附随性制裁的多重属性

如上所述，刑罚附随性制裁就其属性而言，不是单一的行政处罚、资格刑、保安处分等能够涵盖的，其内容分散、繁杂，体现形式更是多种多样，并且不断翻新和变化。就目前国家治理和社会治理的角度而言，刑罚附随性制裁从形式和载体上看，有制度内的和制度外的；从形式与实质结合的角度看，有法律制裁和社会性制裁；从功能上看，有预防功能，也有惩罚性的功能；从结果体验来看，有的是价值评价、名誉减损，有的体现为直接的物化利益的剥夺。总而言之，其所呈现出的属性、功能，要比单纯的刑罚、行政处罚、保安处分复杂得多。

一、法律制裁与社会性制裁

法律制裁以制度的形式体现，当然此时对制度的位阶有较高的要求，首先，如我国现行刑法的规定。刑法第37条中规定："因利用职业便利实施犯罪，或者实施违背职业要求的特定义务的犯罪被判处刑罚的，人民法院可以

---

[1] 崔永东. 社会司法的理论反思与制度重建 [J]. 学术月刊, 2017, 49 (06): 99-110.

根据犯罪情况和预防再犯罪的需要，禁止其自刑罚执行完毕之日或者假释之日起从事相关职业，期限为三年至五年。被禁止从事相关职业的人违反人民法院依照前款规定作出的决定的，由公安机关依法给予处罚；情节严重的，依照本法第三百一十三条的规定定罪处罚。其他法律、行政法规对其从事相关职业另有禁止或者限制性规定的，从其规定。"其次，法律层面，除刑法规定的"刑事从业禁止"之外，还有"行政从业禁止"，如公务员法、法官法、检察官法、人民警察法、教师法、律师法等的相关规定。最后，有重点行业、职位的从业禁止规定，如公司法、会计法、证券法、商业银行法、注册会计师法、注册医师法、拍卖师法等对企业破产管理人，商业银行的董事及其管理人员，证券交易所的负责人，证券公司的董事、监事、高级管理人员，公开募集基金的基金管理人的董事、监事、高级管理人员和其他从业人员等的从业禁止规定。

"制裁"这一词语，在现代汉语中的意思为"用强力管束并惩处"①。但"制裁"二字在古代汉语中多为单字使用，即使两字合为一词使用，其含义也与现代汉语有较大差别。根据《说文解字》原文的解释，"制"与"裁"同义，皆为"制衣"之意。清人段玉裁在《说文解字注》中增补"制"字之引申义，与"折狱"之"折"应为同义，即有"判决"之意。在《康熙字典》中，收录了"制"字的两种繁体字形，表意不同：一种为"制"，收录于《子集下》"刀字部"，主要表"约束"之意，亦可用于表达广义的"制造"；另一种为"製"，收录于《申集下》"衣字部"，其意多与纺织品的形制、制备有关，与"裁"字同义。但无论是"制"还是"裁"，在《说文解字》和《康熙字典》的解释中，都没有"惩罚""惩治"之意。至于"制""裁"连用的例子，在古代官方文件中较为少见，典型的例子可见于

---

① 中国社会科学院语言研究所词典编辑室编. 现代汉语词典 [M]. 北京：商务印书馆，2016：1688.

《资治通鉴·后唐明宗天成三年》载："及安重诲用事，稍以法制裁之。"① 显然，此时"制裁"二字连用，是一种文言文当中常见的对举现象，应理解为同义互见，作为"约束"或"抑制"理解，与"制裁"在现代汉语中的意义仍有较大区别。至于近代，梁启超等思想家的著作中开始频繁出现"制裁"一词，如梁任公之名言："有制裁之主体，则必有服从之客体。"② 此时"制裁"一词的语义已经接近于现代汉语。

"制裁"作为法学研究术语的内涵，按照日本著名学者田中成明对"制裁"一词的定义是指："针对违反社会规范的行为，以否定或者促使行为人放弃此种行为为目的而启动的反作用力，其内容是剥夺一定的价值、利益或者赋课一定的负价值或者不利益。"③ 根据这一定义，我们可以认为，不独有法律法规，习惯、道德、宗教教义等社会规范皆可以作为制裁发动的依据和规范载体。在这一定义的基础上，日本著名学者佐伯仁志在其著作中进一步提出："制裁可以分为以国家为主体、作为法律制度被组织化的法律制裁和除此之外的社会性制裁。"④ 由此可见，我国法系成文法中常见的"刑事制裁、民事制裁、行政制裁"，皆属于上述"法律制裁"之列。虽然佐伯仁志在其著作之中并未明确给出"社会性制裁"的定义，但根据其观点可知，举凡符合制裁定义且不属于法律制裁的"剥夺"与"赋课"行为，皆可视为"社会性制裁"。

在以往的研究中，"社会性制裁"这一概念并不常见，但与之类似的概念在不同的语境中时常被应用于学术研究中。"社会性制裁"作为一种非官方的行为，其内涵界定往往与"私力"有关，因此在一些学术问题的研究中，也有学者使用"私力惩罚""私人惩戒"或"私人惩罚"的概念，与

---

① 司马光. 资治通鉴 [M]. 北京：中华书局，2011：3442.
② 梁启超. 饮冰室合集 [M]. 北京：中华书局，2015：430.
③ 田中成明. 法的空间：在强制与合意的夹缝中间 [M]. 东京：东京大学出版会，1993：141.
④ 佐伯仁志. 制裁论 [M]. 丁胜明，译. 北京：北京大学出版社，2018：6.

"公共惩罚"相对应,来表述非官方的惩罚行为。[1]"私人惩罚"与"社会性制裁"的内涵虽然在一定程度上高度重合,但本书认为两者之间尚存较大差异。根据桑本谦关于"私人惩罚"的著述,"嘲笑讥讽、批评指责、辱骂、冷漠、断交"等皆属于"私人惩罚"的范畴。[2] 这一界定使得"私人惩罚"的发动可以不依赖于任何社会规范——无论它是成文的还是不成文的,进而可以单纯凭借惩罚行为的发出者个人的价值观念和利益衡量而做出,这显然区别于"社会性制裁"要求必须以一定的社会规范为依据而发动的特点。考虑到法学相比于社会学、心理学等学科,对研究对象的规范性更为关注,因此,我们认为"社会性制裁"这一概念,能够更好地概括以法律法规之外的社会规范为发动依据的非官方惩罚行为。在本书的写作过程中,笔者也发现有个别论文使用了"社会制裁"这一概念表述,并基于边沁(Jeremy Bentham)提出的"四种制裁方式",将除"自然制裁"以外的"政治制裁""道德制裁""宗教制裁"三种制裁方式统称为"社会制裁"[3]。这一概念主要是从社会学和伦理学角度提出的,它与"社会性制裁"的主要差别在于研究对象和语境的不同。一方面,边沁所论及的四种制裁方式是一种伦理意义上的广义惩罚,其中还包括了基于道德观念的自我心理折磨等;另一方面,佐伯仁志将"社会性制裁"与"法律制裁"相对应,而"政治制裁"中本身包含"法律制裁"。因此,两个基于不同学科视角而提出的概念,在内涵和外延上存在很大差异。

综上所述,笔者认为,可以在佐伯仁志提出的概念基础上,进一步将"社会性制裁"的概念明确为:"与法律制裁相对应的,基于国家法以外的社

---

[1] 姜世波,孔伟. 私力惩罚的空间:基于国际足联诉马图扎伦案的思考 [J]. 甘肃政法学院学报, 2015 (03): 31-37.
[2] 桑本谦. 公共惩罚与私人惩罚的互动:一个解读法律制度的新视角 [J]. 法制与社会发展, 2005, 11 (05): 104-114.
[3] 吕耀怀,陈颜琳. 论社会制裁及其矫治功能 [J]. 湖南工业大学学报(社会科学版), 2008 (05): 23-26, 158.

会规范而做出的惩罚行为。"与刑罚附随的制裁相关联,在刑罚附随后果、附随性制裁中,有法律制裁,有社会性制裁。法律化的制裁内容,体现为制度性、规范性的设置;社会性制裁,有制度化的和非制度化的不同形式,内容零散,更为复杂。

二、预防性功能与惩罚性功能

首先,就预防功能而言,刑罚附随性制裁预设的特殊预防性功能是显而易见的。试想,当被定罪判刑,哪怕刑罚结束刑满释放后,各类招聘、求职、资格申请、落户积分等如果进行严格的控制和限定,就能够基于对有前科之人人身危险性的预设,自然地将有前科之人排除在相关的领域、行业,甚至地域范围之外,自然能够取得在特定领域和区域预防其再犯罪的效果。同时,通过延伸和扩张前科、刑罚的不利后果,将信号不断释放给公众,让社会主体获得相关的认知,犯罪附随性制裁确实能够起到威慑作用,取得一般预防的效果。现在时常能够听到人们议论,哪位因为醉驾被开除公职了,某人因为犯罪儿女求职受到影响。不夸张地说,越来越多的人,不论学没学过法律,都知道犯罪是要丢饭碗的,甚至会影响后代。

其次,刑罚附随性后果同样带有惩罚性功能和价值取向。如网上赞同刑罚附随性制裁制度具有合理性的观点,认为对于某些犯罪分子的子女,他们从父母身上获得了恩惠,既然可以连惠,自然可以连坐。此观点中蕴含的善有善报、恶有恶报的"报恩""报应"理念就十分明显。

刑罚附随性后果、附随性制裁有上述延续刑罚惩罚功能和预防犯罪的功能,然而,其副作用也很明显。其一,基于对前科之人人身危险性预设采取的限制、否定措施,是一时一地一单位之策,放在整个社会的角度,不能从根本上解决、缓解前科人员的再犯问题。四川省监狱管理局调研时发现:刑释人员重新犯罪的社会原因之一就是社会保障就业政策不包容。84.9%的重新犯罪罪犯"未缴纳社会保险"。有的已参保罪犯,由于服刑,原有社会保险、医疗保障及职业、执业证照年审中断，重新就业难度大；34.33%的刑释人员回归后"在找工作时被歧视"，多数企业要求提供无违法犯罪记录或开具无犯罪记录征信。① 调研中还提到，安置帮教对接不畅通的问题。70.8%重新犯罪罪犯刑释后未到当地公安派出所、司法所报到、采录信息；83.23%的刑释人员表示"安置帮教部门没有找过自己"；50.41%的刑释人员表示"希望得到安置和帮教"。安置帮教工作由于机构设置不完善、人员配置不到位、资金不足、缺乏制约，部分刑释人员长期人户分离、去向不明，成为重新犯罪高发人群。② 另外，笔者登录"失足者的深度救赎"网，通过查阅该网站的调研问卷了解到："如果你是刑释人员，你现在的状态是？"选择"失业"的占六成以上；在"如果无法就业，你会怎么生活？"一项中，表示"或许会采取不正当手段"的占六成，而另有二至三成要"靠家人、朋友接济"。在网上参加调查的刑释人员中约61%表示，就业的最大困难是"受人歧视"。③ 特殊预防的效果最终应体现为消除前科人员再犯的心理，使其重新回归社会，一味地排斥和限制，不是更优的选项。当然，我们也高兴地看到，国家和社会层面都在积极努力，为前科人员回归社会提供帮助。上海很早就有一个专门机构，每年有100万元左右的爱心帮教资金，专门用于刑释人员或其家属，在创业方面也给予其一定的扶持。石家庄开办了全国专门针对刑释人员的培训中心。香港则有善导会，政府出80%的资金，另外20%由社会捐赠，专门用于刑释人员过渡期的一些辅导。安徽、云南、四川、山西、吉林、江西、湖北、广西、海南、上海等省（市）均已制定了刑释解教人员就业扶持政策。

刑罚的一般预防理论主张："刑罚的目的不是报应，也不是对行为人的

---

① 四川省监狱管理局课题组. 四川省刑释人员重新犯罪问题探析［J］. 犯罪与改造研究，2020（05）：2-7.
② 四川省监狱管理局课题组. 四川省刑释人员重新犯罪问题探析［J］. 犯罪与改造研究，2020（05）：2-7.
③ 失足者的深度救赎［EB/OL］. 搜狐网，2005-09-29.

影响,而是对一般公众的影响。通过刑法的威慑和刑罚的执行,公众应当掌握法律的禁止性规定并且避免违反这些规定。在这里就涉及一种以预防犯罪为目标的(并且由此属于预防和相对的)理论,根据这种理论,刑罚不应当特别地作用于被判刑人,而应当一般地作用于一般公众。因此,人们称这种理论为一般预防的理论。"[1]

刑罚的一般预防理论在历史上最有影响的形式是积极的一般预防,是由德国刑法学科奠基人费尔巴哈(Ludwig Andreas Feuerbach)发展起来的,一般预防理论作为刑罚的理论在今天仍有很大的影响。具备和承载一般预防目的的不限于刑罚,刑罚附随性制裁同样承担着这一功能。

一般预防是建立在社会心理的假设之上的,其在理论和实践上也有明显的缺陷,因为更严厉的惩罚会具有更大的威慑作用的想法,经常导致惩罚手段越来越重,甚至"无节制",为了实现一般预防的最佳效果,也会付出相当大的成本,这是需要警惕的现象。同时,一般预防并非一定要依赖重刑和严厉的惩罚,更何况一般预防理论本身也有冤枉无辜的可能。

综上,刑罚附随性制裁的内容丰富、载体形式多样、属性多元,但有一点是比较明确的,即于刑罚之外,伴随刑罚所延伸出来的制裁,表明国家和社会拥有了比刑罚更多的干涉力,对社会个体的控制力更强。由此产生的使命是,如何能够为刑罚附随性制裁提供正当化根据,明确刑罚附随性制裁的性质和界线,以保证刑罚附随性制裁不偏离法治的轨道。

---

[1] 克劳斯·罗克辛. 德国刑法学总论. 第 1 卷. 犯罪原理的基础构造 [M]. 王世洲,译. 北京:法律出版社,2005:41.

第二章

刑罚附随性制裁：制度层面的考察

在我国，刑罚附随性制裁，相对而言，包括制度化的制裁和制度外的制裁。从指向的对象来看，刑罚附随性制裁或者刑罚附随后果，有针对犯罪者本人的，也有针对犯罪人家庭成员或其亲属的。针对犯罪者本人的包括职业禁止、利益剥夺、资格受限等，针对犯罪人以外的、他人施加的惩罚或者说制裁，主要是对就业、入学和参军等资格的限制等。仅就制度内的制裁而言，由于内容设置非常广泛、事项多、没有规律，内容载体纵向位阶跨度大，统计起来非常困难。

第一节 刑罚附随性制裁的主要内容

就制度内的刑罚附随性制裁来看，除刑法第37条以外，我国关于受过刑事处罚人员的从业禁止、其他资格限制等的内容，更多地分布于其他法律、行政法规、部门规章、行业规定、部门管理条例，乃至用人单位各类招聘文件中。内容以职业禁止为主，但不限于职业禁止。

一、职业禁止或限制性规定

根据我国目前的相关法律、法规及各类招聘文件的规定,刑罚附随的职业禁止和限制行业大致如下。

1. 担任公务员、警察、法官、检察官、驻外外交人员等公职人员,担任全国人大代表和各级地方人大代表等。如《中华人民共和国公务员法》第26条规定:"下列人员不得录用为公务员:(一)因犯罪受过刑事处罚的……"《中华人民共和国法官法》第13条规定:"下列人员不得担任法官:(一)因犯罪受过刑事处罚的……"《中华人民共和国检察官法》第13条规定:"下列人员不得担任检察官:(一)因犯罪受过刑事处罚的……"《中华人民共和国人民警察法》第26条规定:"有下列情形之一的,不得担任人民警察:(一)曾因犯罪受过刑事处罚的……"《中华人民共和国驻外外交人员法》第7条规定:"有下列情形之一的,不得任用为驻外外交人员:(一)曾因犯罪受过刑事处罚的……"[①]

2. 企业破产管理人,商业银行的董事及其管理人员,证券交易所的负责人,证券公司的董事、监事、高级管理人员,公开募集基金的基金管理人的董事、监事、高级管理人员和其他从业人员,保险公司的董事、监事、高级管理人员,种子企业的法定代表人、高级管理人员,食品生产经营管理工作及食品生产经营企业食品安全管理人员等。如《中华人民共和国公司法》第178条规定:"有下列情形之一的,不得担任公司的董事、监事、高级管理人员……(二)因贪污、贿赂、侵占财产、挪用财产或者破坏社会主义市场经

---

① 具体内容详见公务员法、法官法、检察官法、人民警察法、教师法、律师法、公司法、会计法、证券法、商业银行法、注册会计师法、注册医师法、拍卖师法、注册建筑师条例、执业医师法、驻外外交人员法、证券投资基金法、企业破产法、种子法、安全生产法、食品安全法等法律。网上有律师统计,受过刑事处罚的人不能从事的职业有21种。(叶庚清.受过刑事处罚的人不能从事哪些职业?[EB/OL].中法网,2016-04-08.事实上不止这21种。本书的统计也达不到全面。)

济秩序,被判处刑罚,或者因犯罪被剥夺政治权利,执行期满未逾五年,被宣告缓刑的,自缓刑考验期满之日起未逾二年。"《中华人民共和国企业国有资产法》第73条规定:"国有独资企业、国有独资公司、国有资本控股公司的董事、监事、高级管理人员违反本法规定,造成国有资产重大损失,被免职的,自免职之日起五年内不得担任国有独资企业、国有独资公司、国有资本控股公司的董事、监事、高级管理人员;造成国有资产特别重大损失,或者因贪污、贿赂、侵占财产、挪用财产或者破坏社会主义市场经济秩序被判处刑罚的,终身不得担任国有独资企业、国有独资公司、国有资本控股公司的董事、监事、高级管理人员。"《中华人民共和国商业银行法》第27条规定:"有下列情形之一的,不得担任商业银行的董事、高级管理人员:(一)因犯有贪污、贿赂、侵占财产、挪用财产罪或者破坏社会经济秩序罪,被判处刑罚,或者因犯罪被剥夺政治权利的……"《中华人民共和国保险法》第82条规定:"有《中华人民共和国公司法》第一百四十六条规定①的情形或者下列情形之一的,不得担任保险公司的董事、监事、高级管理人员:(一)因违法行为或者违纪行为被金融监督管理机构取消任职资格的金融机构的董事、监事、高级管理人员,自被取消任职资格之日起未逾五年的……"《中华人民共和国企业破产法》第24条规定:"有下列情形之一的,不得担任管理人:(一)因故意犯罪受过刑事处罚……"②

3. 教师、医生、律师、公证员、人民陪审员、导游、建筑师、会计师、拍卖师、测绘师、新闻记者、娱乐场所负责人等与社会利益紧密关联的职业。③ 如《中华人民共和国教师法》第14条规定:"受到剥夺政治权利或者故意犯罪受到有期徒刑以上刑事处罚的,不能取得教师资格;已经取得教师

---

① 现为《公司法》第178条。——编者注
② 详见公司法、会计法、证券法、商业银行法、注册会计师法、拍卖师法、注册建筑师条例、驻外外交人员法、证券投资基金法、企业破产法、种子法、安全生产法、食品安全法等法律规定。
③ 详见教师法、医师法、律师法、注册会计师法、拍卖师法等法律规定。

资格的,丧失教师资格。"《中华人民共和国医师法》第 16 条规定:"有下列情形之一的,不予注册……(二)受刑事处罚,刑罚执行完毕不满二年或者被依法禁止从事医师职业的期限未满……"《中华人民共和国律师法》第 7 条规定:"申请人有下列情形之一的,不予颁发律师执业证书……(二)受过刑事处罚的,但过失犯罪的除外……"全国人大常委会《关于司法鉴定管理问题的决定》规定:"因故意犯罪或者职务过失犯罪受过刑事处罚的,受过开除公职处分的,以及被撤销鉴定人登记的人员,不得从事司法鉴定业务。"《中华人民共和国公证法》第 20 条规定:"有下列情形之一的,不得担任公证员……(二)因故意犯罪或者职务过失犯罪受过刑事处罚的……"《中华人民共和国拍卖法》第 15 条规定:"拍卖师应当具备下列条件……被开除公职或者吊销拍卖师资格证书未满五年的,或者因故意犯罪受过刑事处罚的,不得担任拍卖师。"

二、各种资格的禁止或限制

除职业禁止之外,各种资格的禁止或限制,也占据刑罚附随后果的很大一部分。由于这方面的禁止性规定多、层阶复杂,一时难以进行全面的统计,因此,仅就目前搜集到的内容,归纳列举如下。

1. 承担特定的义务。如刑法第 100 条规定,依法受过刑事处罚的人,在入伍、就业的时候,应当如实向有关单位报告自己曾受过刑事处罚,不得隐瞒。此项规定也被称作前科报告制度,该条文内容是刑法的特定义务规范。

2. 考试资质的禁止和限制。如《国家司法考试实施办法》规定,因故意犯罪受过刑事处罚的不得参加司法考试;《专利代理人资格考试实施办法》规定,因故意犯罪受过刑事处罚的不得参加专利代理人资格考试;《广播电视编辑记者、播音员主持人资格考试办法(试行)》规定,因故意犯罪受过刑事处罚的不能报名参加考试;《土地估价师资格考试管理办法》规定,因故意犯罪受刑事处罚,在服刑期间及自刑罚执行完毕之日起至报名之日止未满5年的，不能报名参加土地估价师资格考试，已经办理报名手续的，报名无效。

3. 户籍的限制。如体现广东省户籍加分政策的《广东省农民工积分制入户和融入城镇的通知》中规定："曾受过刑事处罚，扣100分。"又如《湛江市异地务工人员积分指标分值表》中规定，近5年内曾受过刑事处罚的，扣100分，并注明是"省统一指标"。茂名市、潮州市、河源市、珠海市、汕头市、佛山市、肇庆市、深圳市人力资源和社会保障局，珠海市发展和改革局、珠海市公安局的"外来务工人员积分入户指标及分值表"中均有类似的规定。此外，有的规定对有犯罪前科人员的子女的入学资格也进行限制。如《东莞市义务教育阶段新莞人子女积分制入学积分方案》规定："近5年曾受过刑事处罚的，扣100分。"

随着人员流动的加快，我国各城市纷纷制定和出台自己的落户积分政策。全国三十多个大中城市积分计算条件中，昆明、长春、哈尔滨、长沙、太原、银川、南宁、南昌、福州、合肥、济南、青岛、呼和浩特、南京、石家庄、郑州、重庆、贵阳、海口、兰州、乌鲁木齐、西安、西宁、沈阳，是没有附加限制条件的城市。北京、广州、杭州、深圳、武汉、成都、天津，是采用落户积分政策的城市；其中，北京市、深圳市、成都市，刑事犯罪记录为落户的一票否决条件。如北京市，申请人申请积分落户应符合的条件之一为"无刑事犯罪记录"①。深圳市发展和改革委员会、深圳市公安局、深圳市人力资源和社会保障局关于印发《深圳市积分入户办法》的通知（深发改规〔2023〕2号）第5条规定："申请积分入户人员应同时具备以下基本条件……（五）无刑事犯罪记录，且未参加过国家禁止的组织及活动。"第7条规定："积分入户指标由居住情况、参加社会保险年限情况、见义勇为、负面行为、违法行为等指标组成，入户总积分为各项指标累计积分。市发展改革部门、市公安部门可根据计划执行情况适时对积分指标及分值、负

---

① 北京落户积分计算方式（指标及分值）[EB/OL]. 本地宝网，2022-07-22.

面行为清单做动态调整。"2023 年成都积分入户申报前置条件之一是"无刑事犯罪记录及未参加国家禁止的组织或活动"[①]。广州等城市，对刑事犯罪记录有时间等条件的限制，如《广州市积分制入户管理办法》第 6 条规定："积分制入户人员应同时符合以下条件……（六）近 5 年内未受过刑事处罚。"杭州积分入户条件之一为"无严重刑事犯罪记录或被判处五年以上的刑事犯罪或参加国家禁止的组织或活动"。武汉积分入户减分指标及分值的规定是："（四）刑事犯罪。10 年内有刑事犯罪记录的，每条扣减 150 分。"一票否决的规定是："（一）严重刑事犯罪记录。申请人有严重刑事犯罪记录的。（二）参加国家禁止的组织及活动。申请人参加国家禁止的组织及活动的……"天津市居住证积分指标在"负积分"一栏中规定了"违法违规与犯罪减分指标"，是指 5 年内有提供虚假信息办理相关证书、证明或申办积分落户记录的（包括虚假户籍、学历、专业、就业、住房、纳税证明、购房证明材料等），以及有刑事犯罪记录的情况进行减分；并规定了用人单位为申请人提供虚假信息申办积分落户的情况需承担的后果。总体情况是，北京、上海、广州和深圳积分落户条件放宽，但亦均将"无刑事犯罪记录"作为申请落户积分的必备条件。

4. 信誉和荣誉方面的限制。如《江苏省国家税务局纳税信誉等级评定管理暂行办法》第 9 条规定，纳税人在 1 年内（国税机关开始评定纳税信誉等级之日起向前推算 12 个月）有因在经济上存在严重违法行为而受到刑事处罚的一律评定为 C 级纳税信誉等级。另如《黑龙江省劳动模范推荐评选和管理规定》第 9 条规定，因犯罪受到刑事处罚的，不得评选为劳动模范。

5. 社会保障的排斥。《新乡市区别低保群体不同情况逐步提高低保标准的有关规定》第 13 条规定，因犯罪受刑事处罚人员，本人不享受最低生活保障政策。

6. 有关作业和民事行为的限制。如《民用爆炸物品安全管理条例》第 6

[①] 具体内容详见《成都市居住证积分管理办法》第 5 条。

条规定，曾因犯罪受过刑事处罚的人，不得从事民用爆炸物品的生产、销售、购买、运输和爆破作业。依据《民法典》第1109条规定，外国人依法可以在中华人民共和国收养子女，但应当提供无受过刑事处罚等状况的证明材料。

7. 其他。如护照法第14条规定，"因妨害国（边）境管理受到刑事处罚的"，护照签发机关自其刑罚执行完毕或者被遣返回国之日起6个月至3年以内不予签发护照。《社会团体登记管理条例》第13条规定："有下列情形之一的，登记管理机关不予登记……（三）发起人、拟任负责人正在或者曾经受到剥夺政治权利的刑事处罚，或者不具有完全民事行为能力的……"

第二节 刑罚附随性制裁的特点

我国的"刑罚附随性制裁"，内容繁杂，涉及事项多，涉及领域广泛，扩张趋势明显。

一、涉及事项和领域广泛

我国"刑罚附随性制裁"内容繁杂，涉及事项和领域广泛，其内容以职业禁止和职位禁止为主，但不限于职业和职位禁止。如前所述，公务员法等设立有关于职业禁止的条款，公司法等法律设立有不得担任特定职位的条款。此外，"刑罚附随性制裁"还包括大量的诸如考试资格的禁止和限制、户籍变动的限制、信誉和荣誉的贬损、最低生活保障资格的有无、出入境护照能否签发等内容和事项。此外，实践中存在大量的、隐形的如就业歧视、荣誉限制、社会评价减损、义务负担增加等负价值与不利益，且统计起来非常困难。再如成都市人民政府发布的《成都市婚姻介绍机构管理办法》（1998年11月20日发布和施行）规定，婚姻介绍机构中直接从事婚姻介绍业务的工作人员应具备的条件之一是"有完全民事行为能力，未受过刑事处罚、劳动教养和被开除公职的处分"。此规定意味着，受过刑事处罚的人，无论因何种罪名，均不得在成都从事婚姻介绍工作。① 禁止某些人从事婚姻介绍工作，应该是防范欺骗行为的发生，然而，受过刑事处罚的人员未必都是因自身诚信出现了问题，走向欺诈的"诚信违背"与走向其他犯罪的原因是有所不同的，从这里就可以看出，前置条件与禁止事项的规定之间缺乏合理的逻辑关联性，或者说是关联过于宽泛和松弛。

二、数量多并呈扩张趋势

"刑罚附随后果"或称"刑罚附随性制裁"，出现在我国的现有制度中，通常是以"受过刑事处罚""受刑事处罚""受到刑事处罚""被判处刑罚""被依法追究刑事责任"等表述为前置条件而设置的。为此，为了进行初步的比较，笔者将这些语词作为检索关键词②，通过北大法宝网的法律法规数据库对 2007 年、2012 年两个年份的相关规定进行了检索，发现法律、行政法规、部门规章、行业规定等中，均有关于基于刑事处罚而附随其他后果或制裁性的内容（如表 2-1 所示）。

表 2-1　2012 年与 2007 年的对比

年份	关键词	法律	行政法规	部门规章	行业规定	共计
2007	受过刑事处罚	13	6	93	3	115
	受刑事处罚	4	4	68	5	81
	受到刑事处罚	2	3	75	17	97
	被判处刑罚	7	8	31	1	47
	被依法追究刑事责任	3	2	29	4	38
	共计	29	23	296	30	378

---

① 王瑞君. 我国刑罚附随后果制度的完善 [J]. 政治与法律，2018（08）：92-106.
② 2008 年徐安住教授进行了类似的数据库检索。参见徐安住. 犯罪行为的附随法律责任初探 [J]. 求索，2008（01）：109-111.

续表

年份	关键词	法律	行政法规	部门规章	行业规定	共计
2012	受过刑事处罚	14	7	123	8	152
	受刑事处罚	4	4	78	11	97
	受到刑事处罚	4	4	114	31	153
	被判处刑罚	8	10	51	6	75
	被依法追究刑事责任	5	3	48	7	63
	共计	35	28	414	63	540

将法律、行政法规、部门规章、行业规定统计在一起，2012年与2007年相比，总数多出162个。前后6年跨度的比较，不仅相关规定数量多，而且随着时间的推移，数量也呈现较为明显的增长趋势。

再以2014—2022年9年的制度性规定为例，仍以同样的语词作为检索关键词，通过北大法宝网的法律法规数据库对2014—2022年相关规定进行检索，法律、行政法规、部门规章、行业规定有关"刑罚附随性制裁"的内容，数量多并呈明显的扩张趋势（如表2-2所示）。

表2-2　2014—2022年"刑罚附随性制裁"的数量统计

年份	检索关键词	法律	行政法规	部门规章	行业规定	共计
2014	受过刑事处罚	15	8	136	10	169
	受刑事处罚	7	4	81	14	106
	受到刑事处罚	4	4	139	51	198
	被判处刑罚	9	13	66	9	97
	被依法追究刑事责任	5	4	55	9	73
	共计	40	33	477	93	643

续表

年份	检索关键词	法律	行政法规	部门规章	行业规定	共计
2015	受过刑事处罚	19	8	147	12	186
	受刑事处罚	8	4	83	14	109
	受到刑事处罚	5	5	144	60	214
	被判处刑罚	13	14	70	9	106
	被依法追究刑事责任	5	4	58	9	76
	共计	50	35	502	104	691
2016	受过刑事处罚	19	9	156	12	196
	受刑事处罚	9	4	88	16	117
	受到刑事处罚	6	6	165	69	246
	被判处刑罚	14	14	78	9	115
	被依法追究刑事责任	5	4	60	10	79
	共计	53	37	547	116	753
2017	受过刑事处罚	25	10	165	12	212
	受刑事处罚	10	5	91	16	122
	受到刑事处罚	7	7	178	86	278
	被判处刑罚	15	14	82	11	122
	被依法追究刑事责任	6	4	61	11	82
	共计	63	40	577	136	816
2018	受过刑事处罚	27	10	174	12	223
	受刑事处罚	10	5	95	16	126
	受到刑事处罚	8	16	178	98	300
	被判处刑罚	17	15	90	21	143
	被依法追究刑事责任	7	4	66	11	88
	共计	69	50	603	158	880

续表

年份	检索关键词	法律	行政法规	部门规章	行业规定	共计
2019	受过刑事处罚	31	11	179	13	234
	受刑事处罚	12	5	98	17	132
	受到刑事处罚	9	11	180	102	302
	被判处刑罚	16	15	90	18	139
	被依法追究刑事责任	8	4	64	11	87
	共计	76	46	611	161	894
2020	受过刑事处罚	30	13	182	12	237
	受刑事处罚	12	5	102	17	136
	受到刑事处罚	9	13	182	105	309
	被判处刑罚	18	15	93	24	150
	被依法追究刑事责任	8	4	67	12	91
	共计	77	50	626	170	923
2021	受过刑事处罚	33	13	194	14	254
	受刑事处罚	14	6	108	18	146
	受到刑事处罚	10	14	182	103	309
	被判处刑罚	18	16	94	27	155
	被依法追究刑事责任	10	5	68	13	96
	共计	85	54	646	175	960
2022	受过刑事处罚	35	15	198	14	262
	受刑事处罚	14	6	112	19	151
	受到刑事处罚	11	16	190	108	325
	被判处刑罚	19	17	96	28	160
	被依法追究刑事责任	11	5	71	16	103
	共计	90	59	667	185	1001

从检索统计可以看出，2014—2022年相关规定从643个增加到1001个，可

以看出，相关规定逐年增多趋势比较明显。

三、载体多层级分布、内容分散

我国"刑罚附随性制裁"的载体，形式多样、规范效力位阶跨度大，上到法律层面，下到用人单位的招聘通知，涵盖了从法律到行政法规、地方性法规、地方政府规章，以及企事业单位内部管理制度等各类载体。从检索中笔者发现，我国刑罚附随性制裁不仅数量大，而且分布于不同层级的法律、行政法规、部门规章，特别是一些地方性法规、行业规定之中，更是有大量的对有刑罚经历人员从事某种活动的排除或限制性规定，内容分散、杂乱。除上述表格统计的位阶类型之外，再如，作为地方性法规的《山东省司法鉴定条例》第11条规定，法人或者其他组织的法定代表人或者负责人受过刑事处罚的，司法行政部门不予受理其设立司法鉴定机构的申请。地方政府规章如《浙江省行政执法证件管理办法》第8条规定，曾因犯罪受过刑事处罚的，不得申领《浙江省行政执法证》。这些规定在实践过程中有效地运行，极少引起质疑，一般社会主体很难清晰地观察其制度和运行的情况，这对于刑罚附随后果进行体系化梳理也是相当大的障碍。①

四、标准不明确、体系化不足

大量的不同层级的排除或限制性规定，内容分散，设置标准不明确，反

---

① 由于立法的随意和简陋，各规定中的用语并不一致，给研究检索的过程带来很大不便，例如，兵役法第5条规定："依照法律被剥夺政治权利的人，不得服兵役。"全国人大常委会《关于司法鉴定管理问题的决定》第4条规定："因故意犯罪或者职务过失犯罪受过刑事处罚的，受过开除公职处分的，以及被撤销鉴定人登记的人员，不得从事司法鉴定业务。"公司法第178条规定：因贪污、贿赂、侵占财产、挪用财产或者破坏社会主义市场经济秩序，被判处刑罚，或者因犯罪被剥夺政治权利，执行期满未逾5年，不得被宣告缓刑，自缓刑考验期满5日起未逾2年，不得担任公司的董事、监事、高级管理人员等。现行法律体系中对刑罚附随后果的规定，远不止以上所述。如果加上那些未纳入法律层面，而事实上起作用的所谓"规定"更是数量庞大。

映出这方面制度设置上体系性思考的不足,由此产生的后果是相关规定不协调、不一致,看不出其依据和出发点在哪里,具体表现为以下方面。

(1) 在是否区分故意和过失犯罪方面存在差异。公务员法不区分故意或过失,曾因犯罪受过刑事处罚的不得录用为公务员。教师法规定,"受到剥夺政治权利或者故意犯罪受到有期徒刑以上刑事处罚的,不能取得教师资格"。拍卖法将不得担任拍卖师的前置条件限定为"因故意犯罪受过刑事处罚"。

(2) 是否限定于具体犯罪类型存在差异。公务员、法官、检察官等,不设犯罪类型的限制。限定了犯罪类型的,如公司法第146条、食品安全法第135条、种子法第76条、证券投资基金法第15条等。

(3) 是否有期限限制以及具体期限的设置存在差异。在这一问题上,往往看不出相关规定的设置规律。有的采用固定期限的设置方式,具体有2年、3年、5年、10年不等。如医师法第15条规定,因受刑事处罚,自刑罚执行完毕之日起至申请注册之日止不满2年的不予注册。①《中外合作办学条例》第58条规定,"……触犯刑律被依法追究刑事责任的,自刑罚执行期满之日起10年内不得从事中外合作办学活动"。有的采用规定幅度的方式,如护照法第14条规定,"申请人……的,护照签发机关自其刑罚执行完毕或者被遣返回国之日起六个月至三年以内不予签发护照"。有的不限定期限,即终身不得从事某种职业或者获得某种资格,如公务员法第26条的规定。

另外,地方性法规规定刑罚附随后果,导致不同地方的规定之间不一致。以上海市、贵州省、广东省、河南省对经纪人资格的限制为例(如表2-3所示)。

---

① 在限定期限的规定中,看不出期限设置的根据是什么。如拍卖法第15条规定,"因故意犯罪受过刑事处罚的,不得担任拍卖师"。注册会计师法第10条规定,刑事违法人员自刑罚执行完毕之日起5年内,不得申请注册会计师。刑事违法人员利用拍卖师和注册会计师两种职业便利实施犯罪的可能性相当,对社会造成的危害性也不相上下,但法律却做出不一样的规定,依据是什么,并不清楚。

表 2-3　经纪人资格限制对比

规范来源	经纪人资格限制条件
《上海市经纪人条例》第 11 条	刑事处罚执行完毕未满 3 年的,不予经纪执业注册,但过失犯罪的除外
《贵州省经纪人管理条例》第 8 条	因经济犯罪被判处刑罚,执行期满未逾 3 年的,不得取得经纪人资格
《广东省经纪人管理条例》第 9 条	因犯诈骗罪被判处刑罚,刑罚执行完毕后不足 3 年的,不得取得经纪人资格
《河南省经纪人条例》第 9 条	申请经纪人资格之前连续 3 年没有经济犯罪的

可见,上述地方性法规就经纪人资格与刑罚关联的条件的限定,是不同的。

五、缺乏上位"法"的授权,随意设置职业排斥条件

如前面提到的各类考试资格的禁止和限制。再以 2017 年、2018 年各地农村信用社招聘公告为例。2017 年山西省农村信用社招聘公告中,将"未受过刑事处罚"作为招聘条件之一①;2017 年石家庄农村信用社公开招聘公告将"被判过刑"作为除外条件②;2017 年黑龙江省农村信用社招聘公告、2017 年吉林省农村信用社招聘公告、2018 年山东省农村商业银行高校毕业生招聘公告、2018 年安徽农村信用社招聘公告,使用的是"无不良行为记录"的表述;2017 年湖北省农村信用社联合社招聘新员工启事,以"无违规违纪不良记录"作为招聘条件。笔者查阅各地各类事业单位招聘公告,也有许多

---

① 2017 年山西省农村信用社招聘启事 [EB/OL]. 银行招聘网,2017-03-06.
② 2017 年石家庄农村信用社公开招聘公告 [EB/OL]. 银行招聘网,2017-08-25.

类似的内容。① 上述人员招聘中的禁止条件，其上位"法"依据是什么，不得而知。②

六、前置条件与附随后果之间缺乏合理的逻辑关联性

刑罚附随后果的前置条件有的进行了具体的限制，如前面提到的刑法修正案（九）、会计法、食品安全法等；有的限定宽泛些，如《全国人民代表大会常务委员会关于司法鉴定管理问题的决定》和《中华人民共和国公证法》将从事司法鉴定业务和公证员，限定为"因故意犯罪或者职务过失犯罪受过刑事处罚的"；有的非常宽泛，如前面提到的拍卖法的规定；还有的不进行具体条件的限制。总体来说，即便设置限制条件的，并不具有明显的针对性，前置条件中的犯罪性质、情节等与剥夺资格、职业排斥等的后果之间，无明显的逻辑关联性。

七、后果严厉，对其实际效果的评估有难度

严厉性是法律责任及其后果的本性，刑罚是最严厉的法律制裁手段。然而，刑罚的严厉是显性的，无论是生命刑、自由刑、财产刑还是资格刑，都有明确的形式、内容和期限。裁判者可以根据个案的情况，运用自由裁量权，对犯罪分子判处与其犯罪行为、损害后果、目的、动机、人身危险性等相适应的刑事惩罚，目前已经有比较成熟的评判标准和尺度。相反，关于刑

---

① 2017年黑龙江农村信用社招聘公告［EB/OL］.银行招聘网，2017-06-21.
2017年吉林省农村信用社招聘公告［EB/OL］.银行招聘网，2017-06-05.
2018年山东省农村商业银行高校毕业生招聘公告［EB/OL］.银行招聘网，2017-12-11.
2018年安徽农村信用社招聘公告［EB/OL］.银行招聘网，2018-09-05.
② 也有相反的例子。如2018年上半年佛山市三水区机关单位雇用人员统一招聘公告称："尚未解除纪律处分或者正在接受纪律审查的人员，以及刑事处罚期限未满或者涉嫌违法犯罪正在接受调查的人员，不得报考。"这体现了招聘公告条件设置的谨慎和合理性。

罚附随后果，则达不到细致和逻辑上的规范，条件的设立宽泛、笼统，许多就是"受过刑事处罚的，不得……"或"曾因犯罪受过刑事处罚的，不得……"的模式。这种不加任何限定性的立法或制度设置，等于行为人只要犯了罪或犯罪受过刑事处罚，这些附随后果就发生效力。这类规定具有相当的数量，加之我国刑罚附随后果制度构建的体系性缺陷，在具体适用过程中，出现叠加适用的情况就在所难免。

因此，在现行的刑罚附随后果制度和实践做法下，刑事违法人员重新走向社会时将面临众多的职业限制，在普通民众眼中绝大多数有前途的、理想的、体面的从业资格都被剥夺了，加上一些隐形地对有前科人员亲属的从业限制和剥夺，刑罚附随后果的严厉性可想而知，其影响是难以用数字来量化和评估的。

八、有连累适用的现象

在我国现实中还出现了将"刑罚附随性制裁"延伸适用于曾受刑罚惩罚人员的子女或其他亲属的事件。如第一章所提到的广东省揭阳市惠来县鳌江镇的10户家庭的围墙或大门处被喷上了"涉毒家庭"的字样一事。再如《东莞市义务教育阶段新莞人子女积分制入学积分方案》规定："近5年曾受过刑事处罚的，扣100分。"这一规定将父母是否受过刑事处罚，作为子女入学积分的考核事项。还有个别地方曾发布"逃犯不归'株连三代'"的警示性告示。虽然其中一些极端行为已被及时叫停，但以上现象说明，"刑罚附随性制裁"的适用延伸至曾受刑罚人员亲属的情况并非极端个例，值得关注和重视。

需补充说明的是，针对犯罪人家庭成员或其亲属的刑罚附随性制裁，主要是对就业、入学和参军等资格的限制，在我国，最突出的表现就是政审考察。政审一般会考察被政审人的家庭成员及亲属等，如果有犯罪前科，则可能限制或剥夺被政审人的入学、就业、入伍、入党等权利或资格。中组部

2021年《公务员录用考察办法（试行）》规定："对于报考机要、国家安全等涉密职位的人员，一般应当考察家庭成员和主要社会关系的有关情况。"中组部2019年《公务员录用规定》规定："考察组由两人以上组成，采取个别谈话、实地走访、严格审核人事档案……"一般来讲，"虽然该办法并未明示报考人员的家庭成员有犯罪记录会导致不予录用的后果，但在获悉报考人员的家人有犯罪记录的情况下，基于择优录取的原则，很有可能导致对报考人员的不利评价"①。此外，公安部印发的《公安机关录用人民警察政治考察工作办法》（2020年9月12日）对拟录用人民警察的家庭成员考察条件做出明确规定。再如教育部、公安部、总政治部2001年《关于军队院校招收普通中学高中毕业生和军队接收普通高等学校毕业生政治条件的规定》规定，"直系亲属、关系密切的旁系亲属或其他直接抚养者中，被判刑或受过组织处理，而本人不能正确对待的"，不予录取和接收。

九、延伸至社会信用评价之中

2014年国务院印发的《社会信用体系建设规划纲要（2014—2020年）》中就提及，要"对违法违规等典型失信行为予以公开"。此外，有些地方性法规、规章将违法、犯罪行为作为失信行为加以规定。例如，《上海市社会信用条例》（2017年10月1日起实施）规定"社会信用信息，是指可用以识别、分析、判断信息主体守法、履约状况的客观数据和资料"。《河北省社会信用信息条例》（2018年1月1日起实施）将"遵守法律、法规和规章，履行法定义务或者约定义务状况的客观数据和资料"，纳入社会信用信息的范围。《南京市社会信用条例》（2019年12月27日通过）规定，"建立司法机关与相关部门的信息互通制度，对刑事犯罪案件触发信用联合惩戒的事项，司法机关应当及时通报相关部门，推进联合惩戒有效实施"。《河南省社会信用条例》（2020年5月1日起施行）第33条列举式规定的十类严重失信

---

① 罗翔. 犯罪附随性制裁制度的废除［J］. 政法论坛，2023，41（05）：24-35.

行为中,有很大一部分是刑法规定的犯罪类型。再如较早的2002年1月1日起实施的《深圳市个人信用征信及信用评级管理办法》规定,"征信机构征集的个人信用信息"包括"有可能影响个人信用状况的涉及民事、刑事、行政诉讼和行政处罚的记录"。上述将犯罪信息作为重要的负面信用信息纳入社会信用评估的做法,给有刑罚前科的人员带来的负评价和负利益更严重,对于刑满后被释放的人员会产生十分深重的影响。

十、负价值的严重性使得社会主体的敏感度越来越高

以轰动一时的2018年福建赵宇案为例。许多人关注赵宇案,包括媒体报道赵宇案,大都主要在乎的是赵宇究竟是正当防卫还是防卫过当的问题,而赵宇本人更关心的是自己的有罪认定,会不会给自己的孩子带来在未来求学、就业发展方面的障碍的问题。赵宇要的不仅仅是自己不被定罪判刑,还要以自己的清白为孩子的求学、发展等清除障碍。最初,检方认为的"赵宇的行为属正当防卫,但超过必要限度,造成了被害人李某重伤的后果。鉴于赵宇有制止不法侵害的行为,为弘扬社会正气,鼓励见义勇为,综合全案事实证据,对赵宇作出不起诉决定"。赵宇不服,后来在最高人民检察院指导下,福建省人民检察院指令福州市人民检察院对该案进行了审查。经审查认为,赵宇的行为属于正当防卫,不应当追究刑事责任。[①] 2019年4月2日,在接受中央电视台《法治在线》节目记者采访时,赵宇表达了当时自己的忧虑,担心自己的污点会影响孩子。可见,人们对刑罚附随性制裁及其严重性的敏感度越来越高。

从上述归纳的刑罚附随性制裁的制度现状和特点中可以看到,我国刑罚附随性制裁自身存在明显的缺陷,补充论证如下。

1. 载体位阶跨度大,上位法的指引和约束作用得不到落实。以教师法为

---

① 陈菲,丁小溪. 最高人民检察院就"赵宇正当防卫案"作出回应[N]. 检察日报,2019-03-02(1).

例。教师法第 14 条规定："受到剥夺政治权利或者故意犯罪受到有期徒刑以上刑事处罚的，不能取得教师资格……"这一规定将教师资格的排除条件限定为"受到剥夺政治权利或者故意犯罪受到有期徒刑以上刑事处罚"，但在许多学校的"招聘公告""招聘启事"或"招聘简章"中，则多为"曾受过刑事处罚和曾被开除公职的人员不能应聘"的内容，不再区分是故意犯罪还是过失犯罪而受到刑事处罚，也不再区分判处刑罚种类，只要是受过刑事处罚的，均丧失参加考试的资格。不仅学校招聘，在其他行业，特别是事业单位的招聘文件中，对受过刑罚处罚的人从业、职业等限制性措施，向下层层加码，已经成为习惯性的、广为接受的做法。再以刑法第 37 条之一规定为例，应该说，该条款在理念和立法科学化方面有明显的进步，一是建立起前置条件与附随的职业禁止之间的逻辑关联性，二是设定了禁止从事相关职业的 3 至 5 年的期限；然而，作为基本法的刑法这一规定，却没有发挥其基本法对下位法应有的指引和制约作用，而是认可其他法律和行政法规另有规定的有效性。监狱法的规定更是被空置，虽然我国监狱法第 38 条明确规定，"刑满释放人员依法享有与其他公民平等的权利"，但是由于"刑罚附随性制裁"的数量日益增长，刑满释放人员实质上越来越与其他公民差别化，其权利空间不断被各种低位阶规范所确定的"刑罚附随性制裁"压缩，致使监狱法作为上位法的法律地位没有得到充分的体现。

2. 依据和标准不清晰、不统一。现阶段的"刑罚附随性制裁"，绝大多数缺乏清晰的法律依据和适用标准。这主要体现为：（1）涉及罪错形式时，有的将适用条件限定为故意犯罪受过刑事处罚的，有的则不限定是故意还是过失，前者如拍卖法将不得担任拍卖师的前置条件限定为"因故意犯罪受过刑事处罚"，后者如公务员法禁止曾受刑事处罚者报考公务员的规定。（2）有的有期限的限制，有的没有。前者如上述刑法第 37 条之一的规定；再如注册会计师法第 10 条规定，刑事违法人员自刑罚执行完毕之日起 5 年内，不得申请注册会计师。后者如律师法第 7 条规定，因故意犯罪受刑事处罚的，不予颁发律师执业证，无时间限制；拍卖法第 15 条规定"因故意犯罪受过刑事处罚的，不得担任拍卖师"，也没有时间限制。(3) 即便设置了期限限制，也无从知晓期限设置的依据是什么，看不出相关规定的设置规律。目前，就职业禁止的排斥性规定而言，我国的相关规定采用终身禁止、固定期限和幅度期限三种方式，采用固定期限的，有 2 年、3 年、5 年、10 年不等的规定，举例如下（如表 2-4 所示）。

表 2-4 职业或职位禁止固定期限示例

文件名称	条文	禁止事项	禁止期限
医师法	第 15 条	不予注册执业医师	2 年
《江苏省经纪人条例》	第 9 条	不予核发经纪执业证书	3 年
公司法/种子法	第 178 条/第 76 条	不得担任公司的董事、监事、高级管理人员/不得担任种子企业的法定代表人、高级管理人员	5 年
中外合作办学条例	第 58 条	不得从事中外合作办学活动	10 年

此外，有根据不同情况设立不同的期限的，如《天津市行政机关归集和使用企业信用信息管理办法》第 10 条规定，企业法定代表人、主要负责人"因犯有贪污贿赂罪、侵犯财产罪或者破坏社会主义市场经济秩序罪，被判处刑罚，执行期满未逾 5 年或者因犯其他罪被判处刑罚，执行期满未逾 3 年以及因犯罪被判处剥夺政治权利，执行期满未逾 5 年的"，记入警示信息系统。采用幅度方式的，除刑法外，再如护照法第 14 条的规定："申请人有下列情形之一的，护照签发机关自其刑罚执行完毕或者被遣返回国之日起六个月至三年以内不予签发护照……"

3. 简单的类型化思维导致"前置条件"与附随制裁之间缺乏逻辑关联性。简单的类型化思维表现为要么"全部"、要么"全不"的制度设计或运行模式，从我国的法律法规的规定来看，有的对前置条件中的犯罪类型加以限制，有的不进行限制，前者如公司法、食品安全法、种子法、护照法等均对"刑罚附随性制裁"的适用犯罪类型做了规定。以护照法为例，护照法第14条规定的不予签发护照的条件之一是"因妨害国（边）境管理受到刑事处罚的"。后者如法官法、检察官法等，只规定将"因犯罪受过刑事处罚的"作为担任法官和检察官的除外条件，不区分犯罪类型。一个值得注意的现象是，现实中，各用人单位的招聘启事、招聘公告，多采用"未受过刑事处罚""无不良行为记录"等作为参加招聘的必要条件，这类要么"全部"、要么"全不"的简单的类型化思维占比大，有的即便设置限制条件，也并不具有明显的针对性，导致前置条件的设置与附随性制裁后果之间缺乏合理的逻辑关联性。

4. 同类事项，各地规定和做法差异较大。向下方层层加码的限制和排斥性做法，使得上下位阶的规定之间不协调、不一致。加之现实中由于大量的刑罚附随性制裁以地方性法规、部门规章，乃至各地方的政策，单位招聘启事、招聘公告为载体，因此，针对同类事项出现省与省之间、一省之内不同城市与地区之间，乃至同类性质的不同单位之间存在规定上的不统一、不一致的情况，就不足为奇了。以各地现行的落户积分为例，北京市、上海市、广州市和深圳市积分落户条件中明确将"无刑事犯罪记录"作为申请落户积分的必要条件。有的对受过刑事处罚的人员采取扣分制，如《苏州市流动人口积分管理办法》规定，近5年内受过刑事处罚的，每次扣100分。《湛江市异地务工人员积分指标分值表》中规定，近5年内曾受过刑事处罚的，扣100分，并注明该扣分是"省统一指标"。有的笼统规定受过刑事处罚的，扣50分，无时间规定，如《成都市居住证积分入户管理办法实施细则》。

总之，鉴于刑罚附随性制裁的广泛存在及其扩张适用的趋势，于惩戒规制与复归社会的价值选择、社会治理中多元制裁措施的共存和适用等方面，引发了一系列值得研究的问题。

第三章

刑罚附随的社会性制裁[①]

违法犯罪行为构成对社会秩序的严重破坏与威胁,为此各国要通过立法、司法、行政执法等环节,制定和落实预防和惩治违法犯罪的措施。然而,社会控制、社会治理的手段从来都不是单一的。在理解犯罪预防不断变化的趋势问题上,"不应当将其和其他社会控制手段的发展割裂开来。这些社会控制像监禁刑的再度大量运用(特别是在美国和英国这些国家中……西欧社会也有类似的问题),并不意味着要否认普遍刑罚和预防策略之间的矛盾"[②]。对违法犯罪的惩戒和预防,不限于行政处罚或刑罚等手段,也不限于法律化、制度化的手段,更何况违法犯罪之外仍然存在大量的需要进行制约、限制和惩戒的行为。"刑法只是社会行为控制综合体系中的一个相当小的部分。"[③]"一个社会控制的完整体系已经形成,其主体是极不相同的机构或团体,如家庭、乡镇、学校、教会、社区、企业、联盟和协会。刑事司法

[①] 本章是作者与吴睿佳博士共同完成的,前期相关研究成果可参见:王瑞君,吴睿佳. 法外的惩戒:"社会性制裁"概念辨析及其内涵证立 [J]. 甘肃政法学院学报,2019(02):25-32;吴睿佳,王瑞君. 传统与当下的对话:论社会性制裁的宗族法渊源 [J]. 民间法,2019,23(01):17-29.
[②] 戈登·休斯. 解读犯罪预防:社会控制、风险与后现代 [M]. 北京:中国人民公安大学出版社,2009:4.
[③] 汉斯·海因里希·耶赛克,托马斯·魏根特. 德国刑法教科书:下 [M]. 徐久生,译. 北京:中国法制出版社,2017:1024.

只是该完整体系的一部分，所有被使用的预防或压制性制裁，在一定程度上甚至是可以相互转换的。"①"社会性制裁"的概念就是基于目前以刑罚为中心的法律制裁体系尚不完善的现实问题而提出的，是理解社会权力对国家权力"补白"作用的一个关键。"社会性制裁"的概念，为开展对"制裁"理论和实践的研究，开启了更广泛的视角。② 事实上，社会性制裁或者说现行国家法、国家制度以外，形式和样态不同，时空差异大，变动性强，有的有固定的载体，有的没有清晰固定的载体，不论是从构建和谐社会还是从实现社会治理法治化的角度，社会性制裁的含义、表现形式、功能及其规范化等，都值得关注和研究。

第一节 "社会性制裁"的提出及其概念辨析

应当承认的是，"社会性制裁"目前对法学界而言，是一个较为新鲜的概念，直接与其相关的法学著述凤毛麟角。但这并不意味着"社会性制裁"所涵摄的问题在之前法学漫长的学科发展历史中完全无人涉足，在不少法学经典著作中都可以找到关于"社会性制裁"的相关理论支撑，进而为我们现在对其进行概念的界定和内涵的讨论，提供富有创见的理论铺垫。当然，梳理这些先驱思想的过程，也是"社会性制裁"的内涵外延与问题指向逐渐明晰的过程。

---

① 汉斯·海因里希·耶赛克，托马斯·魏根特. 德国刑法教科书：上［M］. 徐久生，译. 北京：中国法制出版社，2017：1-2.
② 与社会性制裁接近的，出现过"社会性处罚"的表述，即有一篇网上发表的文章：社会诚信建设推出了最新制度，将对学术不端行为人实行"社会性处罚"［EB/OL］. 搜狐网，2019-01-04.

一、"社会性制裁"概念的提出：佐伯仁志对"制裁"的分类

如前所述，"社会性制裁"这一概念的提出，是以承认"制裁"这一上位概念的涵摄性为理论前提的。在"社会性制裁"的概念界定上具有先行贡献的学者是日本刑法学者佐伯仁志。早在其著作《刑法与民法的对话》中，佐伯仁志就已经在著述中尝试以跨部门法学的视角去讨论"制裁"问题。比如，其在讨论名誉与隐私的损害赔偿问题时谈到，"（刑法和民法）两者不仅在成立要件上具有密切关联，而且在制度的机能上也有很大的共通之处"，进而认为名誉与隐私的损害赔偿，在侵权行为法和刑法的视域下都具有"制裁机能"和"抑制机能"[1]。而这一颇具融贯性的研究视角在其著作《制裁论》中得到了更为充分的运用。佐伯仁志在田中成明对"制裁"的概念界定基础之上，进一步将"制裁"划分为"法律制裁"与"社会性制裁"，并认为二者之间是互斥关系，提出"以国家为主体、作为法律制度被组织化的法律制裁之外的制裁均可视为社会性制裁"[2]。

美国20世纪著名法学家罗斯科·庞德（Roscoe Pound）尽管没有采用"社会性制裁"的概念，但在其相关的研究中多次提到法律之外的、来自社会组织的准则，以实现对个人行为的控制。罗斯科·庞德认为，实际上有些制裁性、控制性"规则"、手段等，"纵使这样一些东西在政治组织社会中已不再存在，可是同行业公会、工会、社会团体和兄弟会组织，用它们的各种伦理法典、规章、行为标准或做什么和不做什么的准则，正在日益增加着对个人行为的控制，虽然都要从属于国家的法律"[3]。罗斯科·庞德的观点概括起来就是，法律不可能将社会控制的全部活动纳入自己的领域；相反，法律

---

[1] 佐伯仁志，道垣内弘人. 刑法与民法的对话［M］. 于改之，张小宁，译. 北京：北京大学出版社，2012：323-333.

[2] 佐伯仁志. 制裁论［M］. 丁胜明，译. 北京：北京大学出版社，2018：6.

[3] 罗斯科·庞德. 通过法律的社会控制［M］. 沈宗灵，译. 北京：商务印书馆，2010：14.

需要其他社会控制手段的支持。"其他社会控制手段"自然包括制裁性的内容。

二、从"资格刑"到"刑罚附随后果":规范法学对"制裁"研究的局限

需要指出的是,佐伯仁志对于"社会性制裁"的界定,主要是着眼于制裁体系化而提出的。也就是说,之所以指明"法律制裁"之外还存在"社会性制裁",其主要意义在于冲破法律实证主义的自限性,关注制定法以外的制裁手段和影响,并以此综合考量制裁体系的建立和完善,进而使得对组织和个人的制裁适用更为合理。如果说前面对于佐伯仁志所提出的相关定义之概括和分析尚不足以体现"制裁"之分类的学术意义,那么从法理学的思辨"下沉"到部门法的过程中,我们则在刑事法领域找到了一个具有典型意义的争议问题,以期说明规范法学在"制裁"问题上的研究局限。

张明楷教授指出:"随着社会的不断进步,刑罚总是由重变轻,犯罪的法律后果总是由单一化向多元化发展;刑事制裁概念不再等同于刑罚概念,也将成为历史发展的必然。"[1] 这一富有前瞻性的预见,本身包含了对于犯罪制裁手段多元化的肯定,事实上在当前社会实践中也已得到了初步的印证。以职业准入限制为例,日常生活中时常发生犯罪人由于前科记录而被刑法以外的各类法律规范或其他社会规范限制从事特定职业的案例。类似这种由于犯罪而导致的国家法定刑罚以外的权利贬损、义务增加、评价贬损等制裁手段,应当如何界定和看待,是一个在刑事法领域尚未有定论的问题。目前学界对此主要有四种意见:资格刑说、保安处分说、行政责任说和刑罚附随后果说。[2] 表面上看,这些概念与定义之争似乎掉入了哈耶克(Friedrich August von Hayek)所抨击的"过度专业化与技术化的陷阱",但实际上,在

---

[1] 张明楷. 刑法学 [M]. 北京:法律出版社,2011:560.
[2] 王瑞君. 我国刑罚附随后果制度的完善 [J]. 政治与法律,2018(08):92-106.

罪刑法定原则限定之下，此类制裁手段如何界定涉及大量现实问题。比如，若将其视为"资格刑"，就必须正视罪刑法定原则和罪责刑相适应原则对其适用的限制，而不能"游离"于刑法典之外，进而应从适用主体和适用条件等多方面进行成文规制，明确写入刑法。但若将其视为一种"行政责任"，则其适用便主要由行政法、行政法规，甚至部门规章和地方法规等较低位阶的规范性法律文件来进行规制，而不受刑罚适用原则调整。相应的，其裁量主体自然也成为行政机关而非司法机关。在规范法学的研究范式下，对于以上问题的讨论始终无法脱离制定法和其部门划分的窠臼，进而把问题的讨论限定在"是否合法"以及"如何使其合法"的框架中，最终给出一个充满立法中心主义色彩的解决方案。而至于所谓"资格刑"等为何能不以刑法或规范性法律文件的样态广泛存在，并被非国家暴力机关的社会组织或个人执行，类似这样的问题，则无法给出令人信服的解释。

与此类似，饱受非议的劳教制度作为法律制裁的一种，在被正式立法废除之后受其规制的行为如何制裁，也引起了学界的讨论，但最主要的争议点大抵离不开原有的、所谓"应受劳教行为"应当"分流"到刑事制裁范畴还是行政制裁范畴中去的问题。[①] 而对于不同的部门法制裁制度之间如何协调配合、衡平互动乃至成一周密体系，则少有论者。[②] 实际情况是，对刑罚论、对以刑罚为中心的制裁制度，我国学界的研究是相对薄弱的。

需要指出的是，这种纷繁复杂的状况不仅与法律实证主义的视域限定有重要关联，也与目前各部门法的研究范式和学科立场差异有关。不同的概念界定，犹如工厂不同的产品生产流水线，把问题作为"原材料"，根据问题概念界定的不同而分别输送到各个部门法的研究范式"流水线"上去，然后

---

① 陆诗忠. 论"应受劳教处罚行为"分流处理中的若干问题 [J]. 烟台大学学报（哲学社会科学版），2017，30（05）：27-42；梁栋，肖周录. 后劳教时代规范违法行为的立法模式探究 [J]. 西北工业大学学报（社会科学版），2016，36（04）：6-11，38；等等。

② 王瑞君. 后劳动教养时代完善我国人身自由法律制裁体系的难题及解决方案 [J]. 人大法律评论，2017（02）：185-202.

得出颇具差异的结论。我们可以将这种研究现状视为不同学科通过各自的研究途径不断接近"真理"的整体过程，进而发现，虽然不同部门法研究领域中的教义在细节和语境上存在差异，但在接近"真理"的大方向上，往往具有一致的哲学思辨渊源。比如，行政处罚与刑罚本质是否相通的问题，就曾在德国法学界经历了"同质论"和"异质论"的学术辩论，最终"同质论"成为德国法学界通说。[①] 而这也成为我们应当且可以将行政制裁与刑事制裁统括起来进行研究的理论前提之一。因此，"资格刑"也好，"刑罚附随后果"也罢，概念的内涵与外延界定本身已经不是研究的关键所在。或者说，之所以出现如此多的概念和学说，本身就是系统化的制裁体系尚未在理论上和实务上建立起来、制裁手段多元而缺乏融贯性问题的一种外在表现。而破解现实问题的最终进路，仍然是基于不同学科视角的概念界定去寻找其共性，破除既定范式壁垒，化繁为简，回到"制裁"本身的问题指向上来进行抽象思辨。尤其是，相比法律制裁而言，法律制裁以外的社会性制裁长期被人们忽视。在社会治理主体多元、治理手段多样、社会权力网络错综复杂的今天，有关这一问题的研究对于制裁体系的建立和完善具有重要意义。

三、"规范"与"权力"："社会性制裁"的两种界定依据

如前所述，佐伯仁志对"制裁"的分类主要是根据制裁发动依据的规范性质进行划分的。应当指出的是，虽然佐伯仁志的上述定义简明扼要地描绘了"社会性制裁"的基本范畴，具有很强的现实意义和学术启示性；但他并未花费更多笔墨于"社会性制裁"的概念界定上，而是主要强调了其与"法律制裁"的对应关系。于是，我们可以发现，佐伯仁志给出的定义，事实上是以对规范性质的划分认定为前提的，要判定一项制裁的发动属于"法律制裁"还是"社会性制裁"，需要先判断其发动是依据何种性质的规范，即如果一项制裁的发动依据源自"法律规范"，那么就可以认定其属于"法律制

---

① 丛淑萍. 论禁止重复评价与一事不再罚 [J]. 东岳论丛, 2009, 30 (06): 169-172.

裁";反之,则属于"社会性制裁"。这一界定方法实际上在很大程度上把"制裁"分类的问题转化成了法律渊源分类的问题。一方面,这为以法理学或法律方法介入"制裁"问题的研究提供了一条宽敞的进路;另一方面,也将研究的重点导向了"合法"与"非法"、"国家"与"社会"的传统二元对立范式中。尽管这一定义在一定程度上避免了法律实证主义重视制定法而忽略民间法的"跛足"缺陷,但不可避免地仍要面对一些暂时还无法回答的疑问。尤其是在当代中国复杂的法治语境中,这一定义的不足暴露得更为明显。比如,公办高校依据国家授权制定的校规校纪对学生做出的记过处分,是否应当被归为"法律制裁"之列?再如,国有企业党组织依据党规党纪对企业职工做出的党纪处分,是否属于"法律制裁"?通过考察以上疑问,我们可以发现,尽管依据规范性质对制裁进行分类是一个简便而富有法学学科特色的研究路径,但其固有的缺陷也非常明显。

从宏观层面上看,制裁可以被统括为不利状态的施加,而法律、道德、行业规范等则为制裁的发动和执行提供了规则载体。众所周知,对组织和个人而言,无论规则的性质如何,任何一种不利状态的施加都必须有强制力作为后盾保障,而不能一概指望受制裁者自发自觉地信任和遵守规则,进而自我完成制裁的执行。因此,相较于从规范性质本身出发去讨论制裁的分类与界定,从发动和完成制裁所依赖的权力性质去分析,也许是一个更为直接的进路,即"社会性制裁"是指不借助法定权力发动和执行的制裁手段。

这种界定的优点在于其更契合本土法治资源的现实情况。2017年11月,浙江瑞安市检察院对一起"醉驾"案件做出了不起诉决定,并决定由"醉驾"当事人自愿社会服务30小时。[1] 社会服务目前并不属于法定的刑罚或行政处罚,也并无规范性法律文件规定"醉驾"等违法犯罪行为可以以社会服务的形式进行制裁。如果按照制裁的规范性质划分,很难说这一案件中"醉驾"当事人承担社会服务属于一种法律制裁。显然,这一制裁的发动和

---

[1] 刘纯. 社会服务30小时醉驾男被免起诉[N]. 滨海时报,2017-12-06(7).

执行又都是依据国家司法机关的强制力得以实现的，硬要按照规范性质将其界定为一种"社会性制裁"，未免有胶柱鼓瑟之嫌。而且，我国当前许多以国家强制力作为制裁发动和执行保障的制裁与此类似，并不具备充分的规范性法律文件依据。因此，就目前中国的法治实践而言，依据制裁的规范性质进行制裁类别的界定，存在一定"水土不服"的问题。而以制裁发动和执行所依赖的权力性质作为界定标准，则避免了面对讨论一种制裁的发动到底是"已获法律授权"还是"未获法律授权"的"戈迪乌斯绳结"，使得问题指向更加明确：如何在制裁的产生、发动和执行过程中更为合理地规范制裁权力的使用。事实上，一种制裁的发动和执行是否获得授权，只是一个程序问题，而不能取代实体问题，更不能作为制裁合理存在或发动的理由。还是以"教师惩戒权"为例，多年以来的聚讼纷纭，正反两方旷日持久的争议一直绕不开"教师是否被授权惩罚孩子"。仿佛一旦为教师惩罚孩子找到一种成文规范作为依据，这种制裁的可接受度便大大提高了。但问题的关键并不是为教师的制裁权找到一种规范载体作为背书，而是破除"合法即合理"的思维藩篱，去探讨教师对学生所发动的制裁如何合理化。因此，笔者认为，相比于规范性质而言，按照制裁发动和执行所依赖的权力性质去界定制裁种类，更符合当前中国法治环境的实际需求。

第二节 "社会性制裁"相较于"法律制裁"的特点

社会性制裁与法律制裁的区分是相对的。这意味着社会性制裁和法律制裁在内涵特征上既存在共性，亦存在各自的特性。

一、"社会性制裁"的对象是越轨行为人及其部分利害相关人

违反任何社会规范都有可能招致社会性制裁，如宗教戒律、行业习惯、

地方风俗、家法族规等，不一而足。比如，在学校组织的日常考试中作弊，当然不至于上升到违法犯罪的程度，但作弊者往往会被校方处以警告、记过乃至开除等制裁。这使得社会性制裁针对的制裁行为和对象范围要远广于法律制裁。"到目前为止，社会学进路被证明为最适合研究软性规制体系和法律多元主义的研究进路。"① 为了更好地研究社会性制裁针对的对象，笔者引入越轨社会学的相关理论和概念。

越轨行为（Deviant Behavior）有时也被译为偏差行为。② 其在社会学研究领域中，主要是指"人际交往中那些违反社会公共道德准则和规范的行为"③。由此可见，越轨行为与违法、犯罪行为，在涵盖范围上是包含与被包含的关系。越轨行为在不违反法律规范的情况下，不会招致法律制裁，但这并不意味着越轨行为不会受社会性制裁的惩处。事实上，同性恋、文身、酗酒、作弊等常见的越轨行为，可能在就业求职、人际交往、家庭关系等方面招致比法律制裁的后果更为严酷的社会性制裁。而且，由于区域文化、社会控制程度、法律约束等多方面因素的差异，社会性制裁在不同的时空，具有发动和执行的不确定性。如同为同性恋者，其在荷兰和中东所面临的社会性制裁差异悬殊。在这一点上，社会性制裁与法律制裁存在一致性。

在制裁对象上，社会性制裁区别于法律制裁的另一个重要特征是：法律制裁要求制裁对象必须有客观的违法行为，而社会性制裁则未必要求制裁对象有客观的越轨行为。越轨社会学的开创者贝克尔（Howard Becker）则认为："越轨不是人们所从事的某种活动的特质，而是其他人将准则及制裁施

---

① 罗豪才，毕洪海. 软法的挑战 [M]. 北京：商务印书馆，2011：4.
② 虽然当前社会学的主流声音倾向于使用"偏差行为"这一更为中性、温和的词汇，但考虑到"越轨行为"的译法已经通行多年，许多经典著作的译本均以此加以表述，而且包括犯罪学和心理学在内的其他学科也主要使用"越轨行为"的译法，因此，本书仍采用"越轨行为"这一词汇进行概念表述。
③ 亚历克斯·梯尔. 越轨社会学 [M]. 王海霞，等译. 北京：中国人民大学出版社，2011：3.

加于'触犯者'的结果。"① 这意味着社会性制裁的对象本身并不一定直接违反某种社会规范，而可能由于与自己存在某种特定社会联系的组织或个人违反社会规范而招致社会性制裁。如前文提及的，2018年5月7日，广东省揭阳市惠来县鳌江镇10户家庭的围墙或大门处，被当地政府部门工作人员喷上了"涉毒家庭"的字样，以达到警示教育的效果。② 政府部门工作人员显然没有在公民居所喷漆警示的法定职权，而所谓"涉毒家庭"中那些并未涉毒的家庭成员遭受这种耻辱性、警示性制裁的原因，也并非因其本人参与了吸毒或贩毒活动。这样的制裁"波及"或"溅射"情况，针对犯罪人或"老赖"等越轨行为人的子女、亲属等，广泛存在于入学、户口迁移、就业求职等领域。由于"只要某种行为与规范文化的要求相悖逆，就已经构成了实际的越轨行为"③，因此，社会性制裁对越轨行为人和其部分利害相关人惩戒的波及面在现实生活中范围很大，而且制裁手段或其程度等未必合法。如何合理约束和规范这种情况，是一个值得进一步探讨的重要问题。

二、"社会性制裁"的主体是非借助法定权力实施制裁的组织或个人

顾名思义，社会性制裁之所以区别于法律制裁，一个重要的特征就是其发动和执行的主体并不是借助法定权力的公权力机关或国家工作人员。非公权力机关或国家工作人员的公民个体或社会组织，有能力借助社会多元权力网络，发动和执行对个体或团体的制裁，这一点已经在政治学和社会学等学科的研究中得到了充分证明，此处无须赘述。但在概念内涵的建构中，比较有讨论必要的另一个重要问题是公权力机关或国家工作人员是否可以实施社

---

① 道格拉斯，瓦克斯勒. 越轨社会学概论［M］. 张宁，朱欣民，译. 石家庄：河北人民出版社，1987：155.
② 史奉楚. 喷漆"涉毒家庭"是变相游街示众［N］. 北京青年报，2018-05-11（A02）.
③ 吕耀怀，陈颜琳. 论社会制裁及其矫治功能［J］. 湖南工业大学学报（社会科学版），2008（05）：23-26，158.

会性制裁。

日本有学者认为，当前"与基于国家机关主导权的刑罚或行政手段相比，基于私人主导权的可利用的其他强制性手段被严重忽视"[①]。这种"忽视"，一方面可以解读为对社会性制裁本身的认识和关注不足，另一方面可以解读为"基于私人主导权"发动的制裁常因制裁主体的特殊职业或身份而与"基于国家机关主导权"发动的制裁相混淆，进而其实质被忽视。根据日常经验判断，我们很容易认为公权力机关或国家工作人员实施的制裁是法律制裁。诚然，公权力机关或国家工作人员，由于其特定身份和职权的限制，其行为在大多数情况下往往代表国家意志或公共权力，但我们不应无视一个道理，公权力机关或国家工作人员只有在行使其法定职权的情况下，才能够代表国家意志或者公共权力。在制裁主体不借助法定权力的情况下，我们不应因其具备了公权力机关或国家工作人员的身份特征就一概认为其实施的制裁属于法律制裁。比如，一名社区主任，在其对不符合法定条件生育子女的公民依法征缴社会抚养费时，按照法律规定，此时其被视为国家工作人员，他也是在实施法律制裁；但他借助其威望，对社区内部发生的纠纷进行调解，勒令一方当事人向另一方支付赔偿金并赔礼道歉的行为是不合适的，因为他在法律上并不具备这样的职权，这种制裁的执行、落实也不是借助法定权力完成的。事实上，如果他仅借助社区主任的身份去进行调解并做出相应制裁的判断，在社区内部不具有足够的权威，这种制裁判断是很难得到被制裁一方的认可和执行的，当然也不可能从法律上获得任何强制执行的力量保障。

准确理解上述问题的主要意义在于，更好地廓清目前在基层治理中出现的一些疑难问题。比如，被朱苏力教授等学者多次作为分析案例的主角电影《被告山杠爷》中的"山杠爷"，为何能够指令将虐待婆婆的儿媳游街示众并

[①] 田中英夫，竹内昭夫. 私人在法实现中的作用[M]. 李薇，译. 北京：法律出版社，2006：5.

获得全村人的配合和服从？又为何能够号令民兵将不交公粮的村民羁押起来？显然，类似于"山杠爷"这样在基层治理中拥有比法定权力更强大制裁权的人物，并不可能单纯依托一个村支书或村主任的职务来获得村民对于制裁实施的配合和服从。在基层治理中，社会性制裁的主体如何获取法定权力以外的制裁权，又如何在不借助法定权力的情况下完成社会性制裁的执行，可能是破解目前基层社会治理的一系列难题的重要突破口。毕竟，如果像"山杠爷"这样的基层治理主体能够将其掌握的社会性制裁权合理地置于制定法框架之内，将会为基层社会治理提供有力的抓手。

三、"社会性制裁"以未被法律严格禁止的法益贬损手段为形式

毋庸置疑，社会性制裁的形式十分多样，不一而足。但总的来说，社会性制裁的形式可以被概括为各种"未被法律严格禁止的法益破坏或限制手段"。而且需要指出的是，这种概括并非一种毫无理论渊源的学术创意。早在19世纪，刑事社会学派的创始人李斯特（Liszt）就指出："（对犯罪人适用刑罚）其方法是，通过破坏或者毁掉该犯罪意欲主体的法益，来实现法益保护，即通过法益破坏实现法益保护。"[1] 这一论断实际上指出了刑罚的一个基本内涵是"法益贬损"。社会性制裁，尽管其与刑罚有着本质上的不同，但从二者同为制裁手段的共性上来说，对法益的贬损是共通的，只是在程度和程序上有所区别罢了。无论社会性制裁具体表现为对制裁对象的权利限制，还是义务增加，抑或是社会评价降低，事实上都会或多或少地贬损制裁对象的法益。也正是有鉴于此，李斯特在其著作中下了另一个睿智的论断："在任何一个有人群的地方，如家庭、社团、国家，刑罚都是有可能的而且事实上也是存在的。"[2] 诚然，李斯特的上述论断有其具体语境，我们当

---

[1] 冯·李斯特. 论犯罪、刑罚与刑事政策 [M]. 徐久生，译. 北京：北京大学出版社，2016：12-13.

[2] 冯·李斯特. 论犯罪、刑罚与刑事政策 [M]. 徐久生，译. 北京：北京大学出版社，2016：13.

然不可能因李斯特的上述论断而将家长对孩子的体罚、企业对员工的降级等都视为一种刑罚，但李斯特的观点启示我们：社会性制裁和刑罚之间确实存在概念界定上的沟壑，但二者之间绝不是毫无联系与共性的。显然，按照"同质论"的理论通说，在对法益的贬损上，社会性制裁与行政处罚之间也存在和刑罚一样的共性。

共性之外，社会性制裁不同于刑罚或者行政处罚等法律制裁的一个典型特征是：社会性制裁对于特定对象的法益贬损并不一定是被法律所授权或允许的，甚至有时是被法律禁止的。正如当今中国没有任何一部法律明确授权或禁止父母用巴掌打孩子屁股一样，社会性制裁的发动和执行并不需要法律的明确许可或授权。而且，在社会性制裁对于制裁对象的法益贬损没有达到一定程度的情况下，法律更多地对于社会性制裁采取了一种"法律不理琐事"或"不告不理"的处置态度。对于企业勒令员工做俯卧撑、蛙跳等类似的行为，即使法律在立法精神或法律原则上并不支持，但由于没有相应的禁止措施和法律后果，当事人也由于维权成本等方面的考虑，不会选择向司法机关或者劳动监察部门提出诉求，于是在事实上形成了法律对于某些违法社会性制裁的默许或容让。

由于社会性制裁在形式上所具备的上述特征，我们一方面需要意识到社会性制裁在合法空间以外的宽广生存空间，另一方面需要引导社会性制裁向适度与合理的方向发展。尤其是在一种行为同时受到法律制裁和社会性制裁的情况下，单从法律制裁的角度看，行为人似乎"罚当其责"，但如果我们将其同时受到的社会性制裁考虑进去，其法益遭受的破坏或限制，可能就超出了其应当为其行为所负的责任限度。事实上，如今一些刑法学者们已经意识到，"即使某些非刑罚处罚方法轻于行政责任、民事责任的实现方式，但从实质上看，其给犯罪人在社会生活上所造成的不利影响更为严重"[①]。从这个意义上讲，社会性制裁与法律制裁的统筹协调，已成为公民法益保护的题

---

① 张明楷. 刑法学 [M]. 北京：法律出版社，2011：560.

中应有之义。

四、社会性制裁的从属性与独立性

社会性制裁有的是基于社会组织、用人单位非经法律授权而自发采取的限制、排斥性措施。疫情防控期间就发生过这类事例。2022年8月22日《江南晚报》刊登了记者的一篇报道："暂时不接受××省、××自治区、××市人员""行动轨迹14天内超过3到5个地方不行""有××市行动轨迹的不行"……疫情此起彼伏，把疫情地区的求职者拒之门外，成了一种新的就业歧视。2022年，无锡市劳动保障监察支队公布了一起复工复产期间查处的涉疫就业歧视案件。无锡一家人力资源服务机构因在发布的招聘简章中，将去过疫情严重地区的人员排除在外，被罚款5000元。① 记者报道的这起就业歧视案中的"就业歧视"是典型的社会性制裁，缺乏法律依据和国家政策依据，全凭用人单位自主的意志行事，其独立性非常明显。如记者所言："'中央和地方纷纷出台措施，解决劳动者尤其是疫情地区劳动者的就业问题。可有些用人单位出于自保心理，害怕因招用来自疫情地区的劳动者而影响企业经营，拒收这类求职人员'，市劳动保障监察支队相关负责人介绍，本案是一起典型的疫情防控期间就业歧视案件。"② 有的社会性制裁则源自法律制裁的延伸，具有依附性和从属性，刑罚附随的社会性制裁即属于此类情况，如因犯罪或被定罪判刑被驱逐出门、驱逐出族谱等。

---

① 陈钰洁. 拒招疫情地区求职者，罚！劳动保障监察部门查处涉疫就业歧视［EB/OL］. 无锡新传媒网，2022-08-22.

② 陈钰洁. 拒招疫情地区求职者，罚！劳动保障监察部门查处涉疫就业歧视［EB/OL］. 无锡新传媒网，2022-08-22.

第三节　社会性制裁存在的必然性

对于社会性制裁，社会学领域往往将这种制裁后果解释为一种社会歧视或社会排斥的产物，而规范法学的相关研究则因其不属于法律制裁的范畴而未做充分讨论。事实上，社会性制裁在当前社会治理中表现出的一系列问题，使得"如何处理好社会性制裁和法律制裁之间的关系"这一论题需要尽快进入学术研究的关注视野。而如果试图对社会性制裁进行全方位的规范、约束，以引导其与法律制裁相统筹协调，势必要从制裁体系建构的整体立场出发，对其进行深入研究。因此，社会法学所提供的视角与研究方法，或许可以作为一种便捷而有效的研究进路。

一、法律制裁以外的"灰色地带"

2018年11月，常州一所小学召开听证会，校方提出要把"教师惩戒权"还给老师，引起了强烈的社会反响。[①] 消息见诸报端之后，《人民日报》、凤凰网、新浪网等媒体相继刊发评论，观点多倾向于支持校方。事实上，关于"教师惩戒权"的问题已经不是第一次成为社会热点，先前已有全国人大代表和专家学者对于"教师惩戒权"的确立和保障进行过公开讨论。[②] 纵观已有的讨论观点，少有绝对反对或绝对支持确立"教师惩戒权"的观点，争议的焦点主要集中在"教师惩戒权"的适用条件和限度，以及其具体惩戒形式上。在一系列莫衷一是的讨论中可以发现，上述争议焦点不独存在于"教师惩戒权"的争论之中，但凡涉及惩戒、处罚等能够限制权利行使、增加义务

---

① 陆文杰. 常州一小学要给老师"教育惩戒权"[N]. 现代快报，2018-11-23（A10）.
② 李爱梅. 赋予教师合理的教育惩戒权[N]. 光明日报，2017-03-20（02）.

负担的措施，均无法回避上述问题。由此，本书立论的一个前提是，将此类具有抽象共性的措施进行涵摄，借助日本法学理论中惯常使用的语词，统称其为"制裁"，在当前法治语境中进行统括研究。①

尽管这种概念的涵摄不可避免地使一些具体的问题变得抽象化，而且使问题的讨论语境从单一部门法领域扩展到了多个部门法，甚至多个学科的领域，但这种研究"成本"的付出，在现实问题的倒逼之下，总体来看仍然是必需的。比如，陕西一家公司曾让未完成销售业绩的员工举着写有"混吃混喝奖"及"警示牌"字样的牌子拍照，并勒令其他员工在朋友圈中转发这些照片，同时，这些员工还要接受体罚，男的200个俯卧撑，女的200个深蹲。②如果我们仅从具体问题直接牵涉的学科或部门法视角来看待此类问题，通常将其作为劳动法或管理学领域的个案来研究处理；但这种"就事论事"的研究习惯，同对前述"教师惩戒权"问题的相关讨论一样，往往只能在现行法框架的既定安排下，对管理（教育）效果和其"合法性"争讼不休，而对于超脱于个案的一些思辨性问题则无法给出令人满意的答案。比如，同样是制裁行为，教师罚抄作业在一定程度上被认为是一种常见而无可厚非的教育手段，而某国有银行福建分行责令员工罚抄规章则招致大量非议，这种区分背后的逻辑是什么？又比如，公务员法第26条规定，曾受刑事处罚者不得录用为公务员，这种对于公民权利的限制，与刑法意义上的"剥夺政治权利"在法律后果上存在重合，但适用条件和生效时限却大相径庭，这种现象应当作何法理解释？上述问题，如果仅借助单一部门法或者单

---

① 相比中国，"制裁"一词在日本法学著述中更为常见。日本学者田中成明对"制裁"一词的定义是指："针对违反社会规范的行为，以否定或者促使行为人放弃此种行为为目的而启动的反作用力，其内容是剥夺一定的价值、利益或者赋课一定的负价值或者不利益。"详见田中成明. 法的空间：在强制与合意的夹缝中间 [M]. 东京：东京大学出版会，1993：141. 日本学者佐伯仁志等人在著作中亦沿袭和引用了这一定义。陈兴良、张明楷等中国学者虽未明确引用上述定义，但亦常在相关论述中使用"制裁"一词。

② 路歌. 惩罚岂能无底线？ [N]. 河南法制报，2017-09-25（005）.

一学科的知识体系进行分析,即使可以获得一个自圆其说的答案,也难免有挂一漏万的可能。正如谢晖教授所言:"对象整合性之所以是部门法学中的法哲学问题,在于所有的部门法学,都是以探讨其对象(法律及其运行逻辑)为使命的。因此,部门法学要能够整合性地解释或说明其对象;否则部门法学就只有对其研究对象的局部的解释力,而不具有全面的、整体的解释力。"① 就"制裁"相关的一系列命题而言,绝不独是刑法问题,抑或是行政法问题,甚至不完全是法学问题,而是一个庞大而复杂的人文社会科学"课题集合",其中蕴含着诸多尚待关注和研究的现实问题。

二、社会性制裁存在有其必然性

人类社会是朝着文明的目标和方向努力的,人类社会的存续和已经建立的文明需要得到维护,维护文明和实现更高文明的目标,离不开通过某种支配力来实现对社会的控制。"这种支配力是直接通过社会控制来保持的,是通过人们对每个人所施加的压力来保持的。施加这种压力是为了迫使他尽自己本分来维护文明社会,并阻止他从事反社会的行为,即不符合社会秩序假定的行为。社会控制的主要手段是道德、宗教和法律。在开始有法律时,这些东西是没有什么区别的。"②

人类社会早先的一些戒律和开除出族落等的社会控制手段,在法律生成的早期,逐步由国家接收过来,进而由政治社会有组织地来行使,获得了国家强制力的保障。随着国家管控经验的积累和能力的提升,对社会的管控和治理的通常做法就是对越轨行为的控制,控制手段最常用的就是制裁。在今天的政治组织社会中,更多地表现为制度性制裁,核心是法律性质的制裁,又以刑罚制裁为典型。然而,除刑罚作为典型的法律性制裁之外,存在

---

① 谢晖. 法的思辨与实证 [M]. 北京:法律出版社,2016:28.
② 罗斯科·庞德. 通过法律的社会控制 [M]. 沈宗灵,译. 北京:商务印书馆,2010:11.

大量的非法律性制裁，正如有学者指出的："不论一个体系的设计多么完善，也不管对它的操作多么有效，其实际的运作总是在被引入其他系统和人类活动的范围以后才发生，所以，我们对它的种种后果就不可能都料事如神，原因之一就是构成社会世界的系统和人类活动的复杂性。"①

事实上，学者对类似问题的关注不少，只是采用的语言表达不同，"人类的共同生活主要还是依据传统习惯（规范）……对违反此等规定的行为，将做出积极的反应（间接的社会压制）……一个社会控制的完整体系已经形成，其主体是极不相同的机构或团体，如家庭、乡镇、学校、教会、社区、企业、联盟和协会。刑事司法只是该完整体系的一部分，所有被使用的预防或压制性制裁，在一定程度上甚至是可以相互转换的"②。此段内容中的"间接的社会压制""社会控制"等，如果与手段相关联，即接近于国家法律之外的社会性制裁。社会的产生与发展是需要被维护的，迫于自然状态下的混乱与无序而产生国家及其军队、公权力组织机构，制定并由国家强制力保障的法律等。但是，如果促进自身自由与发展的内在、外在利益能够得到保障，需要的支配力量不限于国家制度层面，传统的习俗、行为习惯、社会力量也起着非常重要的作用。国家名义的制度外的控制、限制与制约因素和力量，以有形、无形的形式大量存在，甚至可以说无处不在，借用日本学者佐伯仁志的说法，称作社会性制裁。

社会性制裁大量地存在于各领域、各行业对不同对象的否定、排斥和控制中，内容分散、标准不一、提法各异。社会性制裁同样带有惩罚性，现实情况是，惩罚性的手段不只是针对违法犯罪行为，或者说不是只有针对违法犯罪才可以使用惩戒甚至惩罚性手段。只要有法律制裁之外的灰色地带，就会有法律之外的制裁措施的跟进。如污名化问题，一旦被污名化，即被社会

---

① 安东尼·吉登斯. 现代性的后果 [M]. 田禾，译. 南京：译林出版社，2000：134.
② 汉斯·海因里希·耶赛克，托马斯·魏根特. 德国刑法教科书：上 [M]. 徐久生，译. 北京：中国法制出版社，2017：1-2.

置于否定性评价和判断,一旦放到某些人、某个个体、某个群体头上和身上,污名的效应、污名的支配力会逐渐体现,并逐渐强大。

总之,法律不可能将社会控制的全部活动纳入自己的领域,法律制裁之外存在大量的非法律乃至非制度性制裁,即社会性制裁。社会性制裁与法律制裁的区分是相对的,这意味着社会性制裁和法律制裁在内涵特征上既存在共性,亦存在各自的特性,但在实现对社会管控的功能上是一致的。对社会的管控,仅靠法律及法律制裁是远远不够的,法律只能将一部分社会控制活动纳入自己的领域,其他社会控制手段的存在和应用空间很广泛。比如,前面提到的在学校组织的日常考试中作弊,当然不至于上升到违法犯罪的程度,但作弊者往往会被校方处以警告、记过乃至开除等制裁;企业员工泄露商业秘密,若达不到违法犯罪程度,则要接受降薪、调换岗位或解除聘任合同等制裁。社会性制裁对于短期内实现对某领域或行业秩序的控制非常有效。

第四节 基于犯罪记录的"连带责任"与社会性制裁

2018年6月9日,在一则落款为"罗山县打击盗窃民航旅客财物专项行动办公室"的告知书中,声称如果犯罪嫌疑人逾期不归,将在电视台曝光其父母、兄弟姐妹及子女,将前述亲属拉入诚信系统并限制出行,甚至将会在其家门口、村口悬挂"飞天大盗之家"的牌子等。具体内容包括"若7日内不回的,将其个人情况在县电视台曝光,必要时将其父母、兄弟姐妹、儿子儿媳、女儿女婿曝光;若10日内不回的,将其本人及父母、兄弟姐妹、子女全部拉入诚信系统,限制出行,株连三代人……若20日内仍不回国的,将在其家门口、村口悬挂'飞天大盗之家'的牌子。"河南省罗山县打击盗窃民航旅客财物犯罪专项治理行动办公室发布该公告的目的,是劝返目前仍滞留在境外、拒绝回国配合公安机关调查的犯罪嫌疑人。公告中提及，要求犯罪嫌疑人的亲属及学校老师、村组干部积极规劝，否则会影响他们的正常生活。此公告引发了激烈的争论。有评价认为：尽管当地政府发布"告知书"的初衷是为了追逃犯罪嫌疑人，但在全面依法治国的大背景下，里面的"规劝措施"却显得与法治精神格格不入。"一人犯罪，全家连坐"，是封建时代的做法，也是落后的人治的体现。现代法治主张的是"罪刑法定""罪责刑相适应"，即便是罪恶滔天、罪无可赦，那也是犯罪分子个人的事情，其家庭成员不必因此牵连受累。何况这些在逃人员仅是犯罪嫌疑人，法院尚未做出判决，"处罚"便已加诸家人，更有"未审先罚""株连无辜"之嫌。而在电视台曝光、悬挂"飞天大盗之家"牌子的做法，具有强烈的人格羞辱性，更是不合时宜、僭越边界。

好在罗山县打击盗窃民航旅客财物犯罪专项治理行动办公室在罗山县委宣传部官方微博及时发布了致歉信。致歉信中写道："在开展工作的时候，存在法律意识淡薄，方法过于简单的问题，导致在发布告知书时出现了十分不妥的言语，在社会上造成了不良影响，在此表示深深的歉意！"[①] 其并表示，今后将认真吸取教训，努力改进工作方法，更加细致深入地做好相关工作，落款是"罗山县打击盗窃民航旅客财物犯罪专项治理行动办公室"。此公告所隐藏的通过连累后代和家人来强化对违法犯罪之人惩罚的理念和做法，实为不妥，教训需要汲取。若更宽泛地理解牵连和社会性制裁，包括无依据的制裁时间的延长、对象的延伸，自然使得刑罚惩罚所产生的后果更为严重。

一、时间上的再续

延续制裁的时间，如国务院《社会团体登记管理条例》第13条："有下列情形之一的，登记管理机关不予登记……（三）发起人、拟任负责人正在

---

① 一句话新闻［EB/OL］．搜狐网，2018-06-09．

或者曾经受到剥夺政治权利的刑事处罚……"《天津市行政机关归集和使用企业信用信息管理办法》第 10 条规定，企业法定代表人、主要负责人"因犯有贪污贿赂罪、侵犯财产罪或者破坏社会主义市场经济秩序罪，被判处刑罚，执行期满未逾 5 年或者因犯其他罪被判处刑罚，执行期满未逾 3 年以及因犯罪被判处剥夺政治权利，执行期满未逾 5 年的"，记入警示信息系统。延伸和加重法律制裁，特别是刑罚制裁的效应，可表现为时间上的再续。

二、对象的连累

在制裁对象上，向违法犯罪人员以外的子女等亲属的延伸，如前面提到的广东省揭阳市惠来县鳌江镇 10 户家庭的围墙或大门处被当地政府部门工作人员喷上了"涉毒家庭"字样的事例。政府部门工作人员显然没有在公民居所喷漆警示的法定职权，而所谓"涉毒家庭"中那些并未涉毒的家庭成员遭受这种耻辱性、警示性制裁的原因，也并非其本人参与了吸毒或贩毒活动。再如，对前科人员子女落户积分的限制等地方政策，类似的制裁"波及"或"溅射"到犯罪人或"老赖"等越轨行为人的子女、亲属身上。可见，社会性制裁的对象本身并不一定直接违反某种社会规范，而可能因与自己存在某种特定社会联系的组织或个人违反社会规范而招致社会性制裁。

时间的延长和对象的牵连，会加重惩罚后果。严厉性是法律责任及其后果的本性，刑罚是最严厉的法律制裁手段。然而，如前所述，刑罚的严厉是显性的，无论是生命刑、自由刑、财产刑还是资格刑，都有明确的形式、内容和期限。裁判者可以根据个案的情况，运用自由裁量权，对犯罪分子判处与其犯罪行为、损害后果、目的、动机、人身危险性等相适应的刑事惩罚，目前已经有比较成熟的评判标准和尺度。相反，对于刑罚附随后果，则达不到细致和逻辑上的规范，条件的设立宽泛、笼统，许多就是"受过刑事处罚的，不得……"或"曾因犯罪受过刑事处罚的，不得……"的模式。这种不加任何限定性词语的立法或制度设置，等于行为人只要犯了罪且受过刑事处罚，这些附随后果就会发生效力。这类规定具有相当的数量，加之我国刑罚附随后果制度构建的体系性缺陷，因此在具体适用过程中，出现叠加适用的情况在所难免。

在现行的刑罚附随后果制度下，刑事违法人员重新走向社会时将面临众多的职业限制，加上隐性地对有犯罪前科者亲属的从业限制和剥夺，刑罚附随后果的严厉性可想而知，其影响是难以用数字来衡量和评估的。围绕着社会性制裁实现上述功能的价值基础是什么、如何获得理论上的论证，这些都是存在争议的。

第五节　社会性制裁的合理限缩

不可否认的是，社会性制裁具有灵活性和便捷性，是一种有效的社会控制、社会治理手段。诚然，所有涉及惩戒、处罚等能够限制权利行使、增加义务负担的措施，其条件设置、限度、边界及惩戒形式等，都应在人权保障的基本原则下进行效率与正义的慎重权衡。而目前社会性制裁恰恰由于存在于法律框架以外，其发动、执行以及救济，基本处于一种无序和失范的状态。如果仅借助单一部门法或者单一学科的知识体系进行分析，即使可以在单一个案的解决上获得一个自圆其说的答案，也难免有挂一漏万的可能。这使得有必要针对目前法律之外存在的一系列社会性制裁，在跨学科的视域下，进行体系化的治理研究。

谈到社会治理，1995年，联合国"全球治理委员会"发表了题为《我们的全球伙伴关系》的研究报告，其中对治理做出了如下界定："治理是各种公共的或私人的机构管理其共同事务的诸多方式的综合。它是使相互冲突的或不同的利益得以协调并且采取联合行动的持续的过程。它既包括有权迫使人们服从的正式制度和规则，也包括各种人们同意或者符合其利益的非正式的制度安排。它有四个特征：治理不是一整套规则，也不是一种活动，而是一个过程；治理过程的基础不是控制，而是协调；治理既涉及公共部门，也包括私人部门；治理不是一种正式的制度，而是持续的互动。"① 事实上，治理尚未形成统一的概念界定。有学者主张："从总体上看，治理是多元主体紧密协作、良性互动，追求善治的一种状态和动态的过程。"②

"治理这一术语是'社会治理'产生的理论基础之一。'治理'意味着等级划分弱化、活动主体多元化、政府强制性干预减少、公众能够积极地参与到政策的制定和执行中去、社会政治制度能够公开化和透明化、社会治理者对利益关系人负责等。"③"历经改革开放四十多年的发展，中国社会建设领域实现了从社会管理到社会治理的转型。"④ 在统治模式时期，社会控制的核心在于"治民"，管理时代的核心在于"管民"，治理时代政府与民众的关系是政民互动、公私协作的正和博弈阶段。⑤ 党的十八届三中全会首次使用"社会治理"这一概念。党的十八届五中全会进一步指出："构建全民共建共享的社会治理格局。"这是对社会治理思想认识上的再次升华。"社会治理必须依据规则，法治就是最高的规则。法治维持着社会秩序，也维护着社会公平正义。只有坚持依法推进社会治理，才能保护国家和社会的公共利益，保护社会公众的合法权益，从而最大限度地实现社会和谐稳定。"⑥ "实现社会治理法治化，要求社会治理的多元主体以法治化的视野和观念审视各种社会关系和社会利益，以法治思维和法治方式推动社会治理，在社会生活的各个领域都能够自觉维护法律的权威和尊严，在法治框架内进行社会治理创新。与此同时，还要注重加快完善社会治理的有关法律制度，以此促进社会治理

---

① 全球治理委员会. 我们的全球伙伴关系 [M]. 牛津：牛津大学出版社，1995：23.
② 李坤轩. 社会治理法治化研究 [M]. 北京：中国政法大学出版社，2020：3.
③ 王勇，金成波，董亚伟，等. 社会治理法治化研究 [M]. 北京：中国法制出版社，2019：10-11.
④ 李坤轩. 社会治理法治化研究 [M]. 北京：中国政法大学出版社，2020：1.
⑤ 江必新. 推进国家治理体系和治理能力现代化 [N]. 光明日报，2013-11-15（1）.
⑥ 李坤轩. 社会治理法治化研究 [M]. 北京：中国政法大学出版社，2020：16.

的依法实施和社会的依法自治。"①

从相关的论述可以总结出,社会治理强调法治化的治理思维,以法治方式实现善治。社会性制裁作为社会治理不可缺少的手段,同样应该将"制裁"纳入法治框架,接受法治的理念和思维的约束。

一、社会性制裁应该有边界

首先,法治社会的内涵之一是权利和义务的统一、义务和责任对等,犯多大错承担多大责任;其次,惩罚性责任坚持个人责任,不得累及不相干人员。不论是独立存在的社会性制裁,抑或是基于犯罪前科延伸出来的社会性制裁,都是参与社会治理的手段,理应贯彻法治的理念。

在现实社会生活中,社会性制裁形式多样,不一而足。总的来说,社会性制裁的形式可以被概括为各种"未被法律严格禁止的法益破坏或限制手段"。

目前,社会性制裁有广泛的生存空间。与社会性制裁相比,刑事制裁,乃至行政制裁、民事制裁,规则是清晰的,个体和单位对自己行为选择有明确的预期,可以提前预判并规避惩戒和风险。但法律制裁之外的各种排斥、限制和人格信誉的减损,不论是数量还是程度,调研难度大、量化难、统计难,几乎是学界和社会视而不见的盲区。应该认真对待这个盲区,一方面正视社会性制裁的客观存在;另一方面用法治理念为社会治理赋能,用法治理念引导和制约社会性制裁方法的运行。

从前面的分析中可以看出,社会性制裁失范、缺乏控制的现象有趋于严重之势。社会性制裁如果缺乏"复权制度"和做法的补充,那么它给有刑罚经历人员以及其他越轨人员所带来的否定评价和惩罚就没有时间的终点,对其就业、职业选择以及其他权益的获取和行使的控制结果更严重。因此,需

---

① 李坤轩. 社会治理法治化研究[M]. 北京:中国政法大学出版社,2020:20.

要引导社会性制裁向适度与合理的方向发展,尤其是在一种行为同时受到法律制裁和社会性制裁的情况下,单从法律制裁的角度看,行为人似乎"罚当其责",但如果将其同时受到的社会性制裁考虑进去,其法益的破坏或限制,可能就超出了其应当为其行为所负的责任限度。事实上,如一些刑法学者们已经意识到的,"即使某些非刑罚处罚方法轻于行政责任、民事责任的实现方式,但从实质上看,其给犯罪人在社会生活上所造成的不利影响更为严重"①。由刑罚延伸出来的非刑罚处罚方法,给犯罪人及其家庭在社会生活上所造成的不利影响的严重性越来越凸显,从这个意义上讲,社会性制裁与法律制裁的统筹协调,已成为公民法益保护的题中应有之义。社会性制裁应该得到控制,也应该有边界。

　　勾勒刑罚附随性制裁包括附随的社会性制裁边界,面临的一个最大的难题是:人能变好吗?法国作家维克多·雨果(Victor Hugo)的《悲惨世界》中的主人公冉·阿让(Jean Valjean),原是个诚实的工人,一直帮助穷困的姐姐抚养七个可怜的孩子,有一年冬天,他找不到工作,为了不让孩子们饿死,他偷了一块面包,因此被判处5年徒刑。在服刑期间,冉·阿让因不堪忍受狱中之苦四次逃跑,但都没有成功,刑期也从5年加到了19年。假释出狱后,苦役犯的罪名永远地附在冉·阿让的身上,他找不到工作,连住宿的地方都没有。正在他感到灰心气馁的时候,冉·阿让遇到了米利埃主教。米利埃主教的善良与博爱感动了冉·阿让,促使这个陷入歧路的犯人走上正路。当然,冉·阿让只是文学作品中的人物,与现实中的罪犯有着人物背景、经历和内涵上的明显不同,拿来与现实中特别是我国现实中的人物比较,在社会基础、社会和法律理念、法律评价尺度等方面,均有本质的不同。然而,就坏人能否变成好人这一问题来说,现实中确有被判过刑走上悔过自新、关爱他人、贡献社会的例子。如有过服刑经历的社会企业家、阳光下之家创始人王金云,在2003年9月创办了全国首个失足者帮教网站,创办

---

① 张明楷. 刑法学 [M]. 北京:法律出版社,2011:560.

深圳市阳光下之家文化发展中心,任深圳市阳光下之家社会帮教服务中心理事长,深圳市阳光下投资发展有限公司董事长。自2003年始,王金云和阳光下之家团队成员已帮助了几万名更生人士开始了新的生活,这共花费王金云250多万元积蓄,海内外700多家媒体3500多次报道其先进事迹,他并受到党和国家领导人的接见和肯定。①

一个王金云回答不了"坏人是否能变好"的问题,但是,也没有任何科学证据证明,被告人犯罪,其子女、被抚养人、受其影响的人就一定会有犯罪倾向、犯罪意图或者犯罪行为。因此,如果因为父母犯过罪、被判过刑,就牵连子女或亲属,则是不正义、不公道的。有犯罪前科的人,不应该因自身背负犯人的名声而使其子女和近亲属在求学、就业时受到排斥和限制。

社会性制裁的扩张和广泛使用,在短期内实现了对相关对象的限制,但人为地制造消极的情绪,使得没有希望、看不到出路的群体逐渐增大,社会的消极群体和情绪的增大,会为今后社会问题的疏通和解决制造出新的难题。历史的经验告诉我们,对社会的管控,不能为控制而控制,更不能为了控制而不顾边界、不设边界。

二、如何控制社会性制裁

社会性制裁在维护社会秩序中有着不可忽视的作用,但是,怎样的社会秩序是我们理想中的社会秩序,哪些社会性制裁是与法治理念、现代社会发展相背离的,这些是值得进一步思考的。对于有些社会性制裁,要进行控制或干脆剔除。为此,笔者主张确定相应的理念,控制不合法、不合理的做法。

1. 社会个体的人身、人格独立,人身、人格权不应被他人的行为牵连。子女没有选择由谁来做父母的机会和可能,子女的努力如果因父母的不良行

---

① "社会企业家、阳光下之家创始人"[EB/OL]. 搜狗百科网,2022-01-12.

为、对他人的违法犯罪行为、违反社会秩序的行为被否定,亦是对社会主体人身、人格独立性的否定。现实中,之所以对子女进行加码限制,无非是拿子女的前途给父母施压,增强对父母自我约束、行为选择的控制,让那些所谓为了自己和家族的"兴盛"能够"豁出去的"父母有所忌惮,让父母老老实实守法、守规矩。殊不知,这些发生在父母、长辈身上的行为和做法,子女未必是受益者,即便有所受益,也完全可以通过对当事者及对其父母的责任追究来实现惩罚和控制,没有理由牵连其他人。关联性惩罚、惩罚的法外发挥和放任,会使我们的制度退化。关联性惩罚让子女在出生前就在"赌","赌"遇到怎样的父母,这是不公平的。

2. 对于财产利益的受益者,制裁的设置和使用要科学化,强调逻辑关联性和制裁事项的类型化。根据目前法律的规定,国家的刑罚、民事制裁、行政制裁手段如果切实能够得到及时和有效的运用,问题是能够得以解决的,不让违法犯罪人因违法犯罪行为获利,是公正的做法,符合人们的预期。通过财产性剥夺,切断子女获益的通道,或者通过对子女受益来源的查处,财产获益问题能够得以解决。当然,财产权的剥夺要具体情况具体分析。如子女名下的财产受之于父母,父母是老赖,欠债不还,子女的财产被没收等于是追回被老赖不合理转移的财产,这是有法律依据的。但如果有明确的证据证明子女个人名下的财产受赠于其他人,与父母是不是老赖,父母是不是失信没有任何关联,再连带没收子女的财产就缺乏法律依据。为解决老赖问题,破坏法制规则是不可取的。这让我们想到了2018年12月17日央视社会与法频道,在"《一线》'天使之翼·沉重'"的节目中报道的两个案例,一个是浙江乐清市江某与庄某的债务偿还案件,一个是湖南长沙市罗某与吴某债务案。

浙江乐清市江某与庄某的债务案件大体情况是:2004年,江某(女,28岁)与庄某(男,30岁)相识,并在当年10月26日于浙江省乐清市民政局登记结婚,婚后由于工作问题二人开始了异地生活,江某在浙江乐清继续从

65

事女装个体户生意，庄某则前往北京打工。在最初几年，二人感情稳定且彼此相互支持，生活幸福。由于男方的工作不稳定，婚后两人购置房屋的按揭贷款由江某支付，江某期待着丈夫有一天能够在北京找到一份稳定的工作，等到两人有了稳定的收入后，一起攒钱存足积蓄，争取都回到老家开一家店铺过上平静稳定的生活。2014年，两人感情出现裂痕，江某听到了丈夫庄某在北京打工时与其他女子有不正当关系的传闻，同时，男方庄某在北京开始大举外债，这引起了江某的担忧，但由于常年异地生活，感情逐渐淡薄，庄某每次借贷都没有告知江某。2016年2月，江某与庄某离婚。2017年3月，江某在卖货转账时，发现其账户被乐清法院采取诉前保全冻结，并在不久后收到浙江省乐清市人民法院关于其涉嫌民间借贷纠纷的传票。2017年4月28日，浙江省乐清市人民法院虹桥法庭受理了原告孔某与被告庄某、共同被告江某的民间借贷纠纷一案。原来，2015年1月，庄某在外务工期间，与原告孔某签订借款合同，向孔某借到本金20万元并约定了每月2分的利息，还款期限为两年，可是，一直在家忙于照顾家庭并努力工作的江某从未问过或者听到丈夫谈论此事。法官怀疑双方恶意串通损害债权人的利益，把财产归到江某的手中。好在通过对银行流水数据的分析，排除了江某通过假离婚实现真逃债的可能性。2017年7月5日，乐清市人民法院虹桥法庭对江某涉及的借贷纠纷案件做出了一审判决。法庭认为，虽然这笔借款发生在两被告婚姻存续期间，但借款的时间距离离婚时间不到一个月，应视为双方婚姻关系危险期，根据双方所举证据，涉案金额不能认定为夫妻共同债务，应由庄某单独承担。另一个是罗某与吴某债务案。案件经过一审和二审审理，最终做出了判决，将所涉的案款认定为吴某因赌博行为而产生的个人债务，罗某对此不承担共同清偿责任。两个案件背后，经历了相关司法解释对夫妻共同债务认定不断完善的过程。《最高人民法院关于适用〈中华人民共和国婚姻法〉若干问题的解释（二）》（法释〔2003〕19号）第24条规定："债权人就婚姻关系存续期间夫妻一方以个人名义所负债务主张权利的，应当按夫妻共同债务处理。但夫妻一方能够证明债权人与债务人明确约定为个人债务，或者能够证明属于婚姻法第十九条第三款规定情形的除外。"《最高人民法院关于适用〈中华人民共和国婚姻法〉若干问题的解释（二）的补充规定》（法释〔2017〕6号）在《最高人民法院关于适用〈中华人民共和国婚姻法〉若干问题的解释（二）》第24条的基础上增加两款，分别作为该条第2款和第3款："夫妻一方与第三人串通，虚构债务，第三人主张权利的，人民法院不予支持。夫妻一方在从事赌博、吸毒等违法犯罪活动中所负债务，第三人主张权利的，人民法院不予支持。"2018年1月16日，最高人民法院发布《关于审理涉及夫妻债务纠纷案件适用法律有关问题的解释》（2018年1月8日最高人民法院审判委员会第1731次会议通过，自2018年1月18日起施行）第3条规定："夫妻一方在婚姻关系存续期间以个人名义超出家庭日常生活需要所负的债务，债权人以属于夫妻共同债务为由主张权利的，人民法院不予支持，但债权人能够证明该债务用于夫妻共同生活、共同生产经营或者基于夫妻双方共同意思表示的除外。"司法解释及时回应现实情况，司法裁判中不能机械地适用法律以及司法解释，需要结合个案具体问题具体分析，做到合法、合理、公正。

从上述个案的裁判可以看出，民事债务也要根据相关法律规定，结合当事人之间关系及其到庭情况、借贷金额、债权凭证、款项交付，当事人的经济能力，当地或者当事人之间的交易方式、交易习惯，当事人财产变动情况，以及当事人陈述、证人证言等事实和因素，综合判断债务是否发生。同时要注意区分合法债务和非法债务，不让一方的非法债务直接或间接影响无辜的配偶一方。区分夫妻共同债务需要在对非法债务不予保护的基础上，对于债权人知道或者应当知道夫妻一方举债用于赌博、吸毒等违法犯罪活动而向其出借款项，不予法律保护；对夫妻一方以个人名义举债后用于个人违法犯罪活动，举债人就该债务主张按夫妻共同债务处理的，不予支持。不做不合理的连累适用，此理念对刑事个案及其后果，同样具有启发和借鉴意义。

3. 禁止羞辱性、侮辱性的手段。古今中外存在大量的羞辱刑，作为刑种，随着监狱模式的出现和人类社会文明程度的提高，此类刑罚已逐渐远离了公众的视野。然而刑罚之外，仍有羞辱手段的使用。前面提到，广东省揭阳市惠来县鳌江镇政府工作人员于10户家庭的围墙或大门处，喷上了"涉毒家庭"的字样，这一做法就带有侮辱的成分。为了打击卖淫嫖娼行为，广州天河区冼村村委会和派出所在一次扫黄打非活动中，不仅对卖淫嫖娼者进行了罚款和劳动教养处理，还分别将一些卖淫者和嫖客的照片以及嫖娼现场的照片等，公开刊登在村里的法制宣传栏中。对这项"土政策"还不乏赞成者。当然，也有人认为这种法律之外的处罚是不对的，这种"教育"副作用大。[1] 2006年1月9日下午，陕西省榆林市吴堡县在体育场召开公捕公判大会，对高某俊、张某平等7名犯罪嫌疑人进行公开逮捕，对周某兴、马某2人进行判决，有力震慑了各类违法犯罪分子，全县10000多名干部群众观看公捕公判大会，并拍手称快。[2] 2010年7月14日，在湖南华菱涟钢集团公司的足球场上，当地有关部门组织了约6000人旁观一场特别的公捕公判大会，之后，嫌疑人和罪犯被游街示众。[3] 2010年7月在湖南娄底组织的公捕公判大会上，涉嫌盗窃的嫌疑人身穿黄色"号服"，双手反剪，胸前挂着"犯罪嫌疑人×××"的木牌游街示众。[4] 就在娄底刚刚搞完公捕公判的第三天，邻近的湘潭市为了迎接湖南省运动会，对53名犯罪分子进行了示众，3名被告人被宣判死刑后枪决。此外，"公开新闻资料显示，仅2010年，就有山东青岛、湖南永兴、陕西临潼、四川阆中等多地进行了公捕公判"[5]。2012

---

[1] 广州一村将卖淫嫖娼者上榜示众引起各方争论 [EB/OL]. 新浪网，2002-08-01.
[2] 我县召开公捕公判大会严惩一批犯罪分子 [EB/OL]. 吴堡县人民政府网，2006-01-12.
[3] 杨凡."公捕公判、游街示众"之痛 [N]. 人民法院报，2010-08-04 (02).
[4] 据悉，2009年4月以来，娄底市对涟钢周边环境进行了集中整治，已经进行了三次公捕公判，主题都是"整治涟钢周边环境"，并在市及区两级公检法的"统一行动方案"里，要求当地媒体对该活动进行报道。详见湖南娄底公捕大会引发争议 市民质疑有辱人格 [EB/OL]. 新浪网，2010-07-21.
[5] 吴习彧. 羞辱刑的病症法学分析 [J]. 社会科学战线，2012 (06)：277-278.

年10月31日,一场声势浩大的公捕公判大会在山东曹县人民会堂举行,20人在大会上被公开逮捕,曹县法院随后对被告人进行宣判。根据当地官方的说法,2000余人参加了大会。① 2014年10月17日,湖南华容县公捕公判大会在东山镇召开。会上,16名犯罪嫌疑人分别被公开拘留或公开逮捕,8名犯罪分子被公开宣判。5000多人观看了公判活动。② 2016年12月9日,一篇陕西兴平"公捕公判"的新闻成为各大新闻网站头条。在11月26日举行公捕公判大会的兴平市影剧院广场,广场旁一家商店店主王先生说:"当天上午10点多,广场上拉起横幅,写着公开处理大会,十几名头上罩着头套、穿着蓝马甲、戴着手铐的人被带到广场中央,是公开宣判,四周还有很多警察维持秩序。"事实上,早在1988年最高法、最高检、公安部联合下发的《关于坚决制止将已决犯、未决犯游街示众的通知》中就已对此进行否定,规定将已决犯、未决犯游街示众都是违法的;不但对死刑罪犯,对其他已决犯、未决犯及一切违法的人员也一律不准游街示众。2003年,最高法院再次下文,明确规定不准公审公判,坚决反对集中宣判和执行。但如采写这一报道的作者所言:近三十年前就已坚决制止的违法行为为何又出现在司法领域?③

公审公判,将犯罪嫌疑人、犯罪人暴露在众人面前,让他们丢丑,看上去能够让部分人解气,给犯罪人心理上带来剧烈的痛苦,震慑效果好,但其弊端也十分明显,不仅损害违法者、犯罪人的名誉和自尊心,无助于服刑人悔罪自新,而且与现代刑罚观念和社会治理观念格格不入,是不文明的专制产物,既不能起到特殊预防的效果,也难以发挥一般预防的作用,应当予以摒弃。如一位法官所讲的:"使用'恶'的手段对罪犯进行惩罚只能使罪犯的良心更加泯灭。罪犯将来还要步入社会,成为社会的一员,惩罚不应该成

---

① 公捕公判:山东曹县举行公捕公判会 [EB/OL]. 搜狗百科网,2012-11-01.
② 高亚洲. 公捕公判,法治文明上的跳梁小丑 [EB/OL]. 映象网,2014-10-24.
③ 王子恺. 公捕公判,没有"下不为例" [EB/OL]. 微信公众平台,2016-12-15.

为我们的唯一一手段。因此，对犯罪嫌疑人或罪犯给予人性化关爱、关怀，更能触及灵魂，促使其反省，复苏其人性，改过自新。"①

三、社会性制裁的法律救济

面对大量的社会性制裁，社会主体如何寻求救济？社会性制裁是否具有可诉性？依据什么行使诉权进行维权？"但从十六世纪以来，社会政治组织已经成为首要的了。它具有，或者要求具有，并且就整个来说事实上保持着一种对强力的垄断。所以其他社会控制的手段被认为只能行使从属于法律并在法律范围内的纪律性权力。英国的法院可以恢复被一个社会团体错误地开除出去的人的会员籍。一些法院曾判决过，被信托作为教会的财产，是不是按照教会教义（财产因这种教义而授予）而使用的。家庭、教会和各种团体在一定程度上起着在现代社会中组织道德的作用，它们都是在法律规定限度内活动并服从法院的审查。"② 这里所提到的采取由司法机关进行审查的做法，值得借鉴。

事实上，针对所谓社会性制裁，在我国也可以通过法律途径维权。以疫情就业歧视为例，前面提到无锡市劳动保障监察支队公布了一起复工复产期间查处的涉疫就业歧视案件。这一案件以无锡市劳动保障监察支队依据《就业服务与就业管理规定》依法责令该公司限期改正，并做出罚款 5000 元的行政处罚结束。

---

① 杨凡."公捕公判、游街示众"之痛［N］.人民法院报，2010-08-04（02）.
② 罗斯科·庞德.通过法律的社会控制［M］.沈宗灵，译.北京：商务印书馆，2010：14.

第四章

刑罚附随性制裁的功能

无论我们对"文明"如何理解，人类社会的文明被看作是事实还是观念，已经建立的文明都需要得到维护，而维护文明离不开某种支配力对社会的控制。"各门社会科学必须研究这种对内在的或人类本性所取得的支配力——它究竟是什么，它是怎样产生的，以及最重要的是，它是怎样得以保持、促进和流传的。"[①] 由刑罚附随产生的制裁手段，部分属于刑罚之外的法律性、制度性社会治理手段，部分属于法律之外甚至制度之外的参与和干预社会生活的手段，包含国家权力和社会权力。解读由刑罚附随产生的制裁手段，有相当的成分，如同解读法律之外的社会治理手段一样，是理解社会权力对国家权力"补白"作用的一个视角。透过这一视角可以看出，刑罚附随性制裁有基于其自身功能而得以存在和不断扩张的客观理由，并为社会所需。

---

① 罗斯科·庞德. 通过法律的社会控制 [M]. 沈宗灵, 译. 北京: 商务印书馆, 2010: 10.

第一节　刑罚附随性制裁的一般功能

前文已经论述了"刑罚附随性制裁"作为一种社会控制手段的属性。同时，我们也应当认识到，在当前制裁手段和制裁主体复杂多元、法律制裁与非法律制裁共存而缺乏有机衔接的社会治理背景下，单纯依靠刑罚手段、单纯通过法律手段或单纯进行强制性的社会控制，既不可能有效地规范人们的行为，也不可能充分保障一个复杂的民主社会能够正常维持下去。刑法介入社会生活所使用的刑罚不是唯一的惩罚手段，"在法律领域中，除了刑法的刑事刑罚之外，尚有刑法以外的其他法律所使用的行政罚、纪律罚、诉讼罚、社团罚、惩戒罚与契约罚等不具刑罚本质的其他罚。这些法律效果虽与刑罚同样具有惩罚性格，但均不具社会伦理的非价内涵，且各有其在法律制度上的作用"①。各国或地区关于"罚"的分类和内涵存在差异，然而，却有着共同的惩罚性格和效果，刑罚延伸的附随性制裁手段也具备惩罚性功能，刑罚附随性制裁在履行社会控制这一职能的过程中，是通过作用于一系列具体的社会治理事务来实现的。诚然，其惩罚、治理与控制功能都是非常明显的。

一、提升刑罚制裁对犯罪人的威慑效果

刑罚因其严厉、让人痛苦、使人惧怕而具有威慑功能。刑罚不仅能够使受惩罚的犯罪分子感到痛苦，而且能够震慑、威吓意图实施犯罪的人，使他们不敢以身试法。"刑罚乃是国家或地区主权行为中，最为严厉的法律手段，它是最具强制力而富伸缩性的法律效果。"② "规范的社会秩序的主体是

---

① 林山田. 刑法通论：下册 [M]. 北京：北京大学出版社，2012：265.
② 林山田. 刑法通论：下册 [M]. 北京：北京大学出版社，2012：272-273.

社会，而有计划地制定法秩序的主体是国家。在多元的社会生活条件下，并鉴于在现代社会人的生存所面临的危险性，后者的保护社会任务要比前者重要。刑法通过国家强制最终确保法秩序的不可破坏性。虽然民法和公法同样也规定了使用强制，但对刑法而言，刑罚威慑和实施强制处于中心地位。刑法使用最严厉的权力机制，即国家刑罚。"[1] 尽管刑罚威力强大，但在国家治理、社会治理的制度设计中，具有威慑效果的不限于最严厉的刑罚手段，行政处罚、民事制裁等都具备相应的威慑效果。同理，因受刑罚惩罚所附随延伸出来的各种限制、剥夺和排斥性的措施和所带来的诸多显性和隐性的后果，在犯罪人被定罪免刑或者刑罚消灭后，继续发挥着刑罚所拥有的预防再犯、威慑和教育感化以及强化规范意识的功能。有时候，对于犯罪人来说，担心最多的未必是几个月、几年的个人自由或财产的剥夺，而是刑罚结束后的工作、生活及其他无法明确预判的权利、机会、利益的失去。前面所提到的禁止和限制曾受刑罚惩罚之人从事某些职业、积累落户积分、获得荣誉和信誉、享受社会保障等，无疑对社会个体施加了一种精神压力，更何况，刑罚附随的不利后果，期限漫长，甚至无止期，这势必会让行为人在实施犯罪前，增加更多的考量，特别是使那些可能不怕坐几天牢房，但是惧怕失去现有工作和各种待遇、荣誉、地位的人增加更多的顾虑。因此，"刑罚附随性制裁"的威慑功能，有时并不亚于刑罚本身。加之，如果将"刑罚附随性制裁"延伸至有前科人员之亲属、下一代身上，其威慑和强化规则意识的效果更强。类似于现实社会和网络空间听到或看到的"有案底会影响人生吗？""有案底会影响子女吗？""有案底会影响后代吗？""行政拘留会不会留下案底？""案底可不可以消除？"等，越来越成为人们关注和谈论的话题，"案底""前科""犯罪记录""前科封存"成为近期刑事法学、社会学研究中的高频词。这足以证明，刑罚附随性制裁、刑罚附随后果对社会主体

---

[1] 汉斯·海因里希·耶赛克，托马斯·魏根特. 德国刑法教科书：上 [M]. 徐久生，译. 北京：中国法制出版社，2017：2.

的心理震撼作用是很明显的。

二、扩大刑罚对生活的负面影响，增强刑罚的报应效果

犯罪的法律后果有多种形式，包括刑罚、非刑罚处罚、保安处分，也可以是通过宣告行为构成犯罪使犯罪人承担法律后果。其中，包含生命刑、自由刑、财产刑、资格刑的刑罚是最严厉的法律制裁手段。"刑罚是由刑法规定的一种痛苦（恶害），表现为对犯罪人权利与利益的剥夺或限制，并且对国家与社会具有相当多的副作用。所以，刑罚的存在必须具有充足的合理根据。"[①] 针对犯罪的各种制裁手段中，最严厉的当属刑罚，严厉性是刑罚的本质属性。刑罚的严厉是显性的，如前所述，无论是生命刑、自由刑、财产刑还是资格刑，都有明确的形式、内容、期限和执行方式，裁判者可以根据刑事个案的具体情况，运用自由裁量权，对犯罪分子判处与其犯罪行为、手段、侵害的对象与法益、损害后果、目的与动机、再犯可能性与人身危险性等相适应的刑事制裁，并且，随着刑法理论的深入和实践的发展，目前，对于刑事制裁而言，已经有了比较成熟的裁判理念、依据、标准和尺度。与之相比较，"刑罚附随性制裁"，则尚未实现合理性的充分论证以及内容上的细致和逻辑上的周延，其目前适用条件的设立较为宽泛和笼统，涉及领域广。泛化的、笼统的、不加任何限定性词语的立法或制度设置，等于行为人只要犯了罪，受过刑事处罚或者被定过罪，相应的附随性制裁就会发生效力。这类制度性规定具有相当的数量，加之因我国"刑罚附随性制裁"制度构建的体系性缺陷、社会对风险防范的需要，还存在大量的制度之外的否定、限制、禁止、排斥的做法，所以，在具体适用过程中，叠加适用情况的出现在所难免，制度之外的做法更难以控制和限定。这使得"刑罚附随性制裁"大大强化了刑罚所实现的制裁程度，对于犯罪者的报应力度超出了刑法所设定

---

① 张明楷. 刑法学：上 [M]. 北京：法律出版社，2021：668.

的责任程度。刑罚本身具有报应功能，由刑罚延伸出来的惩罚性做法，使得刑罚的报应作用得以进一步延伸和强化，对犯罪人的报应效果、震慑作用和对被害一方的安抚、"平民愤"等当下的社会治理效果更为明显。然而，与刑罚具有副作用一样，延伸出来的附随性制裁也有副作用，这使得"刑罚附随性制裁"与"罪责刑相适应"的刑法基本原则、比例原则之间不可避免地产生了冲突。

三、维护社会秩序，保障社会安全

社会秩序指的是在社会运行过程中所表现出的、有条不紊的客观状态。"每个社会内在都有着一定程度的组织也就是社会秩序。社会秩序不是静止不变的，而是不断变化的。社会秩序由社会成员的态度、价值观、实践、习俗和行为等综合因素生产和再生产。这样，社会秩序就由各种各样的理念、行为和交互行为所构成，它在一定程度上促进了社会组织化的不断发展。"[1] 人类社会要得以存续和发展，稳定的社会秩序是前提。然而，社会是由人组成的，人有动物性和社会性两方面，不论是来自动物性的生存本能，还是来自社会性的对财富、权力、威望的渴望，由于资源对欲望满足的有限性，因而不可避免地会产生冲突。"有社会必有冲突。正如作为个体的人时时处于经验的生物性与超验的道德性的对抗中一样，冲突是每一个社会都必须永恒面对的状态。"[2] 冲突的存在和不断升级，会冲击社会的有序状态。冲突必须解决。从人类社会产生到现今，解决冲突、消除混乱的方式有很多，随着国家产生并逐渐强大，实现社会秩序稳定的方式也有一个逐步发展和完善的过程。由最初的自力救济到今天的以刑罚为典型的对违法犯罪行为的惩罚措施，国家的治国智慧不断提升。从主要靠法律维系社会秩序到包

---

[1] 马丁·因尼斯. 解读社会控制：越轨行为、犯罪与社会秩序 [M]. 陈天本，译. 北京：中国人民公安大学出版社，2009：7-8.
[2] 左卫民，周长军. 刑事诉讼的理念 [M]. 北京：北京大学出版社，2014：3.

括法律在内的多元手段的运用,维护社会秩序的方法正变得多元化。黎宏将"保安机能"列为刑罚的机能之一,并认为保安机能指"刑罚所具有的保障社会秩序的机能。通过执行生命刑和自由刑,将犯罪人暂时或者永久性地和社会隔离,客观上就能起到保障社会安全的作用"。但社会安全的保障,仅靠法律及法律制裁是远远不够的。法律只能将一部分社会控制活动纳入自己的领域,其他社会控制手段的存在和应用空间也很广泛。比如,在学校组织的日常考试中作弊,会受到校方警告、记过乃至开除等制裁;科研人员失信,所在单位会给予警告、记过甚至开除等处分;生产、营销单位的业务人员因一般的工作失误,会遭遇所在单位调岗、降级、降低薪酬;公务人员工作失误,会致年终或届满考核不合格等。甚至单位聘用的临时用工人员,如果月度表现不佳,也会受到扣发劳务费等处罚。因此,除以刑罚为典型的法律制裁之外,存在着大量的、法外的社会性制裁。社会性制裁和法律制裁,在内涵特征上既存在共性,亦存在各自的特性,但在实现对社会安全保障的功能上却是一致的。在"刑罚附随性制裁"中,既含有行政制裁等其他法律制裁,也有相当数量的显性或隐性的社会性制裁。各类不同性质的制裁措施,出发点均是拟发挥保障社会安全的功能,通过设置一定的禁止或限制条件,让曾受刑罚者远离某些行业、某些领导岗位、某些区域和工作岗位,等于将可能的"危险源"排除于这些行业和领域之外,通过对这些领域、行业的排斥性保护,提升对该区域、行业乃至整个社会秩序保障的力度。

四、彰显特殊职业的光环和宣示一种社会地位

我国刑法第37条之一规定了从业准入限制制度,也称从业禁止制度。"因利用职业便利实施犯罪,或者实施违背职业要求的特定义务的犯罪被判处刑罚的,人民法院可以根据犯罪情况和预防再犯罪的需要,禁止其自刑罚执行完毕之日或者假释之日起从事相关职业,期限为三年至五年。"这便是

刑法关于从业禁止的规定。《中华人民共和国反有组织犯罪法》第 68 条："对有组织犯罪的罪犯，人民法院可以依照《中华人民共和国刑法》有关从业禁止的规定，禁止其从事相关职业，并通报相关行业主管部门。"立法规定从业禁止制度的初衷是消灭职业犯罪人再次犯特定犯罪的条件，防止犯罪分子利用职业和职务之便再次犯罪。从业禁止规定的功能在于，实现在特殊职业领域内对再次犯罪的重点预防。

从业禁止的理论基础，一方面来源于对其所实施的犯罪行为的否定评价，另一方面来源于对犯罪人再犯可能性和人身危险性的预设。对此，有学者认为："从业禁止是防止犯罪人利用特定职业再犯罪的保安处分措施，而不是刑种与刑罚执行方式。上述'禁止其自刑罚执行完毕之日……起从事相关职业'的表述，就足以说明从业禁止只是保安处分。"① 从业禁止属于因为受刑罚惩罚所附随的非刑罚性制裁，如果按目前刑法、反有组织犯罪法的规定，程序上应该是由法官根据犯罪的具体情节和预防再次犯罪的需要，在综合评估的基础上，对于当事人决定是否适用从业准入限制。事实上，目前绝大多数涉及从业准入限制的"刑罚附随性制裁"的设置和适用，都不是由司法判决确定的，而是通过行政机关、群众自治性组织、社会团体、企业法人等各类组织的行政决定或管理决策做出的。这一点，从各单位招聘、招工公告就能够看得出来。这些出自不同部门、不同单位的行政决定和管理决策，不可避免地将特定行业或特定职业群体的整体利益作为决策的立足点，以"不给自己惹麻烦""自己少点事儿"为出发点，尤其是公务员、教师、律师、医师、会计师、企业高管等社会上所谓"体面职业"，其执业特点对于道德伦理和职业操守的要求明显高于一般行业，于是在"职业光环"的加持下，被标签化为只有道德过关、自律严格的人才能胜任特定行业。对于这些行业而言，限制或禁止曾受刑罚者进入，既是对于行业整体风评的一

---

① 张明楷. 刑法学：上 [M]. 北京：法律出版社，2021：822.

种维护，亦是一种社会地位的宣示。因此，从管理学的角度来看，"刑罚附随性制裁"的从业限制准入效果，可以被认为有利于提升特定行业从业人员的"自我认同感"和"职业获得感"。

值得关注的是，最高人民法院会同最高人民检察院、教育部发布《关于落实从业禁止制度的意见》（法发〔2022〕32号，以下简称《落实从业禁止制度意见》），自2022年11月15日起施行。该规定对贯彻落实学校、幼儿园等教育机构、校外培训机构教职员工违法犯罪记录查询制度，严格执行犯罪人员从业禁止制度，净化校园环境，切实保护未成年人，非常具有针对性和重要的现实意义。《落实从业禁止制度意见》共有10个条文，内容包括教职员工犯罪从业禁止的法律依据及其相互关系，教职员工犯罪从业禁止的刑事裁判规则，教职员工犯罪从业禁止判决与行业管理的衔接、送达等程序性规定等。《落实从业禁止制度意见》有针对性地从"小切口"入手解决目前亟须解决的问题，对于从业禁止制度在学校、教师行业的落实，具有积极的推进作用。

第二节 刑罚附随性制裁存在的现实需求

刑罚附随性制裁通常具有的功能，会随着社会主体所处时空条件的不同、社会治理需求的变化而增强或减弱。如同其他法律之外的社会治理手段一样，刑罚附随性制裁的客观存在，一定有其现实的需求，如学者所言，"在任何具体的社会中，所谓社会制度都不仅仅是国家正式制定的法律，而是由多元的法律构成的，这些多元的法律总是同时混缠于社会微观的同一运行过程中。仅仅由于这些民间法是一些非正式的、我们觉察不到的制度或惯例，因此它们对人们行为的影响，对社会正式制度的支持、补充或抵制往往被置若罔闻，它们对人们的影响看起来非常自然"①。"公共惩罚与私人惩罚既相互排斥又相互补充，公共惩罚与私人惩罚的互动可以作为一个解读法律制度的视角。国家为维持法律实施的垄断通常会对私人惩罚手段（尤其是私人暴力）进行限制，但为节省公共惩罚资源的支出，法律又必须在某些场合容忍甚至利用私人之间的监控与惩罚，公共惩罚资源的有限性迫使国家把私人之间的监控和惩罚视为一项重要的社会控制资源。法律制度的设计应当充分发挥公共惩罚和私人惩罚的比较优势，合理划分公共控制区域和私人控制区域，并努力追求社会控制总成本（公共控制成本和私人控制成本之和）的最小化。"②

有些具有制裁性、控制性的"规则"、手段等，"纵使这样一些东西在政治组织社会中已不再存在，可是同行业公会、工会、社会团体和兄弟会组织，用它们的各种伦理法典、规章、行为标准或做什么和不做什么的准则，正在日益增加着对个人行为的控制，虽然都要从属于国家的法律"③。在国家管控经验积累和能力不断提升的历史进程中，国家对社会的管控和治理，途径之一就是对社会个体越轨行为的法律制裁。然而，在国家法之外，存在着的大量"民间法"，对国家法律起了"补白"的作用，与国家法一道，规范着人们的行为，对维系社会秩序发挥着举足轻重的作用。在今天高度组织化的社会中，尽管更多地表现为以法律制裁为核心的制度性制裁，其中又以刑罚制裁为典型，但这并不意味着刑罚之外，对于犯罪者而言，不存在其他的法律制裁或者法律以外的社会性制裁。事实上，绝大多数犯罪者，既会受到法律规定的刑罚制裁，亦会受到刑罚以外的其他法律制裁和社会性制裁。这种制裁的叠加适用状况广泛存在，并有其现实社会背

---

① 苏力. 法治及其本土资源 [M]. 北京：中国政法大学出版社，2004：54-55.
② 桑本谦. 公共惩罚与私人惩罚的互动：一个解读法律制度的新视角 [J]. 法制与社会发展，2005（05）：106-116.
③ 罗斯科·庞德. 通过法律的社会控制 [M]. 沈宗灵，译. 北京：商务印书馆，2010：14.

景，其中既包括国家管控社会的需求，也有社会成员自我保护和风险规避的需求。

一、服务于对社会成员控制和规训的需求

人类社会已经建立起来的文明需要得到维护，这是一种不争的社会共识。维护文明和发展更高级文明的目标，离不开通过某种支配力来实现对社会的合理控制。"惩罚，一般认为是强制地谴责和制裁越轨行为的措施，明显地构成了一种社会控制的模式。与警务一起，那些最明显的惩罚方式都是由政府通过刑事司法程序来实施的，但是惩罚也会涉及社区和社会个体们设法通过非正式的惩罚方式来规制他人的行为。每一种方式，无论我们讨论正式的或非正式的惩罚，我们都倾向于假设，我们之所以选择某一特定的惩罚方式，是因为它反映了社会规范所认为的该种越轨行为的严重程度。"[1]

人类社会的存在和发展需要秩序，社会不断发生的违法犯罪、各类越轨行为，足以说明完全靠自觉是难以实现秩序的。偏离秩序的行为需要规制，社会秩序的冲突需要解决。秩序需要法律，但仅有法律是不够的。人类社会早期的一些戒律和开除出族群等社会控制手段，在法律产生之后，逐步由国家从原始部族继承过来并加以发展和扩充，进而由政治社会有组织地行使。其中一部分以国家武力作为主要后盾，演化成了成文的刑罚或行政处罚，另一部分则以社会力量作为执行保障，承担了社会对于越轨行为的惩戒功能。在社会控制和对社会成员的规训上，两种手段殊途同归。因此，不仅刑罚具有控制和规训的功能，"刑罚附随性制裁"也有这样的功能。"一个社会控制的完整体系已经形成，其主体是极不相同的机构或团体，如家庭、乡镇、学校、教会、社区、企业、联盟和协会。刑事司法只是该完整体系的一

---

[1] 马丁·因尼斯. 解读社会控制：越轨行为、犯罪与社会秩序 [M]. 陈天本，译. 北京：中国人民公安大学出版社，2009：99.

部分,所有被使用的预防或压制性制裁,在一定程度上甚至是可以相互转换的。"[①] 梳理人类历史发展的脉络,社会发展到今天,人类生活的内涵越来越丰富,对自身价值的自我评价、社会需求越来越多元化,相关的影响因素也越来越复杂。"刑罚附随性制裁"的客观存在,使得曾受刑罚者被禁止和限制的一些事项,并没有随着刑罚执行的结束而结束。职业、声誉、荣誉上的减损及对子女的影响等,成为曾受刑罚者需要长期经历和面对的,对于可能走向犯罪道路的人而言,也是一种警示和提醒,其效果不逊于刑罚的规训作用。因此,"刑罚附随性制裁"的产生和适用,既是一种国家实现社会控制的必要手段,也适应了社会对于越轨行为人的规训需求。

二、多元制裁手段衔接和互补的必然产物

在社会的自然进化过程中,产生了多元的社会秩序维系的组织、规则和措施。随着人类的进化和发展,特别是国家的产生、社会的不断成熟,人类为了维持生存、进步与发展,选择了法律来调整社会关系。与其他社会规范相比,法律具有普遍性、确定性、相对稳定性和国家强制性等特点。法律通过界定政府的权力与责任,确定社会组织、法人和公民的权利和义务,明确违反法律的后果及处理程序,为公共权力的正确行使提供规范,为人们的活动与行为提供准则,为一切组织、法人和公民的合法权益提供保护,从而使整个社会运转处于稳定有序的状态。然而,社会生产、生活的复杂化,使得仅仅依靠单一的法律制裁作为治理手段,已满足不了社会治理中对社会主体行为指引、管理和惩罚的需要。于是,在社会发展过程中衍生出了多元化的制裁手段。在法治文明不够发达的时代,多元制裁手段的并科适用往往是无序的,在位阶上没有清晰的层次划分,在适用上也往往没有明确的裁判标

[①] 汉斯·海因里希·耶赛克,托马斯·魏根特. 德国刑法教科书:上[M]. 徐久生,译. 北京:中国法制出版社,2017:1-2.

准。在罪刑法定原则成为法治国家里人们的共识之后，社会性制裁很难再以法外私刑的样态作用于社会治理，转而必须在宪法和法律的框架下发挥作用。这种作用样态的改变，使其必然在适用位阶上不能处于与刑罚正面冲突的地位，只能作为刑罚手段的补充而发挥作用。"刑罚附随性制裁"正是一种在国家刑罚权行使完毕"离场"之后，社会权力对越轨行为人的"补充惩戒"。刑罚附随的制裁手段及后果，是刑罚制裁、行政制裁、社会性制裁等多元制裁手段并存状态下的必然产物，是国家机关以外的社会主体参与社会治理的客观结果。

多元国家治理、社会治理理念是现代社会国家治理的必然选择。"治理这一术语是'社会治理'产生的理论基础之一。'治理'意味着等级划分弱化、活动主体多元化、政府强制性干预减少、公众能够积极地参与到政策的制定和执行中去、社会政治制度能够公开化和透明化、社会治理者对利益关系人负责等。"[①] 我国的社会治理是指在执政党的领导下，由政府组织主导，吸纳社会组织等多方面治理主体参与，对社会公共事务进行治理活动，是"以实现和维护群众权利为核心，发挥多元治理主体的作用，针对国家治理中的社会问题，完善社会福利，保障改善民生，化解社会矛盾，促进社会公平，推动社会有序和谐发展的过程"[②]。社会治理的多元化是受理念和规则支配和约束的。如学者所言，"现代社会的善治是在法律框架内的善治，而依据的法律必须是良法。所以称作'良法善治'。社会治理法治化，同样也是一种价值追求"[③]。

---

① 王勇，金成波，董亚伟，等. 社会治理法治化研究 [M]. 北京：中国法制出版社，2019：10-11.
② 姜晓萍. 国家治理现代化进程中的社会治理体制创新 [J]. 中国行政管理，2014（02）：24-28.
③ 王勇，金成波，董亚伟，等. 社会治理法治化研究 [M]. 北京：中国法制出版社，2019：14.

三、满足社会个体自我保护和躲避风险的需求

"风险"一词是一个未来导向的概念,是一种对不确定性的思考方式,尽管人们对风险是否发生预先不好确定,但是降低潜在的风险,阻断其现实化的通道,是公众、社会主体自觉的、常态化的选择。由于有前科之人有一定的再犯可能性,并且无法证明其今后一定不会再走向违法或者犯罪的道路,因此原本的恶性事件就容易吸引人们的注意,加上媒体对前科再犯事例的报道比较多,一旦有恶性的再犯案件的发生,就会进一步强化人们对前科人员的警惕性。因此,尽管国家层面呼吁要对刑满释放人员进行安置,解决其回归社会的问题,但是社会上的用人单位和个人出于这方面的现实考虑,会更偏重于如何防范在本单位或自己周围出现不安全因素,对预防犯罪、防范风险方面的警惕性非常高,进而表现为逃避落实犯罪人回归社会的社会责任。对曾受刑罚者的限制是有上位法依据的,相关组织、单位在招工用工时自然将"无犯罪前科""未受过刑罚处罚"等作为必备条件,一票否决;即使没有上位法依据的,相关组织、单位也常常习惯性地将"无犯罪前科""未受过刑罚处罚",乃至"无违纪违法记录"作为招工用人的条件。这方面的限制,随便打开用人单位的招聘公告就能够看得到,没有上述限制条件的,则少之又少。

这种情况的出现,有着心理原因和深刻的社会背景。规避风险是人本能的心理反应和行为取向。从社会原因的角度看,一方面,随着社会演进的程度不断加深,社会风险逐渐复杂化、多样化。在现代风险社会中,社会个体不可预知的风险因素越发增多,聘用曾受刑罚者被认为是一种可能引发各类不确定风险的行为,尤其是在社会焦虑心理普遍存在的情况下,招聘曾受刑罚者所带来的商誉贬损风险和潜在诉讼风险,都使得用人单位不得不谨慎考虑招聘后果。另一方面,对于组织管理者而言,招聘决策是一种与职业风险相关联的行为,尤其是对于人事主管而言,在一般岗位的招聘上,出于稳妥

的考虑，并没有招聘曾受刑罚者的动力和必要性，而一旦曾受刑罚者在工作过程中出现越轨行为，则很容易归因于招聘决策失误或把关不严。出于职业避险的心理，组织管理者也倾向于拒绝曾受刑罚者的应聘，于是，"刑罚附随性制裁"在一定程度上，可以理解为社会个体避险需求的一种产物。其中的道理和用人单位的心理，有些类似于社会学中的被称作邻避效应的理论。"邻避"概念源自英语"Not in my back yard"（简称NIMBY），意思是"别在我家后院"，指公众不希望可能带来一些负外部效应的设施项目建在自己周边，尽管这些设施能够为社会带来公共利益。正如监狱设施和场所的建立有必要，但一定要远离自己。同样的道理，有犯罪前科的人员，如果能够更大程度地回归社会，这在总体上对减少社会风险和国家防控犯罪投入是一件好事，可轮到自己用人时，却都努力避开这个问题，"以邻为壑"变成了"以人为壑"式的"自保"。

自保意识和"以人为壑"现象，在我国近年来"刚性稳定"的思维和制度设计及实践背景下更为突出。有学者将当前中国的社会稳定概括为"刚性稳定"。这种稳定以僵硬稳定为表象，以控制社会意识和社会组织为手段。① "刚性稳定"存在理念上的错位，在刚性稳定风险治理理念的驱动下，风险治理的手段多是应急式、运动式的。"这种风险治理获得的稳定是暂时的、短效的，治标而难以治本，社会问题得不到根本解决。"② 如何实现科学维稳，树立大局观，从长远和根本的角度来预防和化解风险，包括再犯罪的风险，不仅需要从刑事法视角研究违法犯罪的原因和规律，同时还可借鉴社会风险防范和化解的理念，提升解决问题的效果。某些学者的见解值得借鉴和参考："中国的社会稳定是与威权体制密切相连的'刚性稳定'，压力维稳是这种'刚性稳定'的维持与运行机制。在实践过程中，压力维稳面临

---

① 于建嵘.从刚性稳定到韧性稳定：关于中国社会秩序的一个分析框架[J].学习与探索，2009（05）：113-118.
② 张红晓.社会风险治理：趋势、困境与进路[J].领导科学，2022（06）：112-115.

着利益冲突加剧、维稳政策偏差、信息技术发展、维权意识增长等多方面的挑战。当前，维稳必须有新思维：维权是维稳的前提和基础，必须变刚性稳定为韧性稳定，变静态稳定为动态稳定，变'维稳'为'创稳'。"①

---

① 于建嵘. 当前压力维稳的困境与出路：再论中国社会的刚性稳定 [J]. 探索与争鸣，2012（09）：3-6.

第五章

刑罚附随性制裁价值选择的难题

中央社会治安综合治理委员会同有关部门发布的《关于进一步做好刑满释放、解除劳教人员促进就业和社会保障工作的意见》（综治委〔2004〕4号）中指出："当前，我国就业压力较大，社会保障体系尚不完善，大多数刑释解教人员文化水平较低、缺乏专业技术；一些刑释解教人员好逸恶劳的恶习很深，加上社会上对他们存在一定程度的偏见和歧视，因此，刑释解教人员在就业和社会保障等方面仍然存在一些困难，使得他们中的一些人重新走上违法犯罪的道路，成为影响社会稳定的严重隐患。"为此意见提出，要"充分认识做好刑释解教人员促进就业和社会保障工作的特殊性和重要性，切实加强对这项工作的领导。要将这项工作作为一项长期的任务来抓，尽最大可能地化消极因素为积极因素，为社会主义现代化建设事业服务"。然而，刑满释放人员复归社会途中的就业和社会保障等问题的解决，需要理念的转变、具体制度的构建和行动上的落实。

第一节 价值平衡与选择的难题

人类社会活动有多元的价值追求，法律作为人类的作品，其价值也是多元的。"法律是人类的作品……一个无视人类作品价值的思考是不可能成立的,因此对法律或者对任何一个个别的法律现象的无视价值的思考也都是不能成立的……法律只有在涉及价值的立场框架中才可能被理解。"① 法律的价值是多元的,是可以被多视角解读的,"凡是可以借助于法律上的权利、义务来加以保护和促进的美好事物,都可以被视为法的目的价值,例如,公平、正义、安全、自由、秩序、效率等"②。与法律相关的制度及非制度化的社会主体的活动,其价值也是多元的,如果是单一的价值追求,反倒简单许多。因为相比较而言,单选题比多选题好做,但是,多数时候遇到的是多选题,做好选项后还要就各个选项进行排序,自然增加了价值选择和适用的难度。犯罪被定罪和适用刑罚所延伸出来的附随后果、刑罚附随性制裁,其边界是否需要控制,同样面临价值选择的难题。

一、围绕刑罚附随性制裁价值基础的争论

关于刑罚附随后果、附随性制裁的价值基础,也可称作理念基础,涉及的问题包括目前我国如此之多的排斥、禁止和限制性的规定从何而来?又是基于怎样的思考和判断?设立如此之多的刑罚附随后果的价值基础是什么?对于这些问题,制度化的相关规定文本基本不做说明,非制度化的更找不到相应的理由或目的阐释。

人的许多活动是自主性活动,活动制度化背后通常有理念、价值取向的支撑,换言之,价值选择、价值定位是决定一项制度构建和运行的基础,它一方面能够检验现有制度的合理性,另一方面为今后制度的完善和实践运行提供基础性的理念支撑,引导制度构建和实践运行的走向。"任何法律都必须有其根据,即根据某种明确的观点或信念,否则便无法解释和毫无意

---

① 古斯塔夫·拉德布鲁赫. 法哲学 [M]. 王朴, 译. 北京: 法律出版社, 2013: 4-5.
② 张文显. 法理学 [M]. 北京: 高等教育出版社, 2018: 313.

义。"① 刑罚是由刑法规定的一种痛苦（恶害），刑罚的存在必须具有充足的合理根据。刑罚附随性制裁也一样，由于涉及对人的权利限制、荣誉的减损等，因而也要讲究哪些是正当的、合理的。如果不清楚刑罚附随后果、附随性制裁究竟意欲为何，又没有救济制度和措施的跟进，那么，刑罚附随后果的恣意扩张趋势会越来越盛，且效果可能事与愿违。因此，研究刑罚附随性制裁的价值基础，是非常有必要的。

以在刑罚附随后果、附随性制裁中占重要位置的从业禁止为例，目前学界关于就业和职业歧视的研究，主要是围绕国际劳工组织于1958年6月25日通过的《消除就业和职业歧视公约》（以下简称《公约》）的内容展开的。《公约》第1条规定："就本《公约》而言，'歧视'一词包括（一）基于种族、肤色、性别、宗教、政治见解、民族血统或社会出身等原因，具有取消或损害就业或职业机会均等或待遇平等作用的任何区别、排斥或优惠……"可见，该《公约》中与"歧视"相关联的词汇中并没有明确出现"前科""受过刑事处罚""刑满释放人员"等字样，并且《公约》列举的"原因"，很少依据后天自身行为改变的身份标识。"前科""受过刑事处罚"属于行为人后天过错行为招致的身份标识，是否将其作为进行就业限制和禁止的依据而归入《公约》中，还没有有力的研究结论和官方口径。但是，既然学界已将国内的劳动法和妇女权益保障法等与《公约》相结合进行系统研究，那么我们对其中的理论进行适当的借鉴，亦是有益的尝试。

关于《公约》及我国劳动法和妇女权益保障法等禁止职业歧视的价值基础，学界有"平衡自然抽签""尊重市场理性"以及"维护人格尊严"等主要学说。正如学者李成所言，以上三种学说都有合理性，但每种学说的解释力都存在难以克服的局限，因此他主张将职业禁止的价值重构为推动社会融入。基于这一观点，我们不得不思考一系列问题：有刑罚经历人员能否与其

---

① 鲍桑葵. 关于国家的哲学理论 [M]. 汪淑钧，译. 北京：商务印书馆，1995：78.

他社会成员一样,具有平等地进入劳动力市场的权利,可以平等地参与社会财富的分配,是否应该被排除在大城市的户籍之外,是否应被排除在国家最低生活保障政策之外。上述问题归根到底,其实质是要不要让受过刑罚惩罚人员复归社会、融入社会的问题。尽管在法治社会中,平等、尊严、理性等概念的使用颇富感召力,但避免这些概念沦为纯粹修辞的最根本措施,是将平等、尊严、理性等法理概念内化为社会实实在在的行动,即让这类有特殊经历的人在接受刑法惩罚、教育之后,能够真正重新回归社会。因此,使有犯罪前科者回归社会,应成为刑罚附随后果制度构建中优先考虑的价值。换言之,刑罚根据与非刑罚社会治理手段的根据,在价值基础上应当存在显著差别。当代各国的刑罚根据,基本上采用报应刑兼预防刑的并合主义理念,近来又增加了恢复性司法的理念。何秉松教授则从人类未来人权防卫的高度,由哲学、人性的层面论证和揭示了刑罚的唯一目的是防卫基本人权。"人权防卫论的理念反对把刑罚作为威胁或恫吓他人、预防犯罪的手段。因为,这与'以人为本'的思想相背离。康德(Immanuel Kant)说'人就是目的本身,没有人可以把他单单用作手段'。马克思(Karl Heinrich Marx)说:'有什么权利用惩罚一个人来感化或恫吓其他的人呢?'刑罚对罪犯的惩罚,不是为了威胁或恫吓他人,而是通过以善惩恶划清善恶的界限,强化人性中的正义感并树立以善胜恶的信心,使人们进一步分清善恶,扬善惩恶……刑罚防卫人权,还有一个更深刻的含义,即恢复罪犯人性的善,恢复他对自己和对他人人权的尊重,这是防卫人权的更高境界。"[1]何秉松教授反对将罪犯复归社会视为刑罚的目的,他认为这是不正确的,复归社会只是使罪犯恢复人性、重新获得尊严的必然结果。[2]

当然,关于刑罚的目的、刑罚的根据,理论宏大深奥,尽管于"因为有

---

[1] 何秉松.人权防卫论:对传统刑罚理论的反思与超越[M].北京:群众出版社,2012:4.

[2] 何秉松.人权防卫论:对传统刑罚理论的反思与超越[M].北京:群众出版社,2012:5.

犯罪并为了没有犯罪而科处刑罚"方面取得了一定的共识,但从现实的角度来看,我们主张在刑罚惩罚结束后,不应再以报应和预防作为对待刑满释放人员的价值基础,应将有利于有犯罪前科人员回归社会作为首要的价值基础,至于是"罪犯恢复人性、重新获得尊严的必然结果"还是其他的原因,至少不应单纯地为了防范而防范,所有为防范有犯罪前科者可能出现的再犯风险的手段或规范,均必须纳入促进其回归社会的价值理念之中进行设计和运行,最终的结果是不再犯罪。

二、价值的平衡和选择

一项制度的价值基础和取向,决定该项制度的性质及相关制度的建构和适用。刑罚附随后果制度的构建和实践运作也不例外。然而,除司法部门关于刑满释放人员安置政策的极少的讨论文章和寥寥几篇关注有刑罚经历人员的职业排斥的学术论文之外,尚缺乏对刑罚附随后果制度价值定位的实际、认真的讨论和争辩,社会似乎已经习以为常地接受不断出台的、针对有刑罚经历人员的各类禁止或限制规定和措施。有的地方甚至出现了有违基本法治理念的极端做法。

打击犯罪、维护社会正常秩序是刑法的任务,这一任务的完成要遵守正义原则,其中之一就是有罪必罚、罚当其罪,即我们所熟知的罪刑相称、罪刑相当的原则。该原则的背后是正义理念。"正义是社会制度的首要德性,正像真理是思想体系的首要德性一样。"[1] 亚当·斯密(Adam Smith)认为,人必须生活于社会之中,而社会必须有秩序,秩序必须以正义为原则。"如果这根柱不结实或者不端正的话,那么人类社会这座宏伟而庞大的建筑肯定会在瞬间土崩瓦解,颓然倾塌。"[2] 基于体现正义理念的报应刑思想,根据行为

---

[1] 约翰·罗尔斯. 正义论[M]. 何怀宏,何包钢,廖申白,译. 北京:中国社会科学出版社,2009:3.

[2] 亚当·斯密. 道德情操论[M]. 北京:中国城市出版社,2008:87-90.

人罪行轻重、责任大小进行惩罚，体现着古老的、朴素的、恶有恶报的正义理念，因此，报应刑有其合理性，加之对预防犯罪的考虑，"因为有犯罪并为了没有犯罪而科处刑罚"的并合主义，作为刑罚根据理论，就成为长期学术争论后形成的结论。

然而，根据法律规定和案件事实，在对犯罪人进行定罪和刑罚惩罚之后，特别是当刑罚结束后，接下来，如何预防再次犯罪，给有刑罚经历的人回归社会的机会，将考验一个国家进行社会治理的理念和智慧。如果单从某个用人单位的角度来解决这一问题，最简捷的办法就是在招聘这一环节把好关，将有犯罪前科的人员排除在招聘范围外，这样的确会在一定程度上减少单位或内部人员遭受犯罪侵害的机会，减少因员工违法犯罪带来的麻烦、负担和负面评价。但是从整个社会的角度看，如果各个单位都采取一律拒绝、排斥的做法，那么有刑罚经历的人在就业方面受到的限制条件就会不断扩张，同时前科人员寻求单位解决就业的路子将被堵死，加上其他就业渠道被堵塞，回归社会就会变得障碍重重。

将有刑罚经历的人作为时刻防范的对象，与前科人员再违法犯罪危险性有关，也与人们的心理前见或偏见有关，即所谓的恶魔效应。恶魔效应是指由于对人的某一品质，或对物品的某一特性有坏的印象，会使人对这个人的其他品质，或这一物品的其他特性的评价偏低。与其对应的是光环效应。事实上，不论是恶魔效应还是光环效应，都是人的内心的前见或偏见，是不全面、不真实的。然而，这类心理现象在我国制度层面就有不少的例子。如贵州省农村信用社招聘公告中规定，曾受过刑事处罚，或因贪污、行贿受贿、泄露国家机密、泄露商业秘密受到过党纪、政纪处分的，不予招聘。此规定意味着，甲因醉驾被判处拘役 3 个月，刑满释放后，甲因为受过刑事处罚，所以也不能报考农村信用社招聘岗位；乙因防卫过当，被判刑 6 个月有期徒刑，刑满释放后，乙因为受过刑事处罚，所以也不能报考农村信用社招聘岗位。再如成都市人民政府发布的《成都市婚姻介绍机构管理办法》规定,婚姻介绍机构中直接从事婚姻介绍业务的工作人员应具备的条件之一是有完全民事行为能力,未受过刑事处罚和被开除公职的处分。此规定意味着,受过刑事处罚的人,无论因何种罪名,均不得在成都从事婚姻介绍工作。

应该承认,有的职业和职务需要具备诚实的品质,要有信用。然而,被我国刑法分则类型化的十大类罪,其中又分为480多个具体罪名,每个罪名指向和侵害的法益不同,有的犯罪能够证明行为人有失诚信,有的犯罪则与行为人的诚实、信用品质无直接的关联,如因遭受家暴的妻子杀害自己的丈夫,她的诚实和信用品质跟其他人并没有什么差别,她与其他人员交往的信誉也没有程度上的不同;同样,一个被长期欺压、实施报复的"老实人"犯罪,也未必是品德方面出了问题;再如酒后驾车,在履行公民安全注意义务方面存在错误,但是无法证明其缺乏遵守民事契约的诚信。"诚信"是一个道德范畴,代表着公民个人或集体日常行为的诚实和正式交流的信用,其语义和范围可大可小,有不同的类型和不同的方面。很难说违法、犯罪的人,就一定是信用不好的人、缺乏信誉的人。因此,将因犯罪被判刑的人员一律拒之于某种职业之外是不合理的,也不应成为理所当然的做法。

在这里,新社会防卫论能够为我们提供一些启示。以法国刑法学家安赛尔(Marc Ancel)为代表的新社会防卫论,是一种在当代西方国家有较大影响的刑法和刑罚的新潮理论。该理论的核心是更加强调人道主义和保障人权的观点,并积极地把人类各种科学的新成就纳入刑事政策的实践活动中,在刑事政策的范围内确立犯罪学与刑法学的协作关系。其主要理论观点是:社会本身就是这个社会的主体,它应该教育每个成员成为一个合格的成员。因此,对犯罪者,不能简单地处罚了事,更应当考虑他的未来,使他作为一名合格的社会成员复归社会。在新社会防卫论看来,最好的立法并非保护抽象的法律秩序,而是为人们的幸福创造更好的条件。新社会防卫论主张,仅仅靠强制和惩罚是无能为力的,必须通过教育使犯罪者内心转化,然后才能消除其反社会性。国家负有拯救犯罪者、改造犯罪者成为新人并复归社会的义务。因此，社会不能以牺牲（惩罚）个人来保全社会，应保护个人又保全社会，不能专靠惩罚保护社会。新社会防卫论所倡导的"国家负有拯救犯罪者、改造犯罪者成为新人并复归社会的义务"的思想，值得我们在制定对刑满释放人员的政策和相关制度时借鉴。

总之，一个单位可以把有刑罚经历的人挡在单位的大门之外，一个社会却无法将其驱逐于人类社会之外，总体的社会问题最终还是要靠社会的主体单元来解决。

第二节 价值理念及实践改进和完善的可行性

如前所述，曾经有过服刑经历的社会企业家、阳光下之家创始人王金云，在2003年9月创办了全国首个失足者帮教网站，约61%在网上参加调查的刑释人员表示，就业的最大困难是"受人歧视"。不容忽视的是，在我国，在对有刑罚经历人员的职业禁止、活动空间等的禁止和限制上，除通过立法权，设置行政权和司法权的分工之外，还有其他的超越司法和行政权范围的规制措施，数量之多难以统计。其原因不外乎是出于对有刑罚惩罚经历的人的人身危险性、信誉等的防卫心理，个体或单位不愿意承担这方面的风险，哪怕是想象出来的风险。毕竟有犯罪前科人员存在一定的再犯罪率，加之媒体也对此进行无控制的报道，很容易让人产生联想，使人们越来越警觉，自然而然地将再犯罪与有刑罚经历的人进行联系，不自觉地选择把受过刑罚处罚的人与自己或单位相隔离。

非黑即白只是理想的事物样态，在社会生活、社会治理中，存在大量的灰色地带。"灰度问题是管理者在工作中面临的最难问题。实际上，灰度问题也是我们生活中面临的最难解决的问题。"① 法的价值、人类社会活动，无时无刻不面临价值选择的难题。以法的价值为例，"法的所有目的价值和形式价值都是值得希求和珍视的美好之物，如果能够使所有的价值都完全不受任何限制地充分实现，确实是一件再好不过的事情，然而，这是不可能的。因为价值之间具有非常复杂的关系……当法的不同价值在特定场合处于竞合状态时，法的价值冲突就出现了"②。对于有犯罪前科的人员，理想的做法是，预防其再次犯罪与给有刑罚经历的人回归社会的机会，二者都能最大程度地兼顾。但是，由于存在一定比例的再犯罪率，因此对是否会再次犯罪的评估是非常困难的，于是我们重在防范和限制，习惯在预防犯罪方面提高警惕，而在犯罪人回归社会方面，有呼声，但落到实处、积极解决这一问题的工作措施还不够。前面的统计已经说明，我国近年来的总体趋势是，职业禁止、资格限定等的规定越来越多，用人单位的警觉性越来越高，我们不能不思考：留给有刑罚经历的人员的就业和选择空间，还有多大？这个问题的实际估算比较困难。但是，有刑罚经历的人员重新获得就业机会难，并且越来越受到限制，的确是现实情况。那么，通过减少职业禁止的种类，或者通过调整、去掉一些不相关的限制条件，适当地释放和扩大有刑罚经历的人员的就业空间，是否可行呢？

我国每年刑满释放人员有 100 多万人。从法律年鉴可以查到的数据来看，2014 年共刑满释放 125.8 万人，2015 年共刑满释放 134.3 万余人。这方面的数据，也可以以每年起诉人数、判刑人数作为参照，2023 年《最高人民检察院工作报告》中的数据："起诉各类犯罪嫌疑人 827.3 万人，比前五年上升 12%。"按照这个数据，2018—2022 年五年的时间里，年均被起诉的犯罪嫌疑人有 165.46 人。2023 年《最高人民法院工作报告》中的数据："五年

---

① 小约瑟夫·巴达拉克. 灰度决策：如何处理复杂、棘手、高风险的难题［M］. 北京：机械工业出版社，2018：1.
② 张文显. 法理学［M］. 北京：高等教育出版社，2018：313.

来审结一审刑事案件 590.6 万件，判处罪犯 776.1 万人。"也就是说 2018—2022 年五年的时间里，年均一审刑事案件为 118.12 万件，判处罪犯 155.22 万人。在这些人中，除了判处死刑和终身监禁的，其他的都有回归社会的问题。"近二十年来，刑事案件总量不断增加，检察机关受理审查起诉刑事犯罪从 1999 年的 82.4 万人增加到 2019 年的 220 万人；刑事犯罪结构发生重大变化，起诉严重暴力犯罪从 16.2 万人降至 6 万人，醉驾、侵犯知识产权、破坏环境资源等新型危害经济社会管理秩序的犯罪大幅上升，被判处三年有期徒刑以下刑罚的轻罪案件占比从 54.4% 上升至 83.2%。"①

再来看 2023 年上半年的刑事案件审判情况。"全国法院认真贯彻总体国家安全观，依法惩治各类犯罪，坚决维护国家政治安全，确保社会大局稳定，保障人民安居乐业。审结刑事一审案件 54.5 万件，同比增长 10.88%，平均办案用时同比减少 5.11%。刑事一审服判息诉率为 88.68%，同比上升 2.61 个百分点；刑事一审裁判被改判发回重审率为 1.65%，同比下降 0.22 个百分点。判处三年有期徒刑以下刑罚的罪犯占 85.31%，判处五年有期徒刑以上刑罚的罪犯占 8.73%，宽严相济刑事政策得到有效落实。"② 如果按近年来轻罪即判处 3 年以下有期徒刑的案件和人数来看，三年内出狱的犯罪人数达到被判刑人数的 80% 以上，这是个不小的数字。

按照回归社会的价值理念，每年有 100 多万人要重新回到社会中来，通过获得就业机会，自食其力，过上正常的生活。目前，我们无法就受过刑罚处罚者的剩余择业空间进行量化统计，但至少可以得到一个直观的判断：由于制度层面扩张限制其从业和就业的领域，现实中用人单位又有更多的顾虑，不愿意聘请有刑罚经历的人入职，因此，受过刑罚处罚的人能够选择的职业是非常有限的。我们似乎已经习惯于不断制定"禁止""限制"性规定

---

① 最高人民检察院关于人民检察院适用认罪认罚从宽制度情况的报告［R/OL］. 最高人民检察院网，2020-10-17.
② 最高人民法院：2023 年上半年人民法院司法审判工作主要数据［EB/OL］. 百度百家号网，2023-08-07.

并且不折不扣地贯彻执行，但对于这类制度设置及内容本身是否合理兼顾了预防犯罪与给有受过刑罚处罚者回归社会的机会，是否有违宪法的规定和精神，是否存在下位规定与上位法相冲突等问题缺乏体系性的评估和反思。

刑满释放人员回归社会，不只是某个部门或者某个领域能够解决和安排的问题，牵涉的因素很多。理念的转变、容错机制、社会包容性的增大以及社会、用人单位的接纳，都是不可缺少的因素。有刑罚经历的人，有的在刑罚执行完毕后可能重新走向犯罪道路，对其进行一定的防范可以理解；但是，如果简单地将有刑罚经历的人一律默认为有人身危险性的人，是潜在的未来犯罪之人，不加区分，将"犯罪人"这一标签十足地加以运用和贯彻，时刻防范他们，甚至在他们回归社会的道路上设下重重障碍，在他们求职等方面设置苛刻的条件，这些做法实际上已经超过了预防犯罪所需的必要限度，当然不是实现有刑罚经历者回归社会的有效机制和办法，从社会效益角度考虑，也并非经济上的最优解。

为此，第一，就我国目前的包括职业禁止在内的刑罚附随后果，利用先进的大数据统计方法，进行系统性的梳理和评估，看看哪些是有必要保留的；哪些是可以放宽条件的；哪些是可以通过更改"职业种类""期限"等条件，为有刑罚经历人员释放就业空间的；哪些是可以废止的制度，确属没有必要的，要坚决予以废止。第二，在轻罪比例越来越高的立法和司法背景下，官方和学界需要联手，运用新的科技手段，对轻罪前科人员的再犯数据、类型进行统计、分析和风险评估，不断提升再犯风险防控的精准度，给社会释放积极的信号，适当缩小"再犯危险"圈，为越来越多的前科之人打通复归社会的道路。秉持防卫社会与给予有刑罚经历的人回归社会的机会二者兼顾的理念，立足从长远更有效疏通和解决问题，应该能够为这些人员回归社会释放出一定的空间。

第六章

刑罚附随性制裁规范化的理念和原则

"规范"一词代表着约定俗成或明文规定的标准，规范化意味着建立起一种评价性标准，使人的行为符合标准的要求。规范化标准的确定，是建立在理念基础上的。刑罚附随性制裁的规范化也应秉持一定的理念，保持理念的一致性，并在刑罚附随性制裁制度和实践中得以贯彻，以确保附随性制裁结论公正。刑罚附随性制裁制度生成及运行活动要接受社会治理的最基本理念，即法治理念的指引和约束。

第一节 法治理念

刑罚附随性制裁的存在，有历史的源流和现实的需要，这种制裁手段对社会管控、社会管制发挥着不可忽视的作用。但是，我国历经改革开放四十多年的发展，社会建设领域实现了从社会管理到社会治理的转型。中国共产党第十八届中央委员会第三次全体会议通过了《中共中央关于全面深化改革若干重大问题的决定》，提出要深化经济体制、政治体制、文化体制、社会体制、生态文明体制和党的建设制度改革，推进国家治理体系和治理能力现代化。在社会体制改革层面，用"社会治理"替代了原来的"社会管理"。

会议从国家治理体系和治理能力现代化的高度，对政府治理和社会治理做出了一系列部署，具有重大和深远的历史意义。"社会治理"概念虽然与"社会管理"只有一字之差，但是二者存在巨大差异，这表明执政党与时俱进，对国家与社会的关系的认识发生了巨大转变，意识到了除政府与国家之外，现代社会更需要发挥其他社会力量的作用，"'共同治理社会'为我国现代化社会治理体制创新指明了新的道路"①。

社会治理要沿着法治化的轨道进行。社会治理是多元主体参与的活动，法治化对各方主体都有着指引和约束作用。参与社会治理的多元主体要自觉地树立现代法治精神，要以法治化的理念和视野，审视各种社会关系和社会利益，以法治思维和法治方式推动社会治理，在社会生活的各个领域自觉遵守、尊重法治的理念、法律的权威和尊严，在法治框架内进行社会治理创新。"社会治理必须依据规则，法治就是最高的规则。法治维持着社会秩序，也维护着社会公平正义。只有坚持依法推进社会治理，才能保护国家和社会的公共利益，保护社会公众的合法权益，从而最大限度地实现社会和谐稳定。"②经过多年的立法、行政执法、司法法治化思维的培养和训练，社会主体遵守法律的意识越来越强，然而，目前社会治理的法律之外的措施方面的规则和底线意识还存在不足，这些是需要重点强调和落实的领域。

《牛津法律大辞典》将"法治"概括为："所有的机构，包括立法、行政、司法及其他机构都要遵循某些原则。上述原则一般被视为法律特征的表达，如正义的基本原则、道德原则、公平和正当程序的观念。它意味着对个人的最高价值和尊严的尊重"，"在任何法律制度中，法治的内容是：对立法权的限制；反对滥用行政权力的保护措施；获得法律的忠告、帮助和保护的大量的平等的机会；对个人和团体各种权利和自由的正当保护；在法律面前

---

① 王勇，金成波，董亚伟，等. 社会治理法治化研究[M]. 北京：中国法制出版社，2019：12.

② 李坤轩. 社会治理法治化研究[M]. 北京：中国政法大学出版社，2020：16.

人人平等。它不是强调政府要维护和执行法律及秩序，而是说政府本身要服从法律；而不能不顾法律或重新制定适应本身利益的法律"①。

遵守法律，不仅限于社会对法律规范的尊重和法律职业人士严格依法办案、严格依法行政，法律有内在的精神和内涵，这种精神和内涵对法律之外的社会治理手段同样应该适用。如我们反复提到的罪责自负不株连、"任何人不因他人的不法行为受处罚"、比例原则等，于法律、制度之外的规则设立和适用中是同样成立的。

第二节 先报应后预防的逻辑思维

基于犯罪前科产生的附随性制裁，有体现为制度化的制裁，也有大量隐形的制度之外的制裁；有国家规范性制裁，也有大量的社会性制裁。然而，不论表现为怎样的形态，其兼具公力和私力双重属性的特点，又以公力惩罚、"公法"属性和特点为主，那么其价值根据理应包含报应主义和预防主义的内在追求。自然，先报应后预防的思维逻辑，于刑罚附随性制裁中同样适用。

一、刑罚（权）的根据理论的争论及基本共识

人为什么能够惩罚另一个人，惩罚人的根据是什么？于国家治理社会的层面，此问题表现为：国家为什么能够惩罚罪犯和如何惩罚罪犯？古今中外的哲学家、政治家、法学家给出了多种解说，有将为何惩罚罪犯和如何惩罚罪犯归为神的旨意的神学思想；有以康德为代表的道义报应论；有黑格尔（G. W. F. Hegel）的法意报应论；有古典功利论者贝卡里亚（Beccaria，

---

① 戴维·M. 沃克. 牛津法律大辞典 [M]. 李双元，等译. 北京：法律出版社，2003：990.

Marchese di）和边沁从双面预防角度论证刑罚的合理性，强调一般预防是刑罚的首要目的；有龙布罗梭（Cesare Lombroso）等为代表的刑事近代学派的主观主义的刑罚理论。

近代以来出现了各种各样的报应论、一般预防论与个别预防论，分别从不同的角度对刑罚的根据进行了解说，之后，形成了取传统诸说作为西方刑罚根据论的所谓刑罚一体论理论，也可以称之为折中理论或混合理论，也有的称为并合主义。

当然，并合主义内部，又因报应和预防两大因素为什么能够结合以及如何结合的问题持有不同的主张，呈现出多元性的特点。但更重要的特点是，不同理论观点所围绕的基本元素大体一致，即"报应"和"预防"。正如储槐植教授所总结的："大陆法系法学把刑罚理论归纳为报应刑和目的刑两大类，美国刑法理论归纳为报应主义和功利主义两大类，除表述方法有差异（大陆法系理论提'刑罚目的'，美国理论提'刑罚理由'等）之外，实质上是相同的。"①

目前，并合主义以报应刑为主、预防刑为辅，是我国刑法学界关于刑罚正当化根据的主流观点。

在并合主义内部，以报应刑为主、预防刑为辅同样是有理论共识的。报应理论的好处在于其从社会心理方面具有给人深刻印象的力量，并且这种内在的力量为刑罚的严厉性提供了一个限度原则。当刑罚应当与罪责的程度相适应时，它在任何情况下都禁止采用对很小的过错适用严厉处罚的方法来以儆效尤。因此，报应思想就为国家的刑罚威力规定了一个界限，在这个范围内，它具有一种自由的和维护自由的功能。虽然人们不能精确地确定多么严厉的刑罚与多么严重的罪责相适应，但是借助法律规定的量刑规则和通过学术加以优化了的量刑理论，总还是能够得到比较好计算的刑罚幅度的。

特殊预防与重新社会化之间存在的对立非常明显。特殊预防理论最严重

---

① 储槐植. 美国刑法 [M]. 北京：北京大学出版社，2005：237.

的缺陷在于，它与报应理论不同，没有为刑罚提供一种限制原则，这就会导致这样的结果：可以把一个被判刑人关押到其已经重新社会化为止。这也导致了不定期刑判决的引入，同时还会导致这种情况：当一种轻微的违法行为表现为一种深刻的人格障碍症状时，也能够对行为人施加长期的自由刑。

一般预防的原则在理论上和实践上也存在重大缺陷。首先，与特殊预防一样，在这个理论中也没有包含刑罚期间的界限，这样至少对于消极性一般预防来说，总是存在着一种转变为国家恐怖的危险。尽管更严厉的刑罚具有更大的威慑作用的思想极有可能是不正确的，但是在历史上却经常是造成"无节制"刑罚的原因。其次，人们对为了预防目的而侵犯人的尊严的刑事惩罚提出反对意见，且这种反对意见在一般预防中要比在特殊预防中更有分量。在重新社会化（至少也在这种情况下）应当帮助被判刑人的情况下，根据一般预防的理由做出的惩罚，只是为了一般公众（也就是其他人）而使行为人承担的多余负担。最后，这样做的权限本身也需要有一个正当化的基础，而这一点是这个理论自己所不能提供的。

从国际化视野来看，在对量刑根据及预防和报应二者关系进行规定的立法中，一般采纳的是报应刑和预防刑的并合主义。在这些国家或地区的立法中，有的明确体现了以责任刑为主、预防刑为辅，"罪责"或"责任"是量刑的基础立场。如《德国刑法典》第46条第1款规定：行为人的罪责是量刑的基础。《瑞士联邦刑法典》第63条在关于"量刑的一般规定"中规定："法官根据行为人的罪责量刑；量刑时要考虑到被害人的犯罪动机、履历和个人关系。"《奥利地联邦共和国刑法典》第32条规定："行为人的责任是量刑的基础；（2）法院在量刑时，应权衡对行为人有利和不利的情况，还应考虑到刑罚和行为的其他后果对行为人将来在社会生活中的影响……"

即使是只对量刑的根据做出原则性规定的国家或地区，对具体个案中报应刑与预防刑之间的冲突是由刑法理论来解决的，理论上采纳的也是以责任为中心的量刑根据原理。量刑应根据刑罚的根据来决定。因此关于刑罚根据的折中说，在量刑上不仅要考虑行为人的责任，也要考虑刑罚的目的。但是支配刑罚的最高原理是责任主义，故量刑的基础和界限应该是行为人的责任。即预防的目的只在行为人的责任一致的范围内考虑，为特别预防和一般预防超出责任的范围而裁量刑罚是不容许的。

美国关于量刑的目的和根据，也体现了以责任为基础的立场。美国法律协会《示范刑法典修正案》（2007年5月16日起适用），在第1.02（2）节规定如下："本法典中定义量刑的规定适用于所有量刑体系中的公职人员，量刑的一般目的如下：（a）有关个人犯罪的量刑：（ⅰ）根据犯罪严重程度、对被害人造成伤害大小及罪犯应负责任实施量刑；（ⅱ）在不违背（a）（ⅰ）规定且合理可行时，达到改造、一般威慑、使危险的犯罪人丧失犯罪能力、犯罪受害人及社区恢复，犯罪人重返法律容许的社区的效果；（ⅲ）为达上述（ⅰ）（ⅱ）目标，量刑不得重于必要性要求"。该规定将应得惩罚原则规定为首选的分配原则，在此基础上允许遵循威慑、改造、使丧失犯罪能力或恢复能力和重返社会的原则，只要它们可行并且不与应得惩罚原则相冲突，这本身就体现了以责任为基础的基本立场。美国《示范刑法典修正案》的规定，不仅体现了责任与预防的并合主义理念，还将恢复性司法理念引入了刑法典。

近年来兴起的恢复性司法理念，在传统的刑罚体系之外为加害人的侵害责任提供了一种新的承担方式。与传统刑事司法所追求的报应正义相对应，与报应正义所追求的有限平衡不同，恢复正义所追求的是全面的平衡：对被害人而言，修复物质的损害、治疗受到创伤的心理，使财产利益和精神利益恢复旧有的平衡；对加害人而言，向被害人、社会承认过错并承担责任，在确保社会安全价值的前提下交出不当利益从而恢复过去的平衡；对社会而言，受到破坏的社会关系得到了被害人与加害人的共同修复，从而恢复了社会关系的稳定与平衡。恢复正义构成了当今西方刑事和解最重要的理论基础。从效果上看，大多数恢复性司法计划是保安处分之外的另一类刑罚替

<<< 第六章 刑罚附随性制裁规范化的理念和原则

代措施。与保安处分相比,恢复性司法的特殊预防作用只是次要的、附属的价值,全面恢复正义才是它的根本目的;同时,恢复性司法强调自愿与合意,不具有强制性与惩罚性。

当然,关于恢复性司法与并合主义之间的关系如何定位,国外有不同的主张。至于恢复性司法和传统刑事司法制度的关系,我们概括为三种:"'废除主义(Abolitionism)''分离主义(Separatism)''改良主义(Reformism)'"①。"废除主义"主张用恢复性司法取代传统的刑事司法制度;"分离主义"主张,将恢复性司法完全置于刑事司法制度之外,以一种补充身份运作;"改良主义"主张对刑事司法制度本身予以完善,使其与恢复性司法原则、价值、结果或者程序保持一致。我国有学者认为,刑罚的理论基础大致包括报应主义(报复刑)、功利主义(特殊预防与一般预防)和恢复性司法三种类型。报应主义和功利主义将犯罪人和受害人作为考量的中心;恢复性司法则将犯罪所产生的问题作为关注的重心。也有不少学者将恢复性司法看作功利主义的一种变种,其目的也是减少犯罪。当今各国在设置刑罚制度时通常情况下都综合考虑上述三种理论。②

可见,刑罚根据理论在原有的"并合主义"之外又增加了新的理论根据,即恢复性司法,立法上有的已经予以体现。我国也不例外,理论上学者们在充分肯定犯罪的社会危害性作为刑罚根据的同时,并不否认人身危险性在量刑中的作用。立法上同样如此,在肯定犯罪的社会危害性、人身危险性作为刑罚根据的同时,将当事人和解引入新的刑事诉讼法,规定下列公诉案件,双方当事人可以和解:"(一)因民间纠纷引起,涉嫌刑法分则第四章、第五章规定的犯罪案件,可能判处三年有期徒刑以下刑罚的;(二)除渎职犯罪以外的可能判处七年有期徒刑以下刑罚的过失犯罪案件。"将当事人和

---

① 詹姆斯·迪南. 解读被害人与恢复性司法 [M]. 刘仁文,等译. 北京:中国人民公安大学出版社,2009:124-125.
② 熊秋红. 中国量刑改革:理论、规范与经验 [J]. 法学家,2011(05):37-53.

解引入刑事诉讼法，表明我国立法层面对刑事案件处理中"修复"理念的引入与通过和解实现矛盾化解、修复被害人所承受的物质损失和精神创伤、修复被犯罪破坏的社会关系的实践做法的肯定，当然对其适用范围进行了限定。

何秉松先生将"人有什么权力惩罚另一个人？"的问题准确界定为刑罚权，是惩罚的权力，而不是刑罚。"'斯芬克斯之谜'问的是刑罚权的正当理由，而不是刑罚的正当理由。传统的刑罚理论，大都是孤立地考察刑罚自身，就刑罚论述刑罚，因此，它们有些用语或命题是不正确的。"何先生并阐明"刑罚权是国家统治权的有机组成部分。它与国家统治权有着内在的、不可分割的联系。所谓刑罚权是指国家把公民的某些行为规定为犯罪并施加刑罚的权力。它首先要规定哪些行为是犯罪，明确惩罚的对象和范围，然后再规定惩罚的方法与原则。犯罪与刑罚是同时规定的，两者不可割裂，它们为统一的刑罚权所包容。在一个法治国家中，国家的刑罚权分属于国家的立法权、司法权和执法权。刑罚权的统一性，不仅表现在它们三者不可分割的相互联系中，而且首先表现在犯罪（惩的对象与范围）与刑罚（惩罚的原则与方法）不可分割的相互联系中。任何人，如果离开了对国家统治权的研究，离开了对统一的刑罚权的研究，不把它们作为一个不可分割的有机整体进行考察，只孤立地研究刑罚自身，就无法正确认识和解释刑罚"[①]。

二、以报应制约预防的思维逻辑同样适用于刑罚附随性制裁

责任主义作为刑法的基本原则，在刑法运作中的机能，不仅是归责的责任主义，是犯罪成立的必要条件，具有犯罪论上的机能；而且是量刑的责任主义，是适用刑罚时确定刑种、强度及其极限的基准，因而具有刑罚论上的机能。责任主义是支配刑罚的最高原理，责任主义的优势是能够限制功利主

[①] 何秉松. 人权防卫论：对传统刑罚理论的反思与超越［M］. 北京：群众出版社，2012：3.

义的弊端，减少功利主义的风险。

  首先，刑罚功利主义有冤枉无辜的风险。根据刑罚目的的折中说，在刑罚裁量时不仅要考虑行为人的责任，也要考虑预防的目的。量刑的基础和界限应该是行为人的责任，预防的目的只在行为人的责任一致的范围内考虑，为特殊预防和一般预防超出责任的范围而裁量刑罚在原则上是不容许的，尤其是基于一般预防的需要，不可突破责任的上限。将人作为人来尊重，就意味着只有人本身才是目的，不允许把任何人作为实现与其本人无关的目的的手段。刑法所指向的是一般人与一般事件，立法环节对具体罪规定的法定刑就考虑了一般预防的需要，对特殊预防的考虑本身也具有一定的一般预防的效果。因此，量刑时只要罪刑相应，罚当其罪，就是这一环节实现一般预防的最好的选择。如果为了预防他人犯罪而对此犯罪人判处超出其责任应该承担的范围的刑罚，就意味着，为了防止乙犯盗窃罪，对犯罪的甲判处超出其罪责的刑罚，明显意味着让甲作为实现一般预防目的的工具，这是不公正的。把一些人当手段、当工具来警戒其他的人，这本身就缺乏道德性。

  其次，功利主义的刑罚观，一是特殊预防，二是一般预防。刑罚之外的连累，尽管不同于定罪和刑罚连坐，但也是一种否定、排斥性牵连，可以实现较好的威慑功能，让其不敢再次犯罪。同时通过对犯罪人施加刑罚，并将不利的后果延至其后代，让社会上的其他人不敢以身试法。这种刑罚观念即功利主义刑罚观。然而，功利主义刑罚观有明显的缺陷：第一，将人工具化，即惩罚张三的犯罪行为，是为了预防张三以外的人犯罪，这是把罪犯当作一种工具，来实现其他目的，是对犯罪之人人格的亵渎；第二，功利主义有冤枉无辜的风险。

  再次，综合主义、并合主义内部有主次之分。惩罚的根据，应该以报应为主、功利为辅。只有当人实施犯罪，才能够定罪判刑，不能够株连与犯罪行为不相干之人。无论刑罚本身以及其带来的附随否定后果多么具有实现所谓社会秩序和安定的效果，都不能突破有罪才罚、无罪不罚的底线。一个理智的刑事政策主要取决于给予制裁的意义和目的，也就是说，制定一个法律后果体系，根据行为罪责的严重程度该法律后果被划分层次，同时它能够避免进一步的犯罪行为。如果单方面地强调该问题两方面中的某一方面，其结果要么是导致不人道的刑事政策，要么是导致不公正的刑事政策；如果将刑罚仅仅理解为罪责的报应，那么，为了该原则行为人会遭受严重的痛苦，对行为人自己或其他人不可能会有任何好处；如果仅仅看到刑罚的社会目的（如威慑或"治疗"行为人），在不同的情况下，均将会科处行为人与其有责地实现的不法行为所不均衡的制裁（如在商店盗窃情况下，确认存在心理上的间接再犯危险，试图通过数年精神病学上的强制治疗来"治愈"）。

最后，刑罚附随性制裁是对人的名誉、职业选择的限制和剥夺，其这方面的实际效果是自然的。更需要引起注意的是，刑罚的强度有边界，行使有时间的限制，然而刑罚附随性制裁很难进行边界和时间限制。因此，责任主义所贯穿的惩罚必要但要遵循比例原则的理念，其代表的正义思想，应该同样用以引导刑罚附随性制裁实践。总的想法是：刑法不是福利法，也不能等同于社会帮助法，它首要的任务是维护公正，使行为人认识到其违法犯罪行为的责任。然而，惩罚过后，是回归社会的问题。一个人走向违法犯罪的道路，原因非常复杂，前科人员中确实有一类具有根深蒂固的犯罪习性，刑满释放后一次又一次犯罪的习惯犯，也有不断重复犯同一种罪的倾向犯，这是防范的重点。其中也有心理缺陷的犯罪人，还有的是一时糊涂，走向违法犯罪的。要加强这一社会问题的研究，明确理念，然后进行类型化风险评估，尤其是准确的类型化，才能够实现精准防控，避免要么"全部"要么"全不"的做法，要努力实现让至少相当比例的"狱中人""前科人"转变成"社会人"，减少社会治理的成本。

第三节　回归社会与预防犯罪相兼顾的理念

回归社会与预防犯罪包括预防再犯，本质上不是冲突和矛盾的关系。前科之人回归社会的人数越多、成功事例越多，预防再犯的压力就越小。"维护刑释人员合法权利，帮助其融入社会，是防范重新犯罪的重要举措，也是社会主义本质要求。促进城乡一体化发展，让刑释人员共享社会发展成果，使其有工可做、有业可就，收入稳定，减少再犯罪风险；畅通社情民意反映渠道，了解其真实需要，制定科学合理政策，帮助他们实现美好生活追求；健全思想文化培训体系，整合培训资源，助他们融入现代社会。"[1] 因此，要树立回归社会与预防犯罪相融合与兼顾的理念，并且强调回归社会优先。具体而言，就是要将回归社会与危险防范、预防犯罪理念相融合，理性地对待犯罪人在刑罚执行完毕后的出路问题，要让有刑罚经历的人员在刑罚执行完毕后，与其他普通公民一样走向工作岗位，通过自己的劳动自食其力，并且承担起家庭成员的角色和责任。经过刑罚制裁和服刑期间的教育、改造，有刑罚经历人员的人身危险性大大降低或消除，没有人是天生的犯罪人，也没有证据表明曾经的犯罪人在刑罚结束后注定会再次犯罪，因此，强调预防犯罪、社会防卫思想的同时，不能忽略人性本善的根本。那些曾经的犯罪人，或许挫折和打击才是使他们铤而走险、再次犯罪的原因，资格剥夺和权利限制所带来的人格侮辱、现实压迫，有时会为犯罪人再次犯罪提供重要的诱因。规定刑罚的附随后果，初衷是为了保护社会利益免遭不法分子的二次侵害，但若运用不当，可能会适得其反。因此，以回归社会为主，兼顾预防，应该成为对待有犯罪前科人员的价值基础和理念。

---

[1] 四川省监狱管理局课题组. 四川省刑释人员重新犯罪问题探析 [J]. 犯罪与改造研究, 2020 (05): 2-7.

针对回归社会优先与必要的预防犯罪相结合的理念，可以借助污名化理论展开分析和论证。本书的观点之一是，随着信息技术的发展，在当今信息网络时代，互联网信息快速传播，犯罪记录带来的"污名化"以及其他"后遗症"会被无限扩大，犯罪前科的溢出效应不断扩大，犯罪记录带来的标签化效应伴随犯罪人终生，有污点之人，特别是有犯罪前科之人，回归社会的难度越来越大。于是，理念的定位和选择就成为我们必须认真对待的问题。

污名化和贴标签，都代表着一部分人或群体被进行名声、价值标注。"贴标签"是指"一部分人或某些社会群体，被权势群体认定为具有某些独特特征的过程"①。犯罪、前科、被判过刑等，这类标签是带有负面的、污名化的评价，是一种类型化的贬低、"无益"的称谓。污名一词使用的场景繁多，近年来，中国社会的污名称谓如"艾滋病人""城管""青岛大虾""同性恋"等如雨后春笋般出现。一般来讲，污名是指对某一个体或者群体的一种贬低性、侮辱性的标签，并且强化主体自身认同和外界歧视，使得享有社会资源的资格受损。"罪犯"亦是一种污名标签，特别是在监狱外的社会中，这种污名现象——刑罚附随性制裁——尤为突出。受过刑罚处罚的人是否可以去掉其罪犯这类标签和污名、如何去掉，成为是否能够促进和帮助刑满释放人员顺利回归社会的重要因素之一。

一方面，我国近年来在立法上不断扩张犯罪圈，平均两年一部修正案，都有增设罪名的内容，伴随着犯罪圈的扩大，在犯罪化频率较高的立法背景之下，与犯罪行为间接相关联的制裁措施的适用频率随之增加，此类规定数量也随之增多，短期内社会治理的效果明显，但同时也引发了明显的犯罪标签泛化问题；另一方面，犯罪结构轻罪占比高，近年来，我国被判处3年以下有期徒刑的刑事案件占80%左右，有的年份要高于80%，如中共中央宣传部于2022年7月12日举行的"中国这十年"系列主题新闻发布会上，最高法

---

① 安东尼·吉登斯，菲利普·萨顿. 社会学基本概念［M］. 王修晓，译. 北京：北京大学出版社，2019：249.

院工作人员介绍，近年来我国社会治安秩序持续向好，"2021年被判处三年以下有期徒刑的罪犯人数占判决生效总人数的比例已经达到了84.6%"①。这表明轻罪罪犯的总量庞大。于是，越来越多的学者开始注意到刑罚附随性制裁在适用过程中带来的诸多问题，犯罪标签无法去除，再社会化阻碍重重，预防功能难以实现，这些会导致一定数量的犯罪人因自身的犯罪行为在社会上屡遭歧视、无路可走，而再次犯罪。

"我国目前在犯罪记录消除方面尚缺乏系统规定，需要认真思考建立针对轻罪罪犯的、有限的前科消除制度，尽最大可能减少社会对立面，推进国家治理体系和治理能力现代化。"② 第十四届全国人大常委会委员、宪法和法律委员会副主任委员，清华大学法学院院长周光权于2023年4月在接受《法治日报》记者采访时指出，在全面依法治国的大背景下，构建中国特色的、有限的犯罪记录消除制度已经具有可行性，建议修改刑法或制定《刑法修正案（十二）》，建立有限的"窄口径"犯罪记录消除制度，给我国数以百万计的轻罪罪犯以"出路"。我国虽有犯罪记录制度，却无与之相对的犯罪记录消除制度。在周光权看来，这种"只做加法、不做减法"的犯罪记录长期存在，可能会衍生出诸多社会问题。③

另外，从针对未成年人的刑事政策和刑事立法规定看，我国刑法第100条规定，"犯罪的时候不满十八周岁被判处五年有期徒刑以下刑罚的人，免除前款规定的报告义务"。在此基础上，学界和实务界有人建议取消轻罪刑满释放人员再就业"前科报告"的法律规定。与此同时，建立犯罪记录封存制度是近年来的重点工作之一，是教育挽救犯有较轻罪行的失足未成年人的一项重要法律制度。建立此项制度的意义在于，尽可能降低轻罪前科对未成

---

① 人民法院判处刑事案件中有84.6%是三年有期徒刑以下的轻刑案件［DB/OL］.头条网，2022-07-12.
② 朱宁宁.专家建议修改刑法给轻罪罪犯以"出路"加快构建有中国特色的犯罪记录消除制度［N］.法治日报，2023-04-04（05）.
③ 朱宁宁.专家建议修改刑法给轻罪罪犯以"出路"加快构建有中国特色的犯罪记录消除制度［N］.法治日报，2023-04-04（05）.

年人回归社会的影响，促使其悔过自新、重回正轨。我国刑事诉讼法（2018）第286条规定："犯罪的时候不满十八周岁，被判处五年有期徒刑以下刑罚的，应当对相关犯罪记录予以封存。犯罪记录被封存的，不得向任何单位和个人提供，但司法机关为办案需要或者有关单位根据国家规定进行查询的除外。依法进行查询的单位，应当对被封存的犯罪记录的情况予以保密。"最高人民法院、最高人民检察院、公安部、司法部联合发布《关于未成年人犯罪记录封存的实施办法》，自2022年5月30日起施行，意在强化该项制度的落实。

与上述制度的建立和实践相联系，探讨理念的转变，缩减刑罚附随性制裁、附随后果的空间，降低刑罚附随性制裁的报应价值，对进一步优化社会治理的长远效果，具有重要的现实意义。

一、污名理论是解读刑罚附随性制裁的重要的社会学视角

污名理论对解读刑罚附随性制裁的本质和日益增多的现状具有重要的价值。作为一种制裁，就本质而言，刑罚附随性制裁表现出了机关单位、公司企业及其他组织团体对犯罪人群体的厌恶和歧视，并且通过附随性的强制手段维持着原有的刻板印象，使罪犯群体继续遭受着附随性制裁所带来的痛苦。这种强势方向弱势方施加不利益的单向管束过程与污名产生的根源——依靠权势关系的决定性影响所建构的区别对待——不谋而合。正如姚星亮所说："既有的污名理论所面临的困境和主要问题在于将特定的'差异'或者'特质'当作污名的根源，并存在本质主义的认识误区……污名的核心是掩盖在'本质差异'表象中的标准——实质上是权势的象征和实现，是权势建构和实践在话语领域的反映。"① 埃利亚斯（Norbert Elias）也明确地指出："一个群体能将人性的低劣强加在另一个群体之上，这完全是两个群体之间

---

① 姚星亮. 污名：差异政治的主体建构及其日常实践［M］. 北京：社会科学文献出版社，2017：96.

<<< 第六章 刑罚附随性制裁规范化的理念和原则

特定权力关系的结果。"① 刑罚附随性制裁和污名化在本质上并非如戈夫曼（Erving Goffman）所言的"身体、性格或者族群上的某种特质"②，而是占据权势的主体通过不断地谴责和排挤弱势群体而定义的标准，并通过交往实践在合作群体内贯彻，使得强者团体的利益上升为集体的利益，并通过这种权势上的差异来巩固统治地位。

刑罚附随性制裁或称作刑罚附随后果，其生成过程与污名化的过程高度相似：当某人受权势所界定的某种标准的影响而被贴上负面的标签时，被贴者便与他人产生了显著的"差异"，在文化上形成社会成见和思维定式后，污名随之产生，这使得带有污名之人丧失了很多生活机会和社会地位，例如，就业、住房、教育等，承受污名的一方不断强化自我意识和自我评价，导致自我贬损、自尊下降、情绪低落和效能降低。③ 而刑罚附随性制裁的适用也是如此："罪犯"如同"绿茶女""心机 boy"等都是污名在日常生活中的经验体现，在污名的加持下，刑满释放的人员通常情况下由于自身的弱势而得不到社会的认同和接纳，遭受社会对其的负面评价、期望和歧视性排斥（被社会所延续的"私刑"），因找不到新的自我和社会定位等而重蹈覆辙，再次走上犯罪的道路。

从上述描述中可以看出，刑罚附随性制裁的实施过程与污名化的过程极为相似，二者发生作用的大致步骤均基本按照区分→负面的贬损→丧失某种利益或增添某些负担→巩固强者地位进行。

污名理论自传入我国之后的 50 多年来，心理学、社会学、行为学等学科对其的关注从未间断，成为社会科学一个日益凸显的概念和研究主题，但作为社会科学部门学科之一的法学却对其了解甚少。因此，不妨从污名化的新

---

① 杨善华. 当代西方社会学理论［M］. 北京：北京大学出版社，1999：313-366.
② GOFFMAN E. Stigma: Notes on the Management of Spoiled Identity［J］. american journal of sociology, 1963: 139.
③ 管健. 污名的概念发展与多维度模型建构［J］. 南开学报（哲学社会科学版），2007（05）：126-134.

视角看待当下刑罚附随性制裁的扩张趋势,为研究刑罚附随性制裁的价值提供一个与众不同的社会学视角。

二、警惕和防止污名化的泛化和滥用

"黥刑制度是一种早期的、原始的、本能性的、非制度化的准犯罪记录制度。在这种制度之下,黥刑完全作为国家惩罚犯罪人的刑罚工具,并附带进行犯罪预防,犯罪人的权利不被考虑。然而,这种基于肉体的社会控制却是低效、落后的。残酷而野蛮的做法不仅不能对犯罪人进行有效控制,反而会因过于残酷的做法而遭到抵制。因而,在随后的历史发展中,这一制度最终被淘汰。"[1]

污名的泛化和滥用在某种程度上既是利益冲突得以缓解的泄压阀,又是危机酝酿的前奏和警报。如果对报应危机视而不见,一味地制造罪犯、惩罚罪犯并将他们拒之门外,使他们成为永远不能信任的危险他人、敌人,那么只会造成更为严重的社会风险和灾难。周光权教授也认为:"要确保立法上的犯罪化思路得以贯彻,必须将刑罚附随惩罚性措施的严厉性降下来,让公众能够逐步形成这样的理念:大量的犯罪并不是严重危害社会的行为,大量的罪犯也并非十恶不赦的坏人,而只是错误稍微犯得严重一些且应该迅速回归社会正常生活的人。"[2] 因此,严峻的报应现状注定无法成为刑罚附随性制裁的完美说辞。在刑罚结束后,附随性制裁的价值构建不应将关注的重点局限于刑罚领域外的进一步惩罚,而应将目光转移到预防再犯与犯罪人回归社会的问题上,这才是刑罚附随性制裁的相对重要的价值理念。只有进一步降低报应理念在附随性制裁中的地位,强调预防,特别是回归社会的重要性,才能充分发挥刑罚附随性制裁的积极引导功能。

---

[1] 吴尚聪. 现代性、社会控制与犯罪记录制度:犯罪记录的谱系学考察 [J]. 甘肃政法大学学报, 2021 (06): 85-97.
[2] 周光权. 积极刑法立法观在中国的确立 [J]. 法学研究, 2016, 38 (04): 23-40.

人们往往容易接受消极的预防再犯的理念。所谓消极的预防，即"犯后预防"，是指运用刑罚及刑罚之外的措施，包括刑罚结束后，继续通过一系列的限制、控制、排斥手段，使有前科之人远离重点防范领域、重点行业或重点区域，使其难以有条件继续犯罪。消极预防是建立在"堵"的理念之上的。戈夫曼曾认为："污名似乎具有一般的社会功能——谋求那些社会不支持的人支持社会的功能……让一些拥有不良记录的人蒙受污名，在表面上能够起到社会控制的作用。"[①] 2023年年初，涉毒艺人含笑参演《狂飙》一事引起轩然大波，随即，在后续地方台播放的《狂飙》电视剧中，删除了涉及含笑的相关片段。尽管含笑戒毒成功、表现优异且获得北京市戒毒形象大使的荣誉，但主流观点依旧持否定态度，认为让有劣迹的艺人再出现在荧屏上，会给大众带来不良的价值观导向。

资深媒体人胡锡进所主张的增加社会治理正能量的感召力的观点，是合乎理性的，即"我们的社会总体上治理严明有序，正能量占据绝对优势。与此同时，我们要增加正能量的感召力，而不让这种感召的空间被管制和压制力简单取代。这是我们社会宽松和自由保持必要供给的基础条件之一，只有这样，我们的社会才能够有自净力，并且保持活力，孕育更多的创造性"[②]。事实上，主张增加社会宽容度的媒体人、学者、实务工作者等，并不认为犯罪、吸毒等有理、值得同情，只是认为，犯罪、有错之人该接受惩罚就接受惩罚，但惩罚之后要给予其改过自新的机会，这样做是社会有秩序与有包容的平衡，体现的是既严厉又有温度，更能够激励所有人，包括失足者进步。[③]

社会的存在与发展是需要秩序的，人们摆脱自然状态下的混乱与无序而获得的秩序是维持自身的自由与发展的必要条件，秩序的形成和维护，既来

[①] GOFFMAN E. Stigma：Notes on the Management of Spoiled Identity [J]. american journal of sociology，1963：137.

[②] 胡锡进. 已经戒毒10年的含笑该不该被永久封杀？[EB/OL]. 凤凰网，2023-02-14.

[③] 胡锡进. 已经戒毒10年的含笑该不该被永久封杀？[EB/OL]. 凤凰网，2023-02-14.

自自身自由与发展的动力，也依赖某种支配力得以实现。正是这种支配力的存在使得污名的标签能够强加于越轨的人或者群体之上。不管是将污名化的结果表述为"身份地位的降低""某些被贬抑的属性或者特质"，抑或是"不公平的遭遇和歧视"，均是将被污名者与施加污名者对比后所得出的结论，即施加污名者比被污名者具有某种优越性，或者某种单独具有的权利——资格，例如，"同性恋"这一污名所反映的是正常异性感情的缺失，"城管"污名所反映的是文明执法、公正执法素质的缺失，从而实现施污和受污的界分与加强资格的独有性，使受污者短暂或者长久地无法享有污名化之前的公平，难以再次回到界分前的群体中。

这样看来，我国设立如此之多的刑罚附随性制裁的目的便在于使犯罪人丧失平常人的某些资格，诸如职业的禁止和限制、户籍限制、信誉荣誉的限制、社会保障的缺失等，这些均是在刑罚领域外对犯过罪的人，在获得某些权益或从事特定活动的资格方面进行一定的限制或者剥夺；也正是通过这种限制、排斥和剥夺，预防犯罪人再次犯罪。

通过对资格、机会的限制和剥夺，以预防犯罪人再次犯罪，无疑这是消极的预防犯罪的理念设计。然而，其一，犯了偷换概念的错误。就涉毒艺人含笑参演《狂飙》一事而言，对毒品当然要零容忍，禁毒永远在路上；但对有过吸毒经历的人，对这类人终身零容忍，则是不同的概念。同样，对犯罪零容忍，不意味着对有犯罪前科之人的零容忍，前科之人有悔过自新者，零容忍等于彻底切断了失足者浪子回头的路，缺乏对改过自新选择的激励，不符合整体社会发展的利益，于每一个个人都不利。其二，在追求纯粹的秩序时，容易将人工具化。像父母犯罪连坐子女，走的是过度管制化的道路。并且，如果堵塞了犯罪人改过自新之路，使其无法回归社会，那么他们很有可能会再次犯罪。

通过刑罚的适用实现报应正义，同时让犯罪之人悔过自新、回归社会，才是一种积极的预防犯罪的理念。

"国家法律尤其刑事司法追究违法犯罪人员刑事责任，将他们判刑入狱已经兑现了法律的公正评价与谴责，实现了刑罚应有的惩罚报应与改造。这些人出狱后会面对诸多生活和就业问题，要想再社会化重新做人成为自食其力的守法公民，实属不易，需要政府的安置救济和社会的宽容接纳。"[1]

三、去污名化与回归社会的价值定位

应当承认的是，相比起报复和预防的价值，现阶段的刑罚附随性制裁在贯彻犯罪人回归社会方面做得远远不够，这也反映出将促进犯罪人回归社会作为附随性制裁首要价值理念的重要性与严峻性。因此，需要面对的问题是回归社会可否成为刑罚适用的价值之一，能否以及何以能够成为刑罚附随性制裁的首要价值理念？

（一）污名化和单纯消极预防的弊端

如果以传统的报应和（消极）预防理念，延伸作为刑罚附随性制裁的理念，就无法实现犯罪人在污名标签下的群体回归。以报应、（消极）预防再犯的价值理念所建构的刑罚附随性制裁，往往会造成这样的后果：为了使受过处罚之人在今后尽可能降低再次犯罪的可能性和消除先前犯罪所凭借条件对其本人的诱惑性，刑罚附随性制裁往往选择限制，甚至剥夺其先前犯罪赖以凭借的资格和条件。不仅如此，这种理念主导下的刑罚和刑罚附随性制裁理念，对前科之人的限制和剥夺不断加剧，犯罪人的其他与犯罪行为无关的资格也会受到限制，且想划定清晰的界限都变得困难。这使得犯罪人在刑罚执行完毕后在社会上四面碰壁，无法真正融入社会群体，从而一直游荡于社会边缘，反社会的情况随时有可能发生。

究其根本，是因为单纯报应和（消极）预防再犯的理念始终无法摆脱污名化的趋势。污名真正所产生的根源是以权势为背景的实践所产生的"标准—差异"，而不是所谓"本质的差异"，这种由权力所主导和构建的标准是

---

[1] 王顺安. 归正人员平等就业权不应被漠视［N］. 上海法治报，2023-03-03（B7）.

区分不同群体从而造成污名持续存在和加剧的根本原因。而单纯报应和（消极）预防再犯就是在依靠规范（或者说是标准）将罪犯作为与正常人群体相对的反面群体，对其加以敌视，从而巩固自身的利益。污名所需要的必然是拒斥而不是接受（或帮助），必然是贬抑而不是褒扬他人。而回归社会则是向真心悔改的、犯过罪的人敞开大门，真心实意并且想方设法使他们融入社会大家庭，消解依靠权力所构建的"标准—差异"，既无缝填补了界分不同群体的鸿沟，又消除了对罪犯的歧视与排斥，有利于犯罪、犯错之人归正，重新回到社会中来，从社会治理的整体效果来看，也是在为社会减少不安定因素。

（二）去污名化与新社会防卫论的共同点

刑罚附随性制裁作为现代社会治理的重要手段，对社会治理做出了重要贡献，同时也暴露了报应与预防理念的弊端——加之在罪犯身上的污名标签是其融入社会的拦路虎，犹如牛皮癣一样难以去除。因此，修正刑罚附随性制裁必须注入回归社会的价值理念，严格对待犯罪人回归社会的问题，即去污名化的问题。

对于去污名化，如果不能深入讨论污名问题的根源，而只是一味地去讨论如何去污名，那么就默认了污名的必然性，因而必须认识到污名化是一个话语权介入的结果。真正地去除污名化必须强调主体意识、主体泛政治的觉醒以及理性的反思与构建，这些都是建立在"自由"的基础上的，这种自由不是别的，而是对个人权益的尊重（起源于每一个主体的对等意识和彼此尊重）。[①] 只有当社会采取一种开放包容的态度对待每个人，尊重每个人，使得权势多极化、标准多元化、利益多元化，而不是对少数掌握话语权的群体唯命是从时，去污名化才可能发生，悬挂在犯罪人头上的达摩克利斯之剑才可能被去除，犯罪人才有回归社会的可能。

---

① 姚星亮. 污名：差异政治的主体建构及其日常实践 [M]. 北京：社会科学文献出版社，2017：247.

第六章 刑罚附随性制裁规范化的理念和原则

这与法国学者马克·安塞尔（Mare Ancel）的新社会防卫论核心思想不谋而合。作为一种新的刑事政策理论，新社会防卫论并不是凭空出现的，而是在批判性地继承先前理论的基础上发展而来的，在选择性借鉴的基础上形成核心的观点。正如涂欣筠所言："新社会防卫论是继古典学派的刑事政策理论、实证学派的刑事政策理论、社会防卫论、激进社会防卫论之后的现代刑事政策理论。"① "安塞尔特别强调犯罪人具有复归社会的权利，国家具有使犯罪人复归社会的义务，表现了他所主张的新社会防卫论以'复归社会'的权利为中心的刑事政策的特点。"② 按照安塞尔的新社会防卫论的观点，与其说新社会防卫论是一种理论，倒不如说其是一场在战后如何主张刑罚改革提供刑事政策指导和建议的运动，为这场刑事政策的实践性活动提供理论依据。③ 新社会防卫论的主要观点是：社会本身就是这个社会的主体，它应该教育每一个成员成为一个合格的成员。因此，对犯罪者不能够一味地进行惩罚，而应该考虑他的未来，使他作为一个合格的社会成员复归社会，国家负有拯救犯罪者、改造犯罪者成为新人，达到预防犯罪并使犯罪人复归社会的使命。安塞尔极力倡导人道主义的刑事政策，认为只有在尊重人类和社会价值的基础上，以教育的方法消除社会危险性，这种社会防卫、惩罚犯罪的刑事政策才能够被人们所承认。刑法所做的一切努力不应当朝着把罪犯驱逐出社会的方向，而应当朝着引导其融入社会的方向，以便在提供了恰当的处遇后，罪犯能够在社会上重新找到一个自由的人格，不再感到自己是一个罪犯，不再具有低劣群体的自卑和狂躁。

新社会防卫论认为不应将眼光仅仅局限于社会本身，更要着眼于犯罪人本人，兼顾社会保护的客体（个人）和主体（社会）。"它所寻求的是既能

---

① 涂欣筠. 新社会防卫论及其对我国刑事政策的启示 [J]. 理论探索, 2017（02）: 117-122.
② 马克昌, 莫洪宪. 近代西方刑法学说史 [M]. 北京: 中国人民公安大学出版社, 2008: 468.
③ 泽登俊雄, 冯筠. 新社会防卫论 [J]. 环球法律评论, 1987（03）: 47-51.

保护社会又能保护个人的刑事政策。新社会防卫思想产生于特定的历史时期，但其认识到世界是不断发展的，因而具备较强的时代感和现实性，它关注世界的变化，积极协调其与整个人类社会的发展节奏。"① 安塞尔的新社会防卫论反对传统的报复性惩罚制度，主张保护权利、保护人类、提高人类价值，从而建立一个人道主义的刑事政策新体系，旨在使罪犯被改造成新人，回归社会。② 如果单纯地过于强调社会防卫，将行为人个人置于工具人的地位，则个人本位消失殆尽，以社会防卫为由大肆入侵个人自由权利，重蹈形式古典学派的覆辙。因此，必须将个人置于本位，认识到社会和个人的相互关系，社会有义务对步入犯罪道路的行为人进行教育，使其再社会化成为社会大家庭的一分子，实现个人与社会的良好互动。"社会防卫的刑法理论集中在这种信念上，即我们的一切努力不应当朝着把罪犯驱逐出社会的方向，而应当朝着使罪犯重返社会的方向，以便在提供个别化的和恰当的处遇后，犯罪学为法官规定并由监狱官员提供这种处遇创造了条件，罪犯能够在社会中取得做一个自由人的资格，他不再感到自己是一个敌对分子。"③

我国部分关于对待刑满释放人员的法律法规文件也彰显了回归社会的价值理念，例如，我国的监狱法第38条规定，"刑满释放人员依法享有与其他公民平等的权利"。社区矫正法第4条、司法部等11部委《关于贯彻落实〈中共中央办公厅 国务院办公厅转发《中央社会治安综合治理委员会关于进一步加强刑满释放解除劳教人员安置帮教工作的意见》的通知〉的实施方案》中也进一步明确，刑满释放人员在就业、社会保障等方面不受歧视。

综上所述，鉴于刑罚附随性制裁是基于刑罚而对罪犯施加的刑罚之外的惩戒，因而应当将促进犯罪人回归社会作为首要的价值理念，缓和报应与（消极）预防再犯理念的敌对性，保障刑满释放人员回归社会，并受到公平

---

① 杜雪晶. 论安塞尔新社会防卫思想的理论内核 [J]. 河北法学, 2009, 27 (08): 167-170.
② 安塞尔. 新刑法理论 [M]. 卢建平, 译. 香港：香港天地图书有限公司, 1990: 31.
③ 康树华. 新社会防卫论评析 [J]. 当代法学, 1991 (04): 66-72.

的对待。

（三）预防再犯与回归社会的价值兼顾

按照新社会防卫论的观点，预防犯罪与回归社会并不冲突，而单纯的报应则是不被允许的。在前述的论述中，附随性制裁却有着消极性的威慑、剥夺或限制资格的性质，这似乎与新社会防卫论的人道主义相矛盾，难以兼容。

其实，预防犯罪可以分为两类：一类是消极的预防犯罪，即为了使犯罪彻底消灭，而动用刑罚进行威慑，使罪犯和意欲犯罪之人不敢再犯；另一类为积极的预防犯罪，是指通过唤醒和强化犯罪人及犯罪人之外的人对法律的认同和遵守规范的意识，实现不愿犯罪的目的。① 新社会防卫论中的预防犯罪是一种积极的预防，而不是消极的预防，其语义内涵与回归社会大致相同，即通过教育改造方法唤醒犯罪人内心对社会的责任感，使罪犯重新社会化，让犯罪人获得一个自由人的资格，而不再是一个敌对分子。理由便在于新社会防卫论强调对犯罪人人权的保障，认为国家和个人的关系并不是紧张的，而是理想的友好型，主张以一种人道的方式使犯罪人重新回归社会。这就必然决定了新社会防卫论所倡导的"预防犯罪"是积极的预防。新社会防卫论所主张的刑罚，是保护个人——甚至犯罪者个人——和社会，而不是对个人的惩罚，因而刑法的目的不再是报应，也不是威慑。② 由于新社会防卫论是以犯罪者重新社会化为目的，所以，其着眼点是对犯人的个人预防，而不是对犯罪的一般预防。

消极的预防再犯和积极的预防再犯是一种对立而又统一的关系，它们的统一性在于：首先，二者均是以预防犯罪为共同归宿，正是这一共同的目的，决定了积极预防和消极预防本质的一致性。其次，消极预防与积极预防的作用具有互补性，刑罚的威慑作用在一定程度上也具有唤醒和强化人们规

---

① 韩轶. 刑罚预防新论 [J]. 法律科学, 2004 (05): 68-73.
② 康树华. 新社会防卫论评析 [J]. 当代法学, 1991 (04): 66-72.

范意识的效果，对犯罪人的劳动改造和教育改造本身亦能发挥刑罚的威慑作用。一言以蔽之，刑罚的消极预防与积极预防之间是一种对立统一关系。如果能正确认识和把握两者的关系，就会使刑罚的消极预防与积极预防相辅相成；如果不能理性地审视两者的关系，片面地追求某一方面的作用，将会使消极预防与积极预防的作用难以实现。恩威并施，以恩为主、以威为辅，既主张帮助犯罪人回归社会，又兼顾适当的威慑预防，这才是刑罚附随性制裁的价值理念所在。

综上，刑罚附随性制裁固然是现代社会治理的重要手段，与刑罚手段相配合，能够进一步扩张报应效果，增强刑罚及附随后果的威慑力度，满足现代社会对风险应对、社会管控等需求；但刑罚附随性制裁在程序上作为刑罚手段的后位衔接，必须注意到其与刑罚措施截然不同的非刑罚手段，除判处死刑和终身监禁的罪犯之外，大部分的犯罪分子以后终究是要再次回到社会的。因此，就必须考虑以回归社会为刑罚附随性制裁的首要价值取向，这些刑罚之外的制裁在对待罪犯时要坚持向着促进犯罪人融入社会、改善自身的方向进行。只有在这样的前提下，才有言说预防犯罪的可能，不然，一味地报应和威慑，终究是徒劳的，还会带来受污群体的反社会性的后果。

当然，价值理念需要依靠在其指导下的制度构建得以实现，近些年来，我国学界和相关实务部门在践行刑罚附随性制裁回归社会的价值理念方面进行了一定的努力。比如，有的学者认为，对于像危险驾驶罪这样的轻罪来讲，有必要建立包括轻罪的犯罪记录封存在内的（广义）前科消灭制度，即对轻罪的犯罪记录不向社会公开，在其刑罚执行完毕后，如经过评估认为确实没有再犯罪的人身危险性，便可以取消对其的就业限制与去除案底，便于其融入社会。[①] 特别是对于未成年群体来说，他们有着更大的改造可能性，在被执行刑罚之后有更长的时间去面对社会，但背负着"罪犯"的标签而止步于未来。有鉴于此，最高人民检察院、最高人民法院、公安部、

---

① 白岫云. 建立我国轻罪体系的构想 [N]. 法治日报，2020-11-11 (9).

司法部共同制定了《关于未成年人犯罪记录封存的实施办法》，切实保障未成年人在考试、升学、就业、生活等方面的公平，增强办案环节的教育、感化、挽救效果，给予未成年人救赎的机会，加强其对于规范的认同感和责任感，从而有力地推进了社会治理现代化进程。

总之，将某种行为界定为"罪"并予以刑事处罚，表达着公众的谴责性，由刑罚延伸出来的刑罚附随性制裁有着强化社会治理的功能，至少在当下和短期内，其效果是有的。探讨并阐明刑罚附随性制裁的价值取向对其本身的构建具有奠基性的作用。污名化与刑罚附随性制裁本质相同，作用过程相似，为探索刑罚附随性制裁的价值取向提供了一种社会化的视角。鉴于现实中出现的诸多适用问题，应尽力降低刑罚附随性制裁的报应价值，回归社会是其核心价值，但回归社会与预防犯罪并不冲突，二者是积极预防和消极预防的对立统一关系，恩威并施，彼此可以兼容。

第四节 比例原则

通常认为比例原则是行政法中的基本原则。比例原则在行政法中的基本含义是行政机关实施行政行为应兼顾行政目标的实现和适当性手段的选择，保障公共利益和相对人权益的均衡，如为实现行政目标可能对相对人权益造成某种不利影响时，应当将这种不利影响限制在尽可能小的范围和限度内，保持二者处于适当的比例。[①]

德国的行政法学鼻祖奥托·麦耶（Otto Mayer）在其《德国行政法学》一书中提出了"行政权追求公益应有凌越私益的优越性，但行政权力对人民的侵权必须符合目的性并采行最小侵害之方法"，即"比例原则"。比例原则在行政法学领域具有独特的地位。我国台湾著名行政法学者陈新民教授认

---

① 姜明安. 行政法与行政诉讼法. 第6版 [M]. 北京：北京大学出版社，2015：73.

为："比例原则是拘束行政权力违法最有效的原则，其在行政法学中所扮演的角色可比拟'诚信原则'在民法居于帝王条款之地位。"①

比例原则（Verhältnismäßigkeit）即过度禁止原则，它包括三方面：其一，手段与目的的适当性，国家采用的限制手段必须与其所欲追求的目的之间相适宜，即该措施应当是可以达到目的的；其二，手段的最小侵害，限制方式和手段对于该目的的达成是可实现预期目的的手段中最温和、侵害最小的；其三，手段的必要性，手段相对于相关法益具有均衡性和合比例性，存在关联性。②通常，将比例原则简单地概括为适当性原则（suitability）、必要性原则（necessity）和狭义比例原则（proportionality in its narrow）。

行政法上的比例原则，扩展到宪法层面，成为具有宪法阶位的规范性要求。之所以会这样，是因为宪法赋予公民基本权利，其本身就已经蕴含着对抗国家权力对于自由领域的不当侵害与限制的意味，也就是预设了国家权力行使的例外和权力有限的内在思想，当国家行使公权力而与基本权利发生冲突时，就必须凭借某种审查标准来判断上述公权力的行使是否适度、合比例，在其间便要有比例原则发挥决定性作用，作为保护基本权利而"加诸国家之上的分寸要求"③。而在宪法之外，比例原则的适用范围也在不断扩张，比例原则不仅在公法领域适用，也同样在私法上具有效力。诞生自德国公法的比例原则，呈现出双重的普遍性：不但逐渐被其他国家接受（地域普遍化），而且开始向私法领域挺进（领域普遍化）。④纪海龙教授认为比例原则作为对目的理性的凝练概括，作为成本效益分析的另一种表达，自然在私法中也应具有普适性。而且，比例原则在一定程度上可以实现沟通实然和应

---

① 黄学贤. 行政法中的比例原则研究［J］. 法律科学，2001（01）：72-78.
② 赵宏. 限制的限制：德国基本权利限制模式的内在机理［J］. 法学家，2011（02）：152-166，180.
③ 余凌云. 行政法讲义［M］. 北京：清华大学出版社，2014：84.
④ 陈景辉. 比例原则的普遍化与基本权利的性质［J］. 中国法学，2017（05）：279-302.

然之间鸿沟的作用,由此开启了社会科学方法应用于狭义法学的大门。① 郑晓剑教授认为比例原则可广泛地作用于民事立法、民事司法和民事行为等领域,比例原则以特有的"目的—手段"之关联性作为分析框架,旨在达成"禁止过度"之效果,以维护法律的实质正义。② "作为评价公权力行为正当性的法律准则,比例原则发源于德国警察行政法并上升为宪法的基本原则之一,在当代法治国家的法律体系中具有重要意义。在历史演进中,其适用范围已从公法领域渗透到私法领域,功能定位从权利保障逐渐拓展到权力配置,适用形态从规范立场转型到超越规范……"③ 当然,也有学者对比例原则在私法领域的适用局限性提出了自己的观点。④

比例原则在刑法中的体现当属罪刑相适应原则,尽管二者之间存在不同之处。刑法中的罪刑相适应、罪刑相当原则,背后是刑罚的报应思想,报应思想又源自正义理念,报应是一种衡量原则,"刑罚在原则上应与犯罪相称,刑罚的痛苦乃是与社会的非价判断的相当反应,刑罚即这种相当反应的表征。换言之,依据报应思想的善与善、恶与恶的对等原则,刑罚的程度必须与犯罪行为的不法内涵与罪责程度成相当比例,从这种相当反应原则,乃演绎出犯罪与刑罚等值的结果。即报应刑罚务必力求与行为人违反的犯罪行为相称,而形成一种相当或对等的反应,以期发生一种对于犯罪的对等作用,这种反作用的相称性,也就成为报应概念中不可或缺的一部分,以作为正义理念的表征"⑤。

---

① 纪海龙. 比例原则在私法中的普适性及其例证[J]. 政法论坛, 2016, 34 (03): 95-103.
② 郑晓剑. 比例原则在民法上的适用及展开[J]. 中国法学, 2016 (02): 143-165.
③ 于改之. 比例原则刑法适用的限度[N]. 中国社会科学报, 2023-07-18 (005).
④ 李海平. 比例原则在民法中适用的条件和路径:以民事审判实践为中心[J]. 法制与社会发展, 2018, 24 (05): 163-179.
⑤ 林山田. 刑法通论:下册[M]. 北京:北京大学出版社, 2012: 275.

比例原则还适用于保安处分。比例原则中包含有适当性原则，在德国法律体系中除在行政法体系里适用适当性原则之外，保安处分中也有该原则，《德国刑法典》第62条规定："如果矫正和保安处分措施与行为人业已实施的行为和预期实施的行为的严重性，以及其今后的人身危险程度不相适应的话，则不应判处。"可见，来自行政法上的比例原则，在限制公权力上有着重要担当，其本质在于控制处于强势地位的主体过度行使权力。"从比例原则的起源和历史演进来看，该原则的逻辑起点是人权保障，基本功能是对限制公民权利的公权力行为之再限制，从而使公权力的运行更加合理。"① 从这个角度来说，目前的刑罚附随性制裁大多带有公权力的属性，有些即便不纯粹属于公法的范围，也是强势与弱势之间形成的限制与被限制、排斥与被排斥的关系，因此，从公正价值理念出发，不论是来自国家还是社会组织，对社会主体的惩罚性措施和手段的设置和实施，都应该遵循比例原则。

具体而言，一是要遵循适当性原则。我国学者刘权认为，适当性原则也可称为关联性原则，它要求手段与目的之间存在实质的关联性。② 也就是说，如限制的措施与限制目的之间无合理的关联，则不符合适当性原则。如果措施的使用不能有助于法律目的的实现或与目的根本没有联系，那么这种措施的使用就不合乎比例原则。以有的地方将犯罪信息直接纳入社会信用评价为例，就存在手段与目的关联性不够的情况。

二是必要性原则。行政法上的必要性原则，是指如果以国家措施干预公民自由为实现公共利益所不可缺少，那么这种干预必须是最低限度的。从选择使用"对于个人或组织合法权益造成侵害最小的措施"的角度，刑罚附随性制裁应该得到控制，不能随意延伸和泛化。

三是接受均衡性原则的指导。即国家措施的采取对当事人来说是不过分

---

① 于改之. 比例原则刑法适用的限度 [N]. 中国社会科学报，2023-07-18（005）.
② 刘权. 适当性原则的适用困境与出路 [J]. 政治与法律，2016（07）：98-105.

的，对国家的目标来说又是适当的。要求行政机关在宪法的价值秩序内，对上述行为的实际利益与人民付出的相应损害之间进行利益衡量，使人民因此受到的损害，或者说做出的特别牺牲比起公权力由此获得的利益来讲，要小得多。① 刑罚附随性制裁，相当多的属于调整国家与个人之间关系的内容，在这里接受均衡性原则的指导，即公权力行使所增进的公共利益大于所造成的损害，是有重要的意义的。

第五节 "不连累"原则

不法责任的承担不得连累他人，最典型的是刑法中的罪责自负原则，罪责自负不株连是刑法的一项基本原则，是法治社会应该坚守的正义底线。我国在刑法的适用中严格遵循罪责自负不株连的原则；然而，在刑罚延伸的消极后果方面，却没有得到彻底的遵循，存在连累适用或牵连子女、亲属的情况，这种情况是指犯罪人的犯罪记录或称前科记录，导致其近亲属和其他家庭成员因法律规定或者社会非规范性评价，而受到特定的权利被剥夺、特定资格遭到限制等否定和不利后果的现象。2023年全国两会期间，网上掀起一场"关于罪犯子女考公限制"的激烈争论。这源于2023年两会前夕，全国政协周世虹委员在接受《中国新闻周刊》采访时，建议消除对罪犯子女考公的限制，否则会对受影响人员极不公平。限制罪犯子女考公，是恰当的震慑还是不当的牵连？赞成罪犯子女考公应受限制者提出，所谓"龙生龙，凤生凤，犯罪分子的儿子肯定不是什么好东西"。反对者主张，这种思想看起来忧国忧民，实质上却是把国家公器视为"私有"，讲究一个"血统正宗"，最

---

① 许玉镇. 试论比例原则在我国法律体系中的定位 [J]. 法制与社会发展, 2003 (01): 127-132.

终在法治的道路上越走越远，成为披着现代法治的专制主义者。① 同一时间，王顺安教授的《归正人员平等就业权不应被漠视》在《上海法治报》发表，不仅建议改变以往的带有标签化的称谓，将"刑满释放人员""强制戒毒人员""犯罪前科人员"等统一称为"归正人员"，充分尊重其人格，保护其隐私，助其融入社会开启新生；并建议若想从根本上解决问题，应尽快出台反就业歧视法，同时，转变以社会防卫为主的刑事执行理念，改革刑事司法制度，纠正与防止对归正人员的就业歧视，帮助归正人员顺利融入社会，鼓励自主择业、自主创业，最大限度地预防和减少再犯罪。② 网名慕容律师则主张不支持消除罪犯子女考公限制，理由是："第一，从犯罪预防学来讲，自己犯罪，会影响子女，是一个很有效的心理预防，这可能是他们的软肋，会有所顾忌；第二，拿职务犯罪中最常见的贪污、受贿罪来说，这些罪犯一般被捉前，不法的行径已经实行多年，那他的子女在这些时间在教育或其他社会资源获得上是既得利益者，案发后只对父母实施刑罚，而仍让其子女可以与其他平民百姓守法公民的子女一起考公，我认为有失公平。"③"一人犯罪影响子女亲属考公，这公平合理吗？"罗翔教授从专业的角度，就这一问题谈了自己的看法，并进行了说理。④

这场"关于罪犯子女考公限制"的争论，表面上看是罪犯子女找工作，以及能找什么样的工作的问题，实际上则与为什么对一个人的犯罪行为进行刑罚惩罚，刑罚惩罚后的延伸性限制和制裁性措施是否合理，犯罪记录以及刑法惩罚的效应是否仅限于犯罪者本人，可否延伸至其亲属，是同类问题。

---

① 祸不及子女，建议消除罪犯子女考公限制，不能把人一棍子打死［EB/OL］. 搜狐网，2023-03-02.
② 王顺安. 归正人员平等就业权不应被漠视［N］. 上海法治报，2023-03-03（B7）.
③ 我不支持消除罪犯子女考公限制的两个理由［EB/OL］. 腾讯网，2023-03-01.
④ 罗翔. 一人犯罪影响子女亲属考公，这公平合理吗？［EB/OL］. 微信公众平台，2023-03-02.

第六章 刑罚附随性制裁规范化的理念和原则

"任何人不因他人的不法行为受处罚（Nemo punitur pro alieno delicto），格言表述了坚持个人责任（罪责自负）、禁止团体责任或集体责任（反对株连）的原则。"① 实行个人责任是正义的要求，任何人不因他人的违法行为承担责任。

在我国历史上，株连制度长期存在，"在远古的部落战争中征服者将被征服者灭族以绝后患，军事战争的残酷做法成为株连的最初样态。株连制度的合理合法性在历史上也不断受到怀疑，时不时就有一些思想家起来呼吁反对株连。在制度盛行的背后，是长期不休的思想争论"②。据蔡枢衡先生的考察，在我国历史上，三王时代，犯罪的处罚出现了政治犯的亲属集体责任和常事犯的个人责任间的尖锐对立。"三王时代，天下为家。又《大戴礼记·本命》：'逆天地者，罪及五世。'所谓逆天地，就是谋反、谋大逆。父死子继为世。五世即五代，也就是一宗。在以五代为亲属范围时，一网打尽了犯人所有的血亲，成了三代罪责制度最突出的例外，实际是原始社会血族复仇的变种。"③ 亲属集体受罚，后世称为缘坐，若用现在的语言来表达，就是集体刑。至秦汉时代，有夷三族之刑。"《史记·秦本记》：'文公廿年，法初有三族之罪。''武公三年诛三父等而夷三族。'前者是在公元前七四六年，后者在六九五年。……《史记·高祖本纪》：'汉九年，赵相贯高等谋杀高祖事发觉，夷三族'"④。尽管集体刑内容不断变化，但曹魏、唐均有集体刑的存在。明代刑法中很多犯罪，尤其是轻罪，只是让犯罪者本人承担责任并遭受刑罚，并不牵连家人，但是这与近现代刑法中的"罪及个人"原则不可相提并论。因为明代刑法在众多的条款中明确规定"缘坐"，尤其是在一些严重的刑事犯罪中，一人犯罪，株连族人。例如，《大明律》规定："凡谋反及大逆，但共谋者，不分首从皆凌迟处死。祖父、父、子孙、兄弟及同

---

① 张明楷. 刑法格言的展开 [M]. 北京：北京大学出版社，2013：108.
② 陈翠玉. 古代株连制度的思想争论及其解读 [J]. 岳麓法学评论，2017（01）：12.
③ 蔡枢衡. 中国刑法史 [M]. 北京：中国法制出版社，2005：143.
④ 蔡枢衡. 中国刑法史 [M]. 北京：中国法制出版社，2005：143.

居之人，不分异姓，及伯叔父、兄弟之子，不限籍之同异，年十六以上，不论笃疾、废疾，皆斩。其十五以下，及母女、妻妾、姊妹，若子之妻妾，给付功臣之家为奴，财产没官。"①

西方历史上同样有过牵连的做法，在西方具有律法功能的《圣经》，即存在着前科株连的影子："蒙神祝福的人，后代受益，犯罪的人祸及后代。"近代西方个人主义文化的兴起，奠定和论证了近代刑法中的罪责自负的个人原则，罪责自负成为各国人民的共识。在现代社会，任何人不因他人的不法行为承担责任的个人责任原则得到公认。

人的生命是有价值的，每一个个体生命都是重要的，是不可重复、独一无二的，都具有不可取代的价值。反对歧视体现的是对自我的尊重、对人的尊重，尊重每一个个体生命，让个体的人能够健康自由地发展。家庭、家族是亲缘和血脉的联系，不应构成个人生活和发展的羁绊和制约因素，更何况，犯罪是在一定社会条件和时空条件下的个人自由意志的体现，因此，罪责自负、个人责任就成为现代社会刑法的原则之一。个人责任原则在我国刑法关于共同犯罪、没收财产等制度的设计中，得到了明显的体现。在刑事责任的承担上，我国始终坚定贯彻罪责自负不株连的个人责任原则。然而，在刑罚延伸的消极后果方面，此项原则贯彻得并不彻底，表现为犯罪人的犯罪记录或称前科记录，导致其近亲属和其他家庭成员因法律规定或者社会非规范性评价，而受到特定的权利被剥夺、特定资格遭到限制等否定和不利的后果的现象。笔者主张，罪责自负作为刑法的原则，与其含义相同的个人责任原则，应同样适用于刑罚之外的制裁性制度的构建和运行，不仅国家主导的公权力对社会个体实施制裁要贯彻个人责任原则，社会性制裁也应强化个人责任理念，不得连累其他仅存在亲属关系的人员。尊亲属的恶行不损害卑亲属，父亲犯罪绝不能殃及子女。②从理论上讲，开展实证研究，通过对个案

---

① 王宏治. 中国刑法史讲义：先秦至清代 [M]. 北京：商务印书馆，2019：289.
② 张明楷. 刑法格言的展开 [M]. 北京：北京大学出版社，2013：109.

进行跟踪性研究，对获取的数据进行统计，寻求规律性的现象和结论，是进行再犯原因研究的较为可靠的做法。然而，缺乏实证数据统计，即便有一般的统计数据做参考，判断一个受过刑罚惩罚的人是否再次走向犯罪道路，原本难度就很大，证明血统正宗与否与违法犯罪的关系，更是尚未确知，甚至是荒诞的命题。犯罪原因是多元的。因此，在刑罚之外的制裁和否定评价中，应该杜绝仅仅是血缘、亲缘因素产生的影响。

第七章

刑罚附随性制裁的作用边界及轻罪前科消灭制度的构建

对被认定为有罪之人或者被定罪接受刑罚惩罚之人，还有其他制裁措施的跟进，加上一些隐形的排斥、限制措施和否定评价，其复归社会的难度很大，如有学者形象指出的："犯罪之人的下场可能比生病之人更悲惨。生病之人尚可通过生理复原或医生诊断再获'清白'，但曾经犯过罪之人，却鲜有机构或办法能够证明他们已知错并已改造良好之后的'清白'，正因如此，社会公众难免向他们'扔石头'……在目前我国'安全刑法'基本已成定局而'自由刑法'理念日益式微的时代背景下，犯罪人复归终究是一条充满荆棘之路。"[①] 随着"安全刑法""积极主义刑法观"获得越来越多的肯定和支持，刑法犯罪圈不断扩大，特别是轻罪立法速度加快，人们已意识到另一个问题，即前科之人的复归社会问题，特别是近期，越来越多的理论和实务界工作者参与到犯罪附随结果、刑罚附随后果的讨论中来，纷纷建议减少前科人员复归社会道路上的障碍。对此，笔者亦有同感。一方面，统筹协调刑罚附随性制裁与以刑罚为典型的法律制裁，贯彻防卫社会与接纳受过刑罚处罚的人回归社会二者兼顾的价值理念，为刑释人员回归社会释放出合理的空间，是解决前科之人"复归社会难"问题、促进积极预防观建立和落实、

---

① 夏朗. 论轻罪时代的前科淡化：对犯罪信息获知途径的限缩 [J]. 政法论坛，2023，41（05）：50-62.

<<< 第七章 刑罚附随性制裁的作用边界及轻罪前科消灭制度的构建

拓宽公民法益保护的应有之义；另一方面，要形成对刑罚附随性制裁的有效控制，前科消灭制度的构建和制度落实是关键之举。

第一节 刑罚附随性制裁的作用边界

任何一种法律、制度及规则的背后，必然有着相应理念作为支撑。我国多年形成的对犯罪前科之人的禁止、限制和排斥性的规定和做法，其内在驱动仍然是实现犯罪的报应和预防，并且将这种理念扩展至非刑罚手段，这样的结果不利于前科之人回归社会。被判过刑的人，除了适用死刑和终身监禁外，终究要回到社会中来，这是一个必须面对并要努力想办法解决的社会现实问题。作为社会上独立单元的个体、单位可以将有违法犯罪前科之人排除在外，但一个社会却无法将其拒之门外。同理，一个城市或地区可以拒绝曾受刑罚者取得本地区的户籍，但一个国家却不能为实现社会的"净化"而把有刑罚前科的人驱逐了事。为此，有必要引导"刑罚附随性制裁"向适度与合理的方向发展，为其作用设定边界，以防止其滥用。加之，考虑到"尤其是在一种行为同时受到法律制裁和'社会性制裁'的情况下，单从法律制裁的角度看，行为人似乎'罚当其责'，但如果我们将其同时受到的'社会性制裁'考虑进去，其所承受的禁止或限制，可能就超出了其应当为其行为所负的责任限度"[1]。因此，研究刑罚附随性制裁的控制边界及其具体做法，已非常重要和紧迫。

一、刑罚附随性制裁作用边界设定的原则

刑罚也罢，刑罚附随的制裁也罢，都要遵循现代法治理念，在设置刑罚

---

[1] 王瑞君，吴睿佳. 法外的惩戒："社会性制裁"概念辨析及其内涵证立 [J]. 甘肃政法学院学报，2019（02）：25-32.

附随的剥夺、限制等措施时，一些底线原则不能被突破。

（一）刑罚的内容止于刑罚期满

之所以强调"刑罚"的期限和内容于刑罚执行期满后不应再延续，是因为根据宪法和罪刑法定原则，不唯对人身自由的剥夺和限制，凡是刑法中确定的刑种，其适用期限均不得于期满后以任何理由继续延续。剥夺政治权利作为一种刑罚，除剥夺政治权利终身的，剥夺政治权利期限届满后，应宣布恢复政治权利，使行为人继续享有宪法赋予的政治权利。然而，我国现行的一些法律、法规和地方性规定，有将剥夺政治权利期限延长的嫌疑。如公司法第178条规定"因贪污、贿赂、侵占财产、挪用财产或者破坏社会主义市场经济秩序，被判处刑罚，或者因犯罪被剥夺政治权利，执行期满未逾五年"的，不得担任公司的董事、监事、高级管理人员；《天津市行政机关归集和使用企业信用信息管理办法》第10条规定，企业法定代表人、主要负责人"因犯有贪污罪、贿赂罪、侵犯财产罪或者破坏社会主义市场经济秩序罪，被判处刑罚，执行期满未逾5年或者因犯其他罪被判处刑罚，执行期满未逾3年以及因犯罪被判处剥夺政治权利，执行期满未逾5年的"，记入警示信息系统。

对照我国刑法的规定，我国刑法第54条所规定的剥夺政治权利，包括"担任国有公司、企业、事业单位和人民团体领导职务的权利"。剥夺政治权利期限届满，理论上这一刑罚制裁已经结束，受刑人不再受剥夺政治权利的限制。上述公司法的规定，使得曾被剥夺政治权利的人员在刑罚消灭后继续受到政治权利的剥夺或限制，因此有造成"刑罚附随性制裁"突破罪刑法定原则底线的嫌疑。

剥夺政治权利归属于资格刑，对资格刑所剥夺的资格与权利的恢复，学界称之为复权制度。如林山田先生认为："资格刑足以妨碍犯人之再社会化，若执行一定期间后，犯罪人无社会公安上的考虑，自可恢复其被剥夺之资格及权利,此种司法处分即为复权。"① 马克昌先生的观点是:"复权是指对被判处资格刑的犯罪人,当其具备法律规定的条件时,审判机关提前恢复其被剥夺的权利或者资格的制度。"② 当然,从广义上来说,复权制度是在符合相关条件时恢复曾经犯罪者因犯罪这一事实而失去的权利和资格。此种复权观点之中"权"的内涵包含前科者因犯罪而丧失的所有权利和资格,而不仅仅囿于因资格刑丧失的资格和权利。如学者张伟珂认为:"我国的复权制度以广义的复权制度为宜。复权制度不仅适用于正在执行的资格刑,而且还适用于其他因为犯罪而被剥夺的资格或者权利。"③ 持近似观点的学者刘博认为:"复权制度确立的效用初衷应在于使受刑人能够在更生阶段与普通民众无差别地享有平等谋求生活的资格、机会和可能,最终助力受刑人彻底回归社会。广义复权的立场似乎更为贴合中国实际。"④

事实上,不论是狭义的复权制度还是广义的复权制度,只是从问题的某一点或者从更宽泛的角度进行分析方面有所不同而已,二者都与给予曾经的犯罪之人在其被定罪或被定罪受到刑罚制裁后复归和更生以希望有关联。

(二) 禁止设定和适用侮辱性的"刑罚附随性制裁"

人格尊严是人之所以为人的根本前提,侮辱性的制裁手段会对人的人格尊严造成破坏和贬损,因此,从伦理的角度考虑,侮辱性的制裁手段即使不能一律禁用,其适用也应当是十分谨慎的。这也是游街、示众等传统上常见的刑罚手段不为现代法治文明所取的原因。德国著名马克思主义、实践哲学领域学者格奥尔格·罗曼 (Georg Lohmann),将人的尊严视为人权的基础,"只要人的尊严是人权的基础,从形式上看,这个概念就像人权的规定那样,是普遍的、平等的、个体的和绝对的。这就是说:每个人都单独地并

---

① 林山田. 刑罚学 [M]. 台北:台湾商务印书馆,1983:312.
② 马克昌. 刑罚通论 [M]. 武汉:武汉大学出版社,1999:716.
③ 张伟珂. 域外刑事复权制度立法比较研究 [J]. 法治研究,2014 (07):19-28.
④ 刘博. 复权制度中国化的路径刍议 [J]. 学习论坛,2017,33 (12):72-76.

以相同的方式被赋予人的尊严，仅仅是因为他或她是一个人"①。在我国，对于犯罪的人，最严厉的惩罚即刑罚，包括生命刑、自由刑、财产刑和资格刑。羞辱刑早已被废止，保护人格尊严的理念亦贯穿于公法和私法领域。最高人民法院、最高人民检察院和公安部早在30年前就三令五申禁止对犯罪嫌疑人、犯罪分子游街示众。因此，上文提到的社会中出现的"涉毒家庭"以及"挂牌跪地示众""脱衣挂牌示众"等，都是过时的、陈腐的、违法的，是偏离依法治国道路的做法。

侮辱性的手段在对人的管控中，具有执行成本低，短期内效果明显等特点，但这并不意味着羞辱、侮辱就是"万能"的，其同样有缺陷和限度。如果羞愧的内容是社会共同认可的，那么这种羞愧感对社会联系的重建有益；倘若羞愧的内容不是社会共同体认可的，乃至是被社会否认或抑制的，则这种羞愧感将激活羞愧——愤怒循环，对社会纽带具有高度的干扰性。②

美国心理学家亚伯拉罕·马斯洛（Abraham H. Maslow）于1943年在《人类激励理论》中所提出的马斯洛需求层次理论，将人类需求像阶梯一样从低到高按层次分为五种，其中"尊重的需要"是第四层次的需要，包括自我尊重、自我评价以及受到他人的尊重。其基本含义是，人人都希望自己有稳定的社会地位，要求个人的能力和成就得到社会的承认。"尊重的需要"，既包括内部尊重，指一个人希望在各种不同情境中有实力、能胜任、充满信心、能独立自主；也包括外部尊重，指一个人希望有地位、有威信，受到别人的尊重、信赖和高度评价。马斯洛认为，"尊重的需要"得到满足，能使人对自己充满信心，对社会充满热情，体验到自己活着的用处和价值。③ 刑满释放人员同其他人一样，也有"尊重的需要"，一方面，不仅

---

① 格奥尔格·罗曼. 论人权 [M]. 李宏昀，周爱民，译. 上海：上海人民出版社，2018：61.
② 乔纳森·特纳，简·斯戴兹. 情感社会学 [M]. 孙俊才，文军，译. 上海：上海人民出版社，2007：126.
③ 马斯洛. 马斯洛人本哲学 [M]. 长春：吉林出版集团有限责任公司，2013：28.

表现为多数刑满释放人员渴望能够自食其力并承担起家庭的责任,也表现为其渴望得到社会的接纳和信任;另一方面,人人享有尊严,也是社会文明进步的标志。

(三) 不应连累制裁"不相干人员"

社会上的每一个人都是独立的个体,违法犯罪人员也罢,失信人员也罢,其子女的人身权、人格权是独立的,不能因父母是犯罪之人、受过刑罚处罚之人或者"老赖"而被否定和剥夺。如果为了确保社会秩序不出问题,通过子女的前途给父母施压,让父母老老实实守法、守规矩,再加上刑法和刑事政策的制定者,通常难以预见到地方行政部门在个罪附随后果上的惩戒性规定,地方行政部门在个罪附随后果的制定上又常常不会很细致地考虑刑法和刑事政策的理念和原则,二者缺乏衔接,加之用人单位为规避录人用人风险往往会有进一步发挥性的做法,一个必然的结果是,"刑罚附随性制裁"越来越多,刑满释放人员回归社会难上加难。

对曾受刑罚人员亲属的牵连性制裁,是在连累适用,应为实践所摒弃。针对某一社会主体的"制裁",要以"前提条件与制裁结果之间有逻辑关联性"为适用条件。社会主体,特别是家庭成员的财产利益固然存在关联,可以进行连带性剥夺,但也要强调小类型化思维,避免不当的关联。人的人身权、人格权、名誉权是独立的,子女不能因父母违法犯罪而失去其独立的人格权、名誉权。父母不诚信不等于子女注定是不诚信的。亲属连坐,采取摧毁个人前途的方式,既不是法律和有关"惩戒"规定的初衷,也不符合社会治理的总体要求。简而言之,如果进行牵连性制裁,进行惩罚的法外发挥和不断扩张,则是对法治精神的背离和倒退。

(四) 应遵循比例原则

比例原则起源于德国警察法,后扩展适用于各国行政法领域,由妥当性原则(或正当性原则)、必要性原则以及相称性原则(或狭义比例原则)三个子原则构成。第二次世界大战以后,比例原则被迁移适用于宪法领域。[1] 事实上,比例原则作为一种限制公权力滥用的基本约束,在刑法乃至民法及其他领域的立法和司法活动中,也被广为认可。

比例原则的背后体现的是正义理念。按照比例原则的要求,惩罚性的措施不仅要合法还要合理。惩罚的合法性意味着要有授权;惩罚的合理性包括两个层面,一是手段合理,二是力度合理。虽然刑法符合罪刑相适应原则的要求,对犯罪人设置的刑罚与其罪责的大小相称、相对等,刑罚的裁量也严格遵循这一原则;但是,目前"刑罚附随性制裁"的设置和执行并不受刑法的约束。美国有学者认为,在以美国为代表的一些国家中,"刑罚附随性制裁"使得那些本就因为经济困顿而去犯罪的犯罪者,在刑满释放后经济状况更加恶劣,从而难以回归社会,不得已会再去犯罪。事实上,过于严苛的"刑罚附随性制裁"已经成为当前刑满释放人员回归社会的主要阻碍。在政府机关已经无法有效依靠行政激励手段来完成刑满释放人员的归复任务时,单方面增加"刑罚附随性制裁"的惩戒力度和惩戒范围,不仅不是合理的犯罪预防措施,反而会增加经济困顿的犯罪人"铤而走险"的风险。康均心教授认为,拥有合法的工作会降低犯罪率几乎已经成为犯罪学家们普遍认同的一个观点。[2] 从长远的社会秩序稳定和保持社会整体进步发展的角度来看,惩罚不是目的,惩罚是为了让受惩罚者认识错误、汲取教训、悔过自新。为了落实比例原则的精神,从制裁手段上讲,"刑罚附随性制裁"不应创设过多的对曾受刑罚者的基本权利进行妨碍和限制的制裁手段,如受教育权、劳动权等,以免使其基本人权遭受不可逆的损害,演化为更进一步的自暴自弃乃至报复社会的恶果;从制裁力度上讲,"刑罚附随性制裁"不应堵死曾受刑罚者的所有希望和出路,应当为其留有回归社会的余地。目前,我

---

[1] 范进学. 论宪法比例原则 [J]. 比较法研究, 2018 (05): 14.
[2] 康均心, 尹露. 美国复权制度中国化思考: 以"禁止询问犯罪记录"为例 [J]. 刑法论丛, 2015, 43 (03): 360-381.

国一些地方积极开展对刑满释放人员的职业培训工作，监狱对被关押人员提供文化课学习的机会，训练和提升其劳动技能，这些对于提升刑满释放人员回归社会的信心及其回归社会的能力，有着积极的意义。

值得称赞的是，除各级政府和司法机关外，一些民主党派也在开展帮助服刑人员顺利回归社会的工作，如据宁夏回族自治区政协办公厅提供的信息，近年来，宁夏回族自治区在帮助服刑人员回归社会，维护社会和谐稳定方面取得了一定成绩，但还存在服刑回归人员求职难、工资报酬不合理、社会保障少等问题，给服刑回归人员生活和生存造成一定困难。民进宁夏区委会建议，限制对"无犯罪证明"的使用，非必要对"无犯罪证明"不做硬性要求；社会公益性岗位以一定比例对服刑回归人员开放；加强对刑释人员培训，帮助有工作能力的人员就业或创业，严禁用人单位同工不同酬；健全相关社会保障体系，加强服刑回归人员的生活保障力度。这些建议都非常具体，具有可操作性，值得推动和落实。

二、恪守"刑罚附随性制裁"边界的具体建议

就"刑罚附随性制裁"而言，确定其制度层面的具体边界，比给出理念化的设想更难，制度的完善需要大量的实证调研和充分的理论论证。就目前已有的研究来说，至少应该对现有的制度进行系统梳理和原则性约束，然后逐步实现由粗糙到细致，实现个别领域制度细节上的改变，以增强其科学性，逐步引导"刑罚附随性制裁"实践朝着合理的方向发展。

（一）细化前提的类型并确定前提与制裁之间的逻辑关联性

1. 排除或限制对特定对象的"刑罚附随性制裁"的适用

前文提到过赵宇案。赵宇经历了从防卫过当的不起诉到正当防卫的不起诉，尽管都是不起诉，但对赵宇及家人今后生活、工作的影响是完全不一样的。当然，赵宇最后被认定为正当防卫，自然与刑罚附随的负价值和不利益划清了界限，因此这里仅以防卫过当为例进行探讨。一方面，防卫过当案件

行为人罪责形式较轻，行为尽管造成损害，但也明显不同于一般的犯罪案件，因此，对其施加的禁止和限制性规定应与其罪责大小相适应。防卫过当致人死亡，算是防卫过当最严重的情形了，而过失致人死亡罪，是防卫过当情况下通常被判处的罪名。我国刑法第233条对过失致人死亡罪规定的法定刑是3年以上7年以下有期徒刑，情节较轻的，处3年以下有期徒刑。对于防卫过当，刑法第20条规定："正当防卫明显超过必要限度造成重大损害的，应当负刑事责任，但是应当减轻或者免除处罚。"可见，从刑法制度层面，防卫过当如果按较严重的情形来评估，定为过失致人死亡罪，那么，其法定刑最高为7年有期徒刑，再加上防卫过当情形的减轻或者免除处罚，实际宣告刑应该多在7年以下甚至更低。关于司法实务中对防卫过当案件的刑罚裁量情况，为了对实际判决的情况有所了解，笔者通过中国裁判文书网，以"防卫过当"为案由，对2018年全年的判决书进行了检索，共得到938个检索结果，其中最终被认定成立防卫过当的有123个。在123份判决书中，无罪判决1份，免予刑事处罚的10份，处3年以下有期徒刑的70份（其中适用缓刑的48份）。从罪刑相适应的角度考虑，对于被认定成立防卫过当的案件，至少对最终判处较轻刑罚如3年以下有期徒刑的，完全可以将其从"刑罚附随性制裁"的对象中排除。另一方面，防卫过当由于其主观恶性小、可非难罪责程度较低，人身危险性和再犯可能性较小，不宜对其进行"矫枉过正"式的再犯预防。特别是如果是为了保护国家、集体和他人利益而被认定为防卫过当的人，在其刑罚执行完毕后施以一系列的限制性制裁，终身或定期剥夺行为人的权利资格，显然是不合理的。

此外，对于避险过当者、处轻刑的未成年犯和过失犯、自诉案件，特别是其中告诉才处理的案件，以及被害人有证据证明的轻微刑事案件中曾被定罪判刑的人员，同样要慎用或不用"刑罚附随性制裁"。

2. 对曾受过刑罚惩罚的人进行类型化

许多人认为，"刑罚附随性制裁"的适用，可以有效降低犯罪者再犯的可能性，尤其是针对一些特殊行业的犯罪者而言，禁止其再从事特定行业是有必要的。但已有学者在实证观察的基础上提出，部分职业禁止是毫无必要的。例如，因向吸毒者出售处方药而被监禁的医生被禁止从事医学工作可能是适当的，而医生因被判定犯有车辆过失杀人罪而被禁止从事医学工作，作为预防措施可能无效。① 多年来，我国一直沿袭"受过刑罚处罚的人""有刑罚经历人员"等粗放型概念的使用，因此，有必要引入类型化思维方法，尽量减少"一刀切"式的规定和做法，细化"刑罚附随性制裁"前置条件即适用前提的类型，然后根据每种类型的共性和基本特点，有针对性地构建对应的禁止或限制性措施，最大限度促进刑满释放人员回归社会，实现预防和回归社会效果的优化。② 为此，建议借鉴和引入类型化思维并使之成为制度设计和适用的思维习惯，这是因为，与概念思维相比，类型思维更能够应对社会生活的复杂性和变动性。卡尔·拉伦茨（Karl Larenz）曾指出："当抽象———一般概念及其逻辑体系不足以掌握某生活现象或意义脉络的多样表现形态时，大家首先会想到的补充思考形式是'类型'。"③ "类型"作为一种思维形式，能够细化规范和制度构建与适用的条件，为制裁手段的设置提供较为准确的前提，增强制裁手段适用的合理性。

在我国规范的构建和适用中，"要么全部""要么全不"的简单化思维习惯和做法依然不少，类型化思维意识有待增强，特别是具体类型化的意识亟待提升。值得注意的是，2020年颁布的《中华人民共和国公职人员政务处分法》在这方面做了有益的尝试。该法第14条改变了过去在职务犯罪预防实

---

① FREISTHLER M，GODSEY M A. Going Home to Stay：A Review of Collateral Consequences of Conviction，Post–Incarceration Employment，and Recidivism in Ohio [J]. U. tol. l. rev，2005.

② 类型化，一方面是靠经验，另一方面是靠数据。我国解决这类问题的最大障碍是，再犯的统计不公开、不详细，对再犯率，特别是不同类型犯罪的再犯率缺乏准确的了解和掌握，对于"坏人能变好吗"这一问题，想给出哪怕是概率性的判断，难度也非常大。

③ 卡尔·拉伦茨. 法学方法论 [M]. 陈爱娥，译. 北京：商务印书馆，2003：337.

务中公职人员犯罪后开除公职标准过低、比率过高的做法，明确了公职人员犯罪有下列情形之一的予以开除："（一）因故意犯罪被判处管制、拘役或者有期徒刑以上刑罚（含宣告缓刑）的；（二）因过失犯罪被判处有期徒刑，刑期超过三年的；（三）因犯罪被单处或者并处剥夺政治权利的"；同时规定，"因过失犯罪被判处管制、拘役或者三年以下有期徒刑的，一般应当予以开除；案件情况特殊，予以撤职更为适当的，可以不予开除，但是应当报请上一级机关批准"。上述规定使得针对公职人员犯罪的"刑罚附随性制裁"更为细化和理性，为一些案情较为特殊的个案留出了制裁的转圜余地。

3. 增强前提与后果之间的逻辑关联性

法律后果的承担，是有其逻辑前提的，前提与后果之间的逻辑关联性原理同样适用于"刑罚附随性制裁"，这是保障"刑罚附随性制裁"公平适用的规范化要求。就我国目前"刑罚附随性制裁"的前置条件的规定而言，前置条件中的犯罪性质、情节等，与剥夺资格、职业排斥等后果之间，有的注意到了前提的类型及与制裁措施的逻辑关联性问题，如我国食品安全法第135条规定："因食品安全犯罪被判处有期徒刑以上刑罚的，终身不得从事食品生产经营管理工作，也不得担任食品生产经营企业食品安全管理人员。"再如会计法第38条规定："因有提供虚假财务会计报告，做假账，隐匿或者故意销毁会计凭证、会计账簿、财务会计报告，贪污，挪用公款，职务侵占等与会计职务有关的违法行为被依法追究刑事责任的人员，不得再从事会计工作。"然而，未细化类型与无明显的逻辑关联性的规定也不少，如拍卖法第15条规定，"因故意犯罪受过刑事处罚的，不得担任拍卖师"；企业破产法第24条规定，"因故意犯罪受过刑事处罚"，不得担任管理人；再比如，按照《成都市婚姻介绍机构管理办法》的规定，有醉驾前科的人、超速追逐判过刑的人等，一律被排除在婚姻介绍工作的范围之外。类似做法显然是不合理的，从事婚介工作要讲究诚信，防止诈骗违法犯罪的发生，醉驾之人虽是受过刑罚处罚的人，但未必不诚信。禁止有醉驾前科的人从事婚介所工作，完全是一种"强制推定"其是"坏人"的思维方式，是不妥当的。

回到现行刑法第 37 条之一关于从业禁止的规定，第 1 款规定"因利用职业便利实施犯罪，或者实施违背职业要求的特定义务的犯罪被判处刑罚的……"，其中特别强调职业与所犯罪行的关联性，因此，也限制了法官的自由裁量权：一是利用职务便利实施一般违法行为的，不在刑法第 37 条之一宣告的从业禁止之列。二是法官适用从业禁止制度要细化职业类型。在我国，2015 年颁布的《中华人民共和国职业分类大典》所确定的职业标准，起着导向作用，法官在做出禁止的"职业"时，应将其作为适用职业禁止的参照。如学者所主张的《中华人民共和国职业分类大典》"将全部职业分为 8 个大类、75 个中类、434 个小类、1481 个职业。法官在判决过程中，应据此将行为人的职业属性细化到最小范畴，对行为人的职业活动做出尽可能少的限制，要能够使行为人在刑罚执行完毕或假释之后在社会上找到工作，只有这样，才能在防止再犯和维护其合法权益方面实现平衡"[1]。三是要注意从业禁止的期限要求，刑法规定自刑罚执行完毕之日或者假释之日起从事相关职业 3 年至 5 年期限，适用刑法从业禁止制度时，此项期限的规定不能被突破。

（二）体系性地构建刑罚附随内容，防止缺乏上位法依据的规定不断增加

我国宪法第 33 条规定，"中华人民共和国公民在法律面前一律平等"。立法法第 11 条规定，"对公民政治权利的剥夺、限制人身自由的强制措施和处罚"，只能由法律规定。监狱法第 38 条规定，"刑满释放人员依法享有与其他公民平等的权利"。预防未成年人犯罪法第 58 条规定："刑满释放和接受社区矫正的未成年人，在复学、升学、就业等方面依法享有与其他未成年人同等的权利，任何单位和个人不得歧视。"

---

[1] 刘志伟，宋久华. 论刑法中的职业禁止制度 [J]. 江西社会科学，2016, 36 (01)：144-149.

上述这些在我国法律体系中处于高位阶的规定，为行政法规、地方性法规等的内容设置奠定了基础。但是，从一个国家法律体系化的视角检视后会发现，依然存在明显不合理的下位阶的规定。由于有前科之人有一定的再犯可能性，因此，一些用人单位出于自我保护、防范风险方面的考虑，习惯性地将"无犯罪前科""未受过刑罚处罚"乃至"无违纪违法记录"作为招工用人的必备条件。一般来说，不能够通过强制性手段强迫用人单位接受刑满释放人员，也不适合给用人单位设立安置指标，但是，用人单位无根据地设置限制和排斥性的内容，特别是超越上位法，附加增设禁止或限制性的内容，是缺乏依据的，相关内容应该予以废止或修改。如我国立法法第11条规定，"对公民政治权利的剥夺、限制人身自由的强制措施和处罚"，只能由法律规定。然而，国务院发布的《社会团体登记管理条例》，作为一部行政法规，在第13条规定了"发起人、拟任负责人正在或者曾经受到剥夺政治权利的刑事处罚"，登记管理机关对该社团不予登记。这一规定有延续原剥夺政治权利效力和在行政法规中设置剥夺政治权利内容的嫌疑，与立法法第11条相悖，本着下位法服从上位法的立法原则，建议予以修改。

体系性构建刑罚的附随后果制度，一是要解决这方面的具体内容应当置于我国目前的法律和制度体系中怎样的位置的问题；二是要解决具体内容的合理性、科学性问题。基于再犯预防与回归社会协调和共融的理念，本着宪法至上，重要事项需由法律、行政法规等高位阶规范规定的原则和思路，有必要先进行系统性的清查和整理工作，清理没有宪法、法律根据的规定，今后，下位阶制度性规定不得在法律和行政法规之外设置额外的排除和限制性内容。

（三）严格控制终身类的禁止性规定，同类事项设定的期限应一致

美国有学者提出，"刑罚附随性制裁"是"监管性的"而不是惩罚性的，因此罪刑法定原则无法对其进行约束，这导致官方机关可以对很久以前

被定罪的人施加新的"刑罚附随性制裁"①。犯罪成本中也包含机会成本，曾受过刑罚惩罚的人在面临各类从业禁止、户籍排斥、权利限制时，可能会在饱受社会排斥的情况下二次犯罪。特别是，对有犯罪前科的人进行不限定期限的职业禁止，等于将"犯罪人"的标签永远贴在他们身上，否定人具有弃恶从善、改过自新的可能性，这种经验性的做法缺乏依据和合理性。从鼓励和接纳曾受刑罚者回归社会的理念出发，"刑罚附随性制裁"应尽量减少终身剥夺的规定，只有出于保护某些具有敏感性和脆弱性的权利资格的需要，才可以对犯罪情节极为恶劣的行为人的权利进行终身剥夺。譬如某种职业代表了国家形象，一旦被滥用将有损公众对社会的信任，或者某种资格具有敏感性和脆弱性，一旦具备将成为犯罪的便利条件，极易被行为人再次利用实施犯罪行为。针对这些情况，可以规定更为严格的禁止或限制性条件。但总体来说，除特殊情况外，应当严格执行刑法第37条之一的规定，对职业的限制以及资格的剥夺要有明确的期限规定。为此，可以以犯罪人所犯罪行及其刑期的长短，加上对其再犯可能性的科学评估作为标准，来确定对其进行"刑罚附随性制裁"的时间，以改变目前随意规定或者终身禁止的现状。

针对同类事项不同地区的差异性做法，允许地方差异和不允许地方差异的事项都要有上位法依据。对于有上位法依据而设置的禁止或限制性内容，时间应该尽量一致，以维护整体法秩序的统一性和公正性。

（四）将犯罪信息纳入公民社会信用信息要慎重

如前所述，随着我国社会信用体系建设工作的推进，出现了将犯罪信息纳入公民社会信用信息范围的做法。随着社会治理压力的增大，新的制裁手段被设立和启动，出现了针对一种犯罪行为的多元制裁手段并用的情况。然而，犯罪信息不同于一般的公民信息，犯罪信息也未必都与社会信用紧密关

---

① CHIN G J. Collateral Consequences of Criminal Conviction [J]. Actual problems of Economics and Law, 2018 (03).

联，简单地将其社会信用化，将在治理目标、相关人利益和多元制裁手段如何合理适用方面引发新的问题，要提防"从刑罚到处罚再到各种责任追究，在实践的制度设计中惩戒存在一种泛化的危险"①。为此笔者建议：（1）在准确解读社会信用的宗旨的前提下，构建违法犯罪事项纳入公共信用信息目录清单制度。（2）要避免将犯罪信息不加区分地纳入公民社会信用评价的范畴，与"社会信用"不搭界、无关联的其他违法犯罪事项，不得被纳入社会信用信息名单中。（3）针对同一行为不断加码的多元制裁手段的适用，要同刑罚一道，接受比例原则的制约，力度要受到控制。②

（五）国家制度层面对刑罚附随性制裁的缓和与松绑

我国宪法规定，劳动权是我国公民的基本权利之一，而对"劳动权"做宪法解释，则可以推出职业自由权是劳动权的基本内容之一这一结论。③换言之，职业自由从本质上看，属于"宪法未列举之基本权利"的一种，故而在对该权利进行限制和剥夺的过程中，应当遵从谨慎原则，遵循手段的妥当性、必要性及比例原则。

刑满释放人员回归社会的常态是成为一名正常的普通社会公民。由于贴有"犯罪人"的标签，其就业、就学、参加社会活动等会受到限制或排斥。更何况，即便没有规定，用人单位从自保的心理出发，也会小心谨慎地把好进人关，那么，如果国家不停地释放"掌握好招录人员安全阀"的信号，用人单位会把控更严。事实上，禁止或限制性规定具备一定的合理性，但如果限制过于宽泛，加上不打折扣，甚至升格式地贯彻执行，则会加大这类人员就业的难度而致生活困难，不利于其回归社会。

前面提到，刑法第37条之一的规定，是体现预防和鼓励回归社会的好的立法例，它表现在：其一，将"职业禁止"与原来犯罪密切关联；其

---

① 傅达林. 恪守惩戒的边界：新时代立法现象观察之九［N］. 检察日报，2018-07-04（7）.
② 详见本书第九章。
③ 韩大元. 中国宪法事例研究：一［M］. 北京：法律出版社，2005：133.

二,将禁止从事相关职业的时间限定为3年至5年;其三,规定"其他法律、行政法规对其从事相关职业另有禁止或者限制性规定的,从其规定"。这等于从刑法这一基本法层面,限定了"本法"认可的层级为"其他法律"和"行政法规";但对"其他法律"和"行政法规"中的"职业禁止"与"前提条件"之间的"逻辑关联性""期限"等关键条件的设置,刑法的这一规定尚不能起到约束作用,这或许应该是今后制度优化的努力方向。也就是说,国家在立法层面应该缓和与松绑一些禁止和限制性规定,释放一些积极的鼓励有刑罚经历人员回归社会的信号,为地方和行业所仿效。

(六)明确"刑罚附随性制裁"的可诉性及其法律救济渠道

理论上,上位法律法规的禁止性规定对于招聘和用人单位而言,属于义务性规范,是必须承担的法律义务,对于存在上位法禁止事由的人员,不得违规招录;反过来,从事法律法规未禁止的职业、有关作业活动,获取社会保障等,是公民的合法权利,其剥夺和限制必须有相应的法律救济渠道。劳动权的行使是否顺畅,直接关系到人的生存权和发展权。目前,我国有显形的职业排斥,其中有的有法律依据,有的没有法律依据,还有大量隐形的职业排斥的做法。仅就曾受刑罚者而言,排斥性的规定和做法常见,但极少见到有曾受刑罚惩罚人员因被拒绝录用和聘用而提起诉讼的案件。究其原因,一方面,可能是当事人预期这类纠纷以诉讼手段解决的难度会非常大,权衡之下主动放弃了诉权的行使;另一方面,用人单位在用工自主的前提下给出的非真实的拒绝录用理由,使得当事人即使通过诉讼来维护自身权益,也不能以曾受刑罚作为被排斥的事由进行举证。这也从侧面反映出,明确"刑罚附随性制裁"的法律救济渠道具有现实意义。换言之,在我国,明确"刑罚附随性制裁"的可诉性,保护受刑罚附随性制裁者通过诉讼维护自身合法权利,寻求司法机关的介入,符合社会主体合法权利要有保护措施跟进的逻辑;尽管实现起来有一定的难度,但不论是对于制约"刑罚附随性制裁"不断扩张的现象,还是对于维护我国社会主体权利救济渠道的完整性和通畅性来说，都是必要的。

综上，根据我国目前的社会治理现状，事实上学界和实务界都已认识到，现有法治体系下的法律制裁不可能独立完成社会治理任务，尤其是在预防再犯的问题上，既需要其他社会力量提供支持，也需要改变目前以惩戒、威慑、警示为主要手段的治理方式。各类正式或非正式的"刑罚附随性制裁"，虽然在当前社会治理中存在广阔的适用空间，但由于缺乏系统认识，当前"刑罚附随性制裁"的适用还存在规范化程度较低、社会治理效益不高的问题。因此，通过对"刑罚附随性制裁"进行基础理论和实证研究，可进一步建构和完善我国以刑罚为核心的法律制裁体系，推进"社会性制裁"体系的法治化建设，调动多元社会主体合理参与社会治理，科学设置"刑罚附随性制裁"，服务于社会治理目标的实现。

第二节　轻罪前科消灭制度的构建

不可否认，对受过刑罚处罚的人进行一些限制和排斥性规定，有其客观需要，毕竟对于公共利益、社群利益而言，安全和稳定是首要任务。并且，"刑罚附随性制裁"确实有助于在短期内实现特定领域或行业中的社会控制，且效果明显。然而，如果对其不加限制地滥用，则会人为地将深层次的矛盾和隐性问题后移。基于对有前科人员的心理戒备，不断衍生出的各种禁止或限制措施，使犯罪人回归社会的难度进一步加大，其人权保障和特殊预防的效果难以保证，实现社会整体和谐更为艰难。"刑罚附随性制裁"的施加，如果缺乏配套的"复权制度"或类似救济途径，那么它给曾受刑罚者所带来的否定评价和惩罚就没有解除时限，对其就业、职业选择以及其他法定基本权利的行使，就会产生超出合理限度的限制。事实上，如今一些刑法学者已经意识到，"即使某些非刑罚处罚方法轻于行政责任、民事责任的实

第七章 刑罚附随性制裁的作用边界及轻罪前科消灭制度的构建

现方式,但从实质上看,其给犯罪人在社会生活上所造成的不利影响更为严重"[①]。刑罚附随性制裁应该被适当控制。

刑罚附随性制裁规范化建设涉及面广、内容多,前提是刑罚附随性制裁要遵循法治理念,明确刑罚附随性制裁的作用是有边界限制的,并遵守相应的原则,刑罚附随性制裁具体内容的设置要合法、合理,符合当代社会管理的理念。本节探讨轻罪前科消灭制度的构建问题。

2023年8月25日,由最高人民法院主办、人民法院新闻媒体总社出版的《人民法院报》,刊登了《轻罪时代的犯罪治理及其制度供给》的文章,该文阐明了关于构建轻罪前科消除制度的内容。文章指出:目前面对大量的轻罪案件,我国实施着非常严苛的前科处罚(前科报告、职业限制、政审等),导致很多案件"轻罪不轻",出现犯罪行为及其后果"倒挂"现象。容易把轻罪之人推向社会的对立面,成为社会的不稳定因素,因此有必要建立前科消灭制度,重点内容有:其一,前科消灭的适用对象。刑法应规定法定刑为3年以下的轻罪犯,可以适用前科消灭制度。当然,对于某些可能被科处较高刑罚的犯罪(如性犯罪、恐怖活动犯罪、黑社会性质组织犯罪等),应保持"零容忍"。其二,前科消灭的后果。前科消灭后,权力机关有义务宣告罪行记录被注销,并恢复犯罪人受损的权利:(1)免除前科报告义务;(2)前科不再构成加重惩罚的量刑情节;(3)任何企业、用人单位不得歧视前科消灭后的人或给予不公正对待。其三,前科消灭的配套制度。现代信息网络社会,除了应消灭前科产生的"规范性评价",还应消除前科的"非规范性评价",故需优化我国的犯罪记录制度,即拓宽我国的前科封存,将轻罪成年人犯罪记录一并纳入,减少犯罪记录被二次传播、使用的风险。除此之外还要建立轻罪前科消灭主体的数据库。已被消灭前科的,数据

[①] 张明楷. 刑法学[M]. 北京:法律出版社,2011:560.

库应有特殊"已消灭"标记，并明确未经法定许可，禁止被查询、共享、复用。①

讨论轻罪前科消灭制度的构建，首先，要对近年来我国轻罪情况有所了解。近二十年来，刑事案件总量不断增加，检察机关受理审查起诉刑事犯罪从1999年的82.4万人增加到2019年的220万人。刑事犯罪结构发生重大变化，起诉严重暴力犯罪从16.2万人降至6万人；醉驾、侵犯知识产权、破坏环境资源等新型危害经济社会管理秩序犯罪大幅上升，被判处3年有期徒刑以下刑罚的轻罪案件占比从54.4%上升至83.2%。② 2023年《最高人民检察院工作报告》提到，近年来，我国传统犯罪、严重暴力犯罪案件持续减少，2018—2022年，全国检察机关共办理各类案件1733.6万件，比前五年上升40%。起诉各类犯罪嫌疑人827.3万人，比前五年上升12%。依法惩治促使社会秩序持续向好，2022年起诉杀人、放火、爆炸、绑架、抢劫、盗窃犯罪为近二十年来最低。③ 据统计，2018—2022年全国检察机关起诉的前六位犯罪嫌疑人涉嫌罪名依次为：危险驾驶罪、盗窃罪、诈骗罪、故意伤害罪、寻衅滋事罪、开设赌场罪。④ 2023年上半年刑事案件审判情况是，全国法院认真贯彻总体国家安全观，依法惩治各类犯罪，坚决维护国家政治安全，确保社会大局稳定，保障人民安居乐业。审结刑事一审案件54.5万件，同比增长10.88%，平均办案用时同比减少5.11%。刑事一审服判息诉率为88.68%，同比上升2.61个百分点；刑事一审裁判被改判发回重审率为1.65%，同比下降0.22个百分点。判处3年有期徒刑以下刑罚的罪犯占85.31%，判处5年有期徒刑以上刑罚的罪犯占8.73%，宽严相济刑事政策得

---

① 成功，刘树德.轻罪时代的犯罪治理及其制度供给［N］.人民法院报，2023-08-25（05）.
② 最高人民检察院关于人民检察院适用认罪认罚从宽制度情况的报告［R/OL］.高检网，2020-10-17.
③ 详见2023年《最高人民检察院工作报告》.
④ 靳高风，张雍锭，郭兆轩.2022—2023年中国犯罪形势分析与预测［J］.中国人民公安大学学报（社会科学版），2023，39（02）：1-11.

到有效落实。① 从 2021 年单年度的数据来看，全国检察机关起诉人数最多的五个罪名是：危险驾驶罪 35.1 万人，盗窃罪 20.2 万人，帮助信息网络犯罪活动罪 12.9 万人，诈骗罪 11.2 万人，开设赌场罪 8.4 万人。② 这些都是非暴力犯罪，基本属于轻罪的范围。

不论是从刑事立法还是从司法的角度，危险驾驶罪都是轻罪中的典型代表。2011 年《刑法修正案（八）》增设危险驾驶罪，将醉酒驾驶机动车规定为犯罪，这对减少交通事故的发生、保障人民生命安全起到了积极作用；然而，我国醉驾刑事案件依旧频发。从 2019 年起，法院审结的危险驾驶罪首次超过盗窃罪，数量位居刑事案件之首。据 2021 年 1 月至 9 月全国检察机关主要办案数据显示，从起诉罪名看，排在第一位的是危险驾驶罪 263281 人，同比上升 30.6%。③ 从 2013 年开始，甘肃省醉酒驾驶案件连续 5 年大幅上涨，到 2017 年占全省起诉案件总数的 24.18%，起诉率为 96.65%。④ 山东省 2019 年全省共受理一审危险驾驶刑事案件 15219 件，占全省全部刑事案件的 38.28%，位居全省刑事案件罪名之首，比上年同比增长 79.32%。⑤ 除危险驾驶罪之外，其他轻罪犯罪人数也逐渐扩大。据《检察日报》报道，2022 年上半年起诉帮助信息网络犯罪活动 6.4 万人，2021 年起诉近 13 万人，是 2020 年的 9.5 倍，且近 90% 没有犯罪前科，是初犯。30 岁以下的占 64.8%，大学本科以上学历者不少。⑥ 此外，2021 年 1 月至 9 月，《刑法修正

---

① 最高人民法院：2023 年上半年人民法院司法审判工作主要数据 [EB/OL]. 中国长安网，2023-08-07.
② 2021 年全国检察机关主要办案数据 [N]. 检察日报，2022-03-09（8）.
③ 最高人民检察院. 最高检发布 1 月至 9 月全国检察机关主要办案数据 [R/OL]. 高检网，2021-10-18.
④ 最高人民检察院. 甘肃检察机关落实慎诉理念治理醉驾出新招 [R/OL]. 高检网，2021-08-23.
⑤ 孙德国. "醉酒型"危险驾驶案免刑适用之现状、成因与对策 [EB/OL]. 企鹅号，2019-10-31.
⑥ 最高人民检察院. 今年上半年共起诉帮信犯罪 6.4 万人 三类人员涉案问题值得高度关注 [EB/OL]. 环球网，2022-07-23.

案（十一）》新增的17个罪名中，已提起公诉5568人。其中人数较多的罪名有：袭警罪4178人，催收非法债务罪613人，危险作业罪278人，高空抛物罪222人，妨害安全驾驶罪143人。①

不论是从司法实践的统计数据还是就个案的直观感受，均可以得出，我国的犯罪结构呈现明显的轻罪化特点。我国有学者从刑事立法的角度论证了我国轻罪立法的趋势。"《刑法修正案（八）》之前，刑法规定了不少最高刑为三年有期徒刑的轻罪，《刑法修正案（八）》开启了我国刑法立法将拘役设置为最高刑的先河。《刑法修正案（九）》和《刑法修正案（十一）》增设轻罪的趋势更为明显。"②"近年来，犯罪化特别是轻（微）罪的犯罪化是刑法立法的一个显著特点。尽管刑法理论界对犯罪化存在不同的认识甚至不乏反对观点，但由于我国犯罪化不足的现实和刑法参与社会治理日益旺盛的需求，未来一段时间，刑法立法仍可能继续坚持犯罪化的立场……随着社会的快速发展，刑法保护的范围渐呈扩张之势，致使新的犯罪（特别是轻微犯罪）不断增加，犯罪圈日益扩大。"③

我国刑法分则中，最高刑为拘役的有3个罪名；最高刑为1年有期徒刑的有4个罪名；最高刑为2年有期徒刑的有11个罪名；最高刑为3年有期徒刑的有78个罪名。如果按刑法分则483个罪名来计算，法定刑3年以下有期徒刑的轻罪，占所有罪名中的19.876%（如下表所示）。

---

① 最高人民检察院. 最高检发布1月至9月全国检察机关主要办案数据［R/OL］. 高检网，2021-10-18.
② 何荣功. 轻罪立法的实践悖论与法理反思［J］. 中外法学，2023，35（04）：943-962.
③ 刘传稿. 轻重犯罪分离治理的体系化建构［J］. 中国刑事法杂志，2022（04）：12-27.

<<< 第七章 刑罚附随性制裁的作用边界及轻罪前科消灭制度的构建

"轻罪"罪名与最高刑统计

最高刑	罪名数	条文与罪名
拘役	3个	第一百三十三条之一　【危险驾驶罪】
		第二百八十条之一　【使用虚假身份证件、盗用身份证件罪】
		第二百八十四条之一　【代替考试罪】
1年有期徒刑	4个	第一百三十三条之二　【妨害安全驾驶罪】
		第一百三十四条之一　【危险作业罪】
		第二百五十二条　【侵犯通信自由罪】
		第二百九十一条之二　【高空抛物罪】
2年有期徒刑	11个	第二百二十一条　【损害商业信誉、商品声誉罪】
		第二百二十二条　【虚假广告罪】
		第二百五十一条　【非法剥夺公民宗教信仰自由罪】【侵犯少数民族风俗习惯罪】
		第二百五十三条　【私自开拆、隐匿、毁弃邮件、电报罪】
		第二百五十八条　【重婚罪】
		第二百八十四条　【非法使用窃听、窃照专用器材罪】
		第三百零四条　【故意延误投递邮件罪】
		第三百六十四条　【传播淫秽物品罪】
		第三百七十六条　【战时拒绝、逃避服役罪】
		第三百九十五条　【隐瞒境外存款罪】

续表

最高刑	罪名数	条文与罪名
3年有期徒刑	78个	第一百二十条之五　【强制穿戴宣扬恐怖主义、极端主义服饰、标志罪】
		第一百二十条之六　【非法持有宣扬恐怖主义、极端主义物品罪】
		第一百二十九条　【丢失枪支不报罪】
		第一百三十条　【非法携带枪支、弹药、管制刀具、危险物品危及公共安全罪】
		第一百四十八条　【生产、销售不符合卫生标准的化妆品罪】
		第一百五十八条　【虚报注册资本罪】
		第二百一十六条　【假冒专利罪】
		第二百二十三条　【串通投标罪】
		第二百二十七条　【倒卖车票、船票罪】
		第二百二十九条　【出具证明文件重大失实罪】
		第二百三十条　【逃避商检罪】
		第二百三十五条　【过失致人重伤罪】
		第二百三十八条　【非法拘禁罪】
		第二百四十一条　【收买被拐卖的妇女、儿童罪】
		第二百四十五条　【非法搜查罪】【非法侵入住宅罪】
		第二百四十六条　【侮辱罪】【诽谤罪】
		第二百四十七条　【刑讯逼供罪】【暴力取证罪】
		第二百五十条　【出版歧视、侮辱少数民族作品罪】
		第二百五十五条　【打击报复会计、统计人员罪】
		第二百五十六条　【破坏选举罪】
		第二百五十九条　【破坏军婚罪】
		第二百六十条之一　【虐待被监护、看护人罪】
		第二百七十七条　【妨害公务罪】

<<< 第七章 刑罚附随性制裁的作用边界及轻罪前科消灭制度的构建

续表

最高刑	罪名数	条文与罪名
3年有期徒刑	78个	第二百八十条 【伪造公司、企业、事业单位、人民团体印章罪】
		第二百八十条之二 【冒名顶替罪】
		第二百八十一条 【非法生产、买卖警用装备罪】
		第二百八十五条 【非法侵入计算机信息系统罪】
		第二百八十六条之一 【拒不履行信息网络安全管理义务罪】
		第二百八十七条之一 【非法利用信息网络罪】
		第二百八十七条之二 【帮助信息网络犯罪活动罪】
		第二百九十三条之一 【催收非法债务罪】
		第二百九十七条 【非法携带武器、管制刀具、爆炸物参加集会、游行、示威罪】
		第二百九十九条 【侮辱国旗、国徽、国歌罪】
		第二百九十九条之一 【侵害英雄烈士名誉、荣誉罪】
		第三百零二条 【盗窃、侮辱、故意毁坏尸体、尸骨、骨灰罪】
		第三百零三条 【赌博罪】
		第三百零八条之一 【泄露不应公开的案件信息罪】【披露、报道不应公开的案件信息罪】
		第三百零九条 【扰乱法庭秩序罪】
		第三百一十一条 【拒绝提供间谍犯罪、恐怖主义犯罪、极端主义犯罪证据罪】
		第三百一十四条 【非法处置查封、扣押、冻结的财产罪】
		第三百一十五条 【破坏监管秩序罪】
		第三百二十二条 【偷越国（边）境罪】
		第三百二十三条 【破坏界碑、界桩罪】【破坏永久性测量标志罪】

续表

最高刑	罪名数	条文与罪名
3年有期徒刑	78个	第三百二十七条　【非法出售、私赠文物藏品罪】
		第三百二十九条　【擅自出卖、转让国有档案罪】
		第三百三十二条　【妨害国境卫生检疫罪】
		第三百三十五条　【医疗事故罪】
		第三百三十七条　【妨害动植物防疫、检疫罪】
		第三百四十条　【非法捕捞水产品罪】
		第三百四十一条　【非法狩猎罪】【非法猎捕、收购、运输、出售陆生野生动物罪】
		第三百四十四条之一　【非法引进、释放、丢弃外来入侵物种罪】
		第三百五十二条　【非法买卖、运输、携带、持有毒品原植物种子、幼苗罪】
		第三百五十四条　【容留他人吸毒罪】
		第三百五十五条之一　【妨害兴奋剂管理罪】
		第三百六十八条　【阻碍军人执行职务罪】
		第三百七十三条　【煽动军人逃离部队罪】【雇用逃离部队军人罪】
		第三百七十五条　【非法生产、买卖武装部队制式服装罪】
		第三百七十六条　【战时拒绝、逃避征召、军事训练罪】
		第三百七十九条　【战时窝藏逃离部队军人罪】
		第三百八十一条　【战时拒绝军事征收、征用罪】
		第三百九十一条　【对单位行贿罪】
		第三百九十二条　【介绍贿赂罪】
		第四百零七条　【违法发放林木采伐许可证罪】
		第四百零八条　【环境监管失职罪】
		第四百零九条　【传染病防治失职罪】

<<< 第七章　刑罚附随性制裁的作用边界及轻罪前科消灭制度的构建

续表

最高刑	罪名数	条文与罪名
3年 有期徒刑	78个	第四百一十二条　【商检失职罪】
		第四百一十三条　【动植物检疫失职罪】
		第四百一十八条　【招收公务员、学生徇私舞弊罪】
		第四百一十九条　【失职造成珍贵文物损毁、流失罪】
		第四百四十一条　【遗失武器装备罪】
		第四百四十八条　【虐待俘虏罪】

近年来，顺应经济社会发展形势变化，我国刑法立法出现了积极主义趋势。刑法的犯罪结构和刑罚功能的变化，体现了我国国家治理模式的转变，即刑事司法在社会治理中的地位越来越重要，越来越多的社会问题通过司法途径解决是国家政治和法治文明进步的表现；但是，司法中经常遇到对个案入罪的妥当性质疑，民众对一些案件定罪也存在正当性质疑。其根本原因在于，传统的行政违法与犯罪二分法律体系在积极刑法立法下已经悄然发生变化，今天所说的很多"犯罪"已经不是四十年前所说的"犯罪"，而政府的治理理念、社会管理体制和社会文化氛围对犯罪、罪犯、刑罚的认知和态度没有根本改变，传统的刑罚落在新型"犯罪"行为人身上，时常会给每天面对个案的司法人员造成困惑，给人以行为人遭受了不成比例的惩罚和法律后果之感。当下，不管是否继续推进"犯罪化"，需要系统解决的问题都非常多。[1] 系统解决刑法参与社会治理问题，包含的问题很多，如立法与司法的角色担当；实体法与程序法的职能的优化发挥；刑罚与非刑罚手段的合理适用；刑罚附随后果的弱化和减少；等等。其中，也包括轻罪前科消灭制度的构建和运行。

---

[1] 杨先德. 积极刑法立法下的扩大追诉现象及其司法规制 [J]. 中国刑事法杂志，2021（06）：127-143.

155

我国传统立法贯彻的行政违法与犯罪二分的体系设计，最为明显的是我国有治安管理处罚法与刑法在危害轻重程度上的衔接，《中华人民共和国治安管理处罚法》第 2 条规定："扰乱公共秩序，妨害公共安全，侵犯人身权利、财产权利，妨害社会管理，具有社会危害性，依照《中华人民共和国刑法》的规定构成犯罪的，依法追究刑事责任；尚不够刑事处罚的，由公安机关依照本法给予治安管理处罚。"行政处罚是不会留下案底的，只是会留有行政处罚记录，当地公安机关会将相关档案、信息进行保存，但记录不是对任何人都开放的，因而对行为人今后的求学、就业不会有影响；但是，如果一个人被定过罪、判过刑、留下案底，就完全不同了。于是，在我国轻罪立法不断扩张，包括将之前的违法行为犯罪化这一背景下，针对轻罪案件的特点，实现轻、重罪区别治理，构建犯罪治理方案，形成犯罪分级治理的刑法、其他法律、制度体系，成为新时代国家犯罪治理的重大命题。

前科消灭是指受有罪判决并被科刑的人在服刑期满或免除刑罚后，在一定的期间内满足未犯新罪等实质条件，即视为没有前科，目的是让其完全恢复社会普通公民的身份，在法律上重获新生，树立健康向上的心理态度，完全回归社会。我国对犯罪常态化地适用刑罚，加上前科报告、职业限制、政审等严苛的前科处罚，轻罪案件刑罚不重但后果不轻的现象长期存在，因前科复归社会难，容易把轻罪之人推向社会的对立面，使其成为社会的不稳定因素，所以有必要建立前科消灭制度。关于轻罪前科消灭制度的内容，大体包括：（1）前科消灭制度的适用对象。考虑到理论和实务界通常将被判 3 年以下有期徒刑的案件作为轻罪案件，那么，刑法可以规定 3 年以下的轻罪犯可以适用前科消灭制度。当然，要有除外限制，有学者提出的观点很有借鉴意义，即对于某些可能被科处较高刑罚的犯罪（如性犯罪、恐怖活动犯罪、黑社会性质组织犯罪等），应保持"零容忍"。[①]（2）前科报告义务的免除。

---

① 成功，刘树德. 轻罪时代的犯罪治理及其制度供给［N］. 人民法院报，2023-08-25（05）.

<<< 第七章 刑罚附随性制裁的作用边界及轻罪前科消灭制度的构建

对轻罪之人免除前科报告义务,是用人单位不予以歧视前科消灭之人或不给予不公正对待的重要举措之一。要想建立前科消灭制度,需要有具体做法的跟进,否则不利于落实。(3)构建前科消灭的配套制度。包括对犯罪信息、前科信息获知途径的限制,因为在有犯罪前科的情况下,还有一个导致行为人回归社会难的环节,就是有关组织和个人获悉相关的犯罪信息,导致其在求学、就业、落户等环节受到排斥。因此,切断其中的信息获取环节也是构建前科消灭制度,促进轻罪之人刑罚结束后回归社会的一个重要举措。为此要优化我国的犯罪记录制度,除现在的未成年人犯罪记录封存制度之外,建立专门的轻罪前科消灭主体的数据库并封存,设立特殊"已消灭"标记,并从制度上明确,未经法定许可,禁止查询、共享和复用,避免引发犯罪记录被二次传播、使用的风险。

总之,不论是控制刑罚附随性制裁的作用边界,还是构建轻罪前科消灭制度,都是基于共同的理念,即随着社会的发展变化,需要保护的法益不断增加,刑法需要及时做出回应。然而,刑法当为则为,而不乱为,刑法一方面应积极介入社会生活,维护社会和谐稳定;另一方面要遏制国家刑罚权的恣意,刑法介入社会生活、参与社会治理应具备正当性与合理性,刑罚延伸出来的制裁同样应该符合法治理念和社会发展总体趋势的要求。

第八章

人的社会性与社区矫正人员回归社会问题

如何让更多的前科人员复归社会,是研究刑罚附随性制裁、刑罚附随后果需要探究的问题,本章重点关注社区矫正人员的再社会化问题。

我国除刑法、刑事诉讼法规定了社区矫正之外,2019年12月28日第十三届全国人民代表大会常务委员会第十五次会议通过的《中华人民共和国社区矫正法》第2条规定:"对被判处管制、宣告缓刑、假释和暂予监外执行的罪犯,依法实行社区矫正。对社区矫正对象的监督管理、教育帮扶等活动,适用本法。"社区矫正人员再社会化的背景是,随着社会经济的高速发展,现代科技日益影响人们的生活,社会主体的法益不断增加,同时,社会风险加大,近年来包括我国刑法在内的各国刑法呈现出积极发展的趋势,刑事立法的犯罪化和司法犯罪化趋向明显,刑法积极立法时代的到来,刑事法网日益严密,罪名不断增加,犯罪圈逐渐扩大,导致犯罪数量发生显著变化。个人行为所具有的潜在危险也飞跃性地增大,人们不知瞬间会发生何种灾难。① 从我国的立法和司法情况看,我国的犯罪结构发生了根本改变,轻罪案件成为犯罪治理的主要对象,这导致轻罪犯罪数量庞大,加之除刑罚之外,我国还构建了一套严厉的刑罚附随性制裁体系,这让有犯罪前科的人员

---

① 张明楷. 增设新罪的观念:对积极刑法观的支持[J]. 现代法学,2020,42(05):150-166.

顺利回归社会困难重重。因此，应当从我国现实发展需要出发，充分领会马克思主义"人的思想"，并用以指导我国的犯罪治理策略与实践，指导对刑满释放人员及社区矫正人员回归社会这一现实问题的理论研究工作。

第一节 犯罪治理策略的多元化

由于违法犯罪原因的复杂性、变动性和对违法犯罪原因、违法犯罪规律研究的客观难度，不同国家和地区对犯罪现象的反应机制和对策存在很大差异，并且因不同的历史发展背景，其波动和变化特点非常明显。有关违法犯罪的治理策略，更多地涉及国家对危险行为进行处罚的范围以及如何处罚的问题。在应对违法犯罪的策略中，报应论、威慑论、矫正和预防理论等都在不同的历史时期占有重要的地位。

国家应对犯罪的最主要也是最严厉的手段是刑罚，因此，关于刑罚根据、刑罚目的的理论，基本上能够反映出一个国家在该时期针对违法犯罪的治理策略。在中西方国家历史上，最初的刑罚目的性较为原始、简单。"最初的刑罚，即在人类文化史初级阶段的刑罚，是社会对成员个人以及由具体成员组成的社会本身的外在扰乱行为的盲目的、本能的、原始的、不受目的思想决定的一种反应。但是，后来刑罚的特征逐渐发生了变化。"[1] 历史上，在中国存在儒法两家对于刑罚认识上的区别，在西方国家历史上，关于刑罚目的的学说可谓源远流长，一直可以追溯到古希腊。其中，或报应或预防的思想，其主导地位非常明显，当然也不乏折中的态度。近代随着刑法学作为一门独立学科的诞生，有关刑罚的目的更成为一个令人瞩目的热点。

在世界刑法哲学发展史中，古典学派启蒙主义的刑法及刑罚思想是以批

---

[1] 冯·李斯特. 论犯罪、刑罚与刑事政策 [M]. 徐久生, 译. 北京：北京大学出版社, 2016: 6.

判中世纪不合理的、残暴的刑罚，提倡刑法的合理化与缓和化的近代启蒙思想为出发点的，这一时期的刑事政策方法以人道主义、合理主义、功利主义为特征。在古典学派的代表人物中，有被称为"近代刑法鼻祖"的贝卡利亚（Cesare Beccaria）和被称为"近代刑法学之父"的费尔巴哈，他们的主张尽管有着细微的差别，但均是以一般预防为内容的相对主义为根据，追求刑罚的合理化、缓和化。[①] 在古典学派中持报应论观点的人主张，那些做出严重犯罪行为或持续违法行为的人，应该受到惩罚而不是治疗，因为他们拥有自由意志，他们知道自己在做什么，此说以康德为代表。黑格尔从辩证法的立场出发，则主张不科处和犯罪同等价值的恶害便不能恢复被破坏的法和正义的绝对主义。

19世纪后半期，随着经验科学方法论对各个学科领域的渗透，刑事政策思潮也发生了重大变化，以龙布罗梭、菲利（Enrico Ferri）、加罗法洛（Baron Raffaele Garofalo）等为代表的刑事近代学派及其主观主义的刑罚理论，以行为人的人身危险性作为刑罚的根据，主张刑罚的轻重不应以行为的轻重和危害性大小为根据，而应以行为人的反社会性和危险性为根据，应根据犯罪人的分类来决定对他们适用的刑罚，实行刑罚个别化，这被后人称为行为人主义、特别预防主义。此后，有关对犯罪的惩罚，是根据已然之罪还是未然之罪的争论一直延续。

可以说，近代以来出现了各种各样的报应论、一般预防论与个别预防论，它们各自从不同的角度对刑罚的根据进行了解说，各具有其合理性也均存在片面性，都未能对刑罚的根据做出完整的解说。于是，"当代西方学者在刑罚根据问题上基本上持这种态度，试图从诸种刑罚根据论的扬弃、中和与整合中找到一种对刑罚的根据的趋于完整的解释"[②]。由此，形成了取传统

[①] 大谷实. 刑事政策学 [M]. 黎宏，译. 北京：中国人民大学出版社，2009：10，11，108.

[②] 邱兴隆. 关于惩罚的哲学：刑罚根据论 [M]. 北京：法律出版社，2000：12.

诸说作为西方刑罚根据论的所谓刑罚一体论理论,也可以称之为折中理论或混合理论,有的也称之为并合主义。并合主义内部又对报应和预防两大因素为什么能够结合以及如何结合的问题持有不同的主张。邱兴隆教授就曾总结过一体论的不同模式,如费尔巴哈模式、迈耶模式、奎顿模式、哈特模式、帕克模式、哈格模式、曼可拉模式、赫希模式、帕多瓦尼模式。也就是说,同样主张刑罚兼具报应和预防的目的,但在各自的刑罚根据、刑罚目的理论中,报应和预防所占的位置和作用是不同的,如美国当代学者安德鲁·冯·赫希(Andrew Von Hirsch)主张,"对加害行为的一种正式的反映应该服务于两个目的:(1)阻止这类行为;(2)表达对行为与其实施者的谴责。为了服务于这两个目的,刑罚有两个显著的特征——适用严厉的处理与施加谴责。通过以不愉快的后果相威吓,人们希望阻止犯罪行为。通过以一种庄严的、谴责的方式使用这些后果,国家代表其公民的利益表达对此类行为的否定"[1]。依照赫希的观点,刑罚是对加害行为即犯罪行为的反映,自然必须具备预防犯罪发生与施加道德谴责两方面的目的,而这两方面的目的也就是刑罚的正当根据所在。安德鲁·冯·赫希将评价犯罪严重性的要素分为危害与应受谴责性,"危害指犯罪行为所造成的或者有造成的危险的损害。应受谴责性是指犯意、动机与决定罪犯应被主张因为其行为而应受多大谴责的情节方面的因素"[2]。可见,尽管安德鲁·冯·赫希提出了一种与众不同的刑罚根据理论,其主张仍然归属于报应与功利相结合的一体论。

当然,尽管关于刑罚根据理论的研究一方面呈现出多元性的特点,但更重要的特点是,不同理论观点所围绕的基本元素大体一致,即"报应"和"预防"。

目前,并合主义以罪刑相当为主、刑罚个别化为辅,是我国刑法学界关

---

[1] 安德鲁·冯·赫希. 已然之罪还是未然之罪:对罪犯量刑中的该当性与危险性[M]. 邱兴隆,胡云腾,译. 北京:中国检察出版社,2001:57.
[2] 安德鲁·冯·赫希. 已然之罪还是未然之罪:对罪犯量刑中的该当性与危险性[M]. 邱兴隆,胡云腾,译. 北京:中国检察出版社,2001:70.

于刑罚正当化根据的主流观点。我们可以选取几位我国有影响的学者观点来证明这一点。何秉松先生讲过："罪刑相当原则毕竟具有强大的生命力，这是近代学派倡导的以行为人的反社会性或危险性为基础的刑罚个别化所无法取代的。从行为是行为人的行为因而两者具有不可分割的联系这个正确的前提得出的结论，不应该片面地夸大行为人的人身危险性对量刑的决定性作用而把行为贬低为仅仅是行为人人身危险性的征表，而应当把两者的结合和统一作为量刑的根据，也就是实行罪刑相当原则与刑罚个别化相结合。"[①] 梁根林先生谈到，"我们强调报应与功利二元统一，绝不意味着我们主张在设定刑罚时将报应和功利等量齐观，也不表明我们否定两者的矛盾和对立。但我们认为，在以报应为基础的社会正义观念还左右着人们的价值判断的现代社会，报应观念始终应当是确定刑罚限度的决定性的依据。国家对罪犯确定和适用刑罚，首先应当考虑报应的需要，根据犯罪的社会危害程度确定相当的刑罚，在此基础上再根据犯罪分子的人身危险性的大小，在报应刑罚所许可的刑罚区间内对刑罚量进行调整，使刑罚量尽量适应消除人身危险状态、实现预防犯罪、防卫社会的功利目的的需要。"[②] 台湾学者陈瑾昆在其《刑法总则讲义》中阐述了有关刑罚权根据的不同学说，及其报应与预防折中的主张："研究刑法，即研究犯罪与刑罚，尤不可忘其研究之方法。既为刑法解释学，自应采法律学的方法，而自法律上言之，谓刑罚对于犯罪之反应即反动，谓犯罪为法律事实即原因，谓刑罚为法律效果即结果，乃为当然之理论。故谓刑罚之本质，应从法律的报应即正义主义，以犯罪为违反理性之行为，刑罚为根据理性之报应。彼预防主义之往往重于刑事政策的研究，自属不妥，然刑罚于实际上或理论上，应注重于社会之防卫及犯人之改善，亦属正当之理论，故关于刑罚之适用，固不可离开法律，而关于刑罚之性质上考

---

① 何秉松. 试论新刑法的罪刑相当原则（上）[J]. 政法论坛，1997（05）：9-17.
② 梁根林. 报应主义还是功利主义：关于刑罚根据的理论探讨 [EB/OL]. 北大法律信息网，2009-09-01.

究，则亦不可不参酌理论，故余以折中说为是"①。

近年来兴起的恢复性司法理念，在传统的刑罚体系之外为加害人的侵害责任提供了一种新的承担方式。与传统刑事司法所追求的报应正义相对应，与报应正义所追求的有限平衡不同，恢复正义所追求的是全面的平衡：对被害人而言，修复物质的损害、治疗受到创伤的心理，使财产利益和精神利益恢复旧有的平衡；对加害人而言，向被害人、社会承认过错并承担责任，在确保社会安全价值的前提下交出不当利益，从而恢复过去的平衡；对社会而言，受到破坏的社会关系得到了被害人与加害人的共同修复，从而恢复了社会关系的稳定与平衡。恢复正义构成了当今西方刑事和解最重要的理论基础。恢复性司法在传统的刑罚体系之外为加害人的侵害责任提供了一种新的承担方式。从效果上看，大多数恢复性司法计划是保安处分之外的另一类刑罚替代措施。与保安处分相比，恢复性司法的特殊预防作用只是次要的、附属的价值，全面恢复正义才是它的根本目的；同时，恢复性司法强调自愿与合意，不具有强制性与惩罚性。

迄今，不论是从理论思辨层面、各国刑法典的刑罚根据的规定，还是从各国司法适用的政策取向来看，综合报应论、预防论，加上恢复性司法理念的指导，是通常的选择和做法。当然，具体到某类或某个体对象的政策的运用难度更大，因为判断一个犯过错的人，特别是犯过罪的人是否能够保证今后不再犯罪，是相当有难度的。

"对罪犯应该怎样适用刑罚，用多大剂量才能使之康复，也使社会健全？"这是阿塞拜疆学者 И. М. 拉基莫夫在其《犯罪与刑罚哲学》一书的序言里提出的哲学命题。② 拉基莫夫在其研究中有越来越深刻的认识："越深入探究刑罚问题的本质，我越坚信不能仅仅局限于从法律角度来认识这一特殊

---

① 陈瑾昆. 刑法总则讲义 [M]. 北京：中国方正出版社，2004：280.
② 拉基莫夫. 犯罪与刑罚哲学 [M]. 王志华，丛凤玲，译. 北京：中国政法大学出版社，2016.

现象，必须跳出刑法和犯罪学研究的框架。我也深知，没有对犯罪概念及其成因的哲学思考，我们就不能探知刑罚概念及其本质的哲学含义。因为，只有知道了什么是犯罪，才有可能将人的此种行为或彼种行为归入这一概念，并因而才将针对上述行为做出的反应称为刑罚。"① 该书中还引用了2012年12月哈夫罗纽克在北京举行的刑罚问题国际研讨会上的一段发言讲话，以说明于刑罚本质、功能以及针对犯罪对策上的艰难选择："这样说来，恕我直言，一个世纪又一个世纪、一千年又一千年地过去了，人类最优秀的思想家和法律学者在刑罚问题上并没有走得太远，实质上他们只不过断言：刑罚应当是正义和仁慈的……如何让刑罚在具体情况下的确是正义和仁慈的，他们做的努力还不够。我们至今也不知道，应当给犯罪人判处什么样的刑罚才能既达到惩罚的目的，又能把他改造好并且使其不再犯罪。"②

刑罚理念体现了国家治理犯罪的最基本的刑事政策选择。"制裁制度的构筑、适用和改革，鉴于变化着的社会关系，被概括地描述为'刑事政策'。"③ 对于刑事政策的原则方向具有决定性意义的，是安排作为刑事政策的主要反应手段的国家刑罚的任务。刑罚之外，还有大量的其他针对违反犯罪的措施，由第三方④主体实施的制裁手段，在理念的选择上，应选择与刑罚共同的理念。

---

① 拉基莫夫. 犯罪与刑罚哲学 [M]. 王志华，丛凤玲，译. 北京：中国政法大学出版社，2016：2.
② 拉基莫夫. 犯罪与刑罚哲学 [M]. 王志华，丛凤玲，译. 北京：中国政法大学出版社，2016：283.
③ 汉斯·海因里希·耶赛克，托马斯·魏根特. 德国刑法教科书：下 [M]. 徐久生，译. 北京：中国法制出版社，2017：1011.
④ 这里的"第三方"用于区别加害方和受害方双方当事人。

第二节　社区矫正人员面临的再社会化的困境

社区矫正，从国外的文献介绍来看，是实现被定罪判刑之人"重返社会"，实现再社会化政策的一个环节，是推进被定罪判刑之人"重返社会"，实现再社会化的一项制度和实践。然而，社区矫正对象与监狱服刑人员有着再社会化共同的障碍，其中因素很多，有犯罪前科人员自身的因素，也有外部因素。犯罪前科人员自身的因素主要有如下方面。

一、污名化及其带来的障碍

污名如果按着较早提出这一概念的戈夫曼的界定，指个体因为有某种特征而被他人或者社会群体贴上负面标签，这种负面标签会损害持有者的社会地位、人际关系等，这一过程又被称为污名化。[1] 后续尽管对污名给出的定义存在不同，但污名或污名化，其代表的是一种负面的标签，包括刻板印象、歧视偏见和歧视、社交隔离、社会地位受损等，会对持有者产生一系列负面影响。有犯罪前科的会给自身带来污名效应，从而给个人的生活、子女、家庭带来重大影响。就对职业的影响来说，根据粗略统计，按照现行法律规定，受过刑事处罚的人不能担任公务员、法官、检察官、教师等20多种职业，律师、医师将被吊销资格证书，法官、检察官、公职人员会被开除党籍、开除公职，此外，出国申请签证、自己开公司申请营业执照等都会受到影响。

---

[1] 欧文·戈夫曼. 污名：受损身份管理札记 [M]. 宋立宏, 译. 北京：商务印书馆, 2014: 4-5.

在今天的信息化社会，上述负面影响的扩大趋势更为明显，网络信息不受时空条件的限制，传播速度快、范围广，想控制都很难，包括犯罪记录信息。因此，随着社会快速进入信息网络时代，犯罪信息及其带来的"污名化"以及不利后果被迅速甚至无限放大的概率更高，有犯罪记录人员因极易遭受身份歧视、就业限制、种种资格或者权利的限制以及差别化歧视待遇，而进一步被社会孤立和边缘化，所以增大了其回归社会的难度。

二、缺乏技能

发端于20世纪60年代的社区矫正，在西方被称作"社区服务刑"（Community Service），其本身是"重返社会"的重要环节和对传统刑罚谱系进行改革的重要举措。"通过阅读国外有关社区矫正的文献，笔者逐步认识到：现代社会中的社区矫正，实际是'重返社会'政策贯彻的一个重要环节，社区矫正与社区性刑罚密切相关。"[1] 社会发展迅速，越来越多的工作科技含量增大，社会人都需要不停地学习、提升自身的劳动技能，相较于监狱服刑人员，社区矫正人员没有脱离社会，得到学习的机会好于服刑人员，加上常态化的技能培训，其回归社会的能力和机会大大提升。但是，个人的文化水平、前期基础以及个人的努力意识和实际行动，存在明显的不同。在"刑罚附随性制裁规范化"课题的实证调研中，相当一部分社区矫正人员学习能力不强，遂导致缺乏从事很多种类劳动的技能，技能的缺乏和不足也是其就业和再社会化的重要障碍之一。前科人员回归社会难的外部因素主要有以下三方面。

1. 制度保障，特别是落实还有待加强。在依法治国、建设法治政府的背景下，传统的以政府政策调整为主的安置帮教工作已经无法满足社会发展的需要。从现有法律规范文件现状来看，我国目前仍然没有一部专门的、系统

---

[1] 翟中东. 社区性刑罚的崛起与社区矫正的新模式：国际的视角[M]. 北京：中国政法大学出版社，2013：1.

性的关于安置帮教的法律法规。虽然《中华人民共和国监狱法》第37条规定："对刑满释放人员，当地人民政府帮助其安置生活。刑满释放人员丧失劳动能力又无法定赡养人、扶养人和基本生活来源的，由当地人民政府予以救济"，但是该规定原则性强，加之政府单一的安置帮教职能的设计，落实起来困难不小。再如，2014年颁布的《社会救助暂行办法》并未直接将刑释人员列入社会救助的范围，虽然这并不意味着对刑释人员的排斥，但是整个制度对这一特殊群体权利的习惯性忽略，却可能由此得到强化。2019年颁布的《中华人民共和国社区矫正法》第43条规定："社区矫正对象可以按照国家有关规定申请社会救助、参加社会保险、获得法律援助，社区矫正机构应当给予必要的协助。"

2. 用人单位对有前科之人持限制、排斥的态度，规避风险、防范心理占主导地位。尽管《中华人民共和国监狱法》第38条规定，"刑满释放人员依法享有与其他公民平等的权利"，但是用人单位都有"风险规避"的意识和警惕性。"风险规避"即在考虑到某项活动风险损失的可能性较大时，采取主动放弃或加以改变，以回避与该项活动相关的风险的策略。面对不同的求职人员，用人单位也一样，当考虑到存在风险可能性时，通常是选择主动放弃或加以改变的策略，以避免可能给用人工作带来的风险。这一点从各单位聘用考试函和规定中，就可以一目了然。

3. 社会力量参与度低。我国对刑满释放人员的安置帮教工作的组织机构是纯官方性的，由政府主导，参与安置帮教工作的部门主要包括公检法系统的机构、民政和财政等政府职能部门，以及共青团和妇联等准行政性的群众组织。在对刑满释放人员的安置帮教工作方面，鲜有社会力量的加入，偶有社会力量参与，仍然是以自发、零星、分散的志愿活动为主，呼吁、倡导性工作多，实际落实性工作少，工作力量和连续性不足，因而影响实际效果。令人欣喜的是，《中华人民共和国社区矫正法》第3条规定："社区矫正工作坚持监督管理与教育帮扶相结合，专门机关与社会力量相结合，采取分类管理、个别化矫正，有针对性地消除社区矫正对象可能重新犯罪的因素，帮助其成为守法公民。"第41条规定："国家鼓励企业事业单位、社会组织为社区矫正对象提供就业岗位和职业技能培训。招用符合条件的社区矫正对象的企业，按照规定享受国家优惠政策。"相信随着国家对社区矫正人员帮扶和复归社会问题愈加重视，这一工作会得到大大推进。

第三节 人的社会性与社区矫正人员再社会化

谈到人的社会性，可以从马克思主义关于"人""人的本质"的思想中得到深刻的启发，马克思主义"人的思想"对研究社区矫正人员再社会化问题具有重要的历史和现实意义。马克思在他的著作《1844年经济学哲学手稿》中通过与动物的对比阐述人的类特性："有意识的生命活动把人同动物生命活动直接区别开来。正是由于这一点，人才是类存在物。"[1] 正是立足于历史唯物主义，并基于对人类社会演进历史的全面认识而得出关于人与自然、人与社会实际关系这一必然的理论成果。人，首先具有自然属性，然而，人的本质属性体现为社会属性。马克思在《关于费尔巴哈的提纲》中指出："人的本质不是单个人所固有的抽象物，在其现实性上，它是一切社会关系的总和。"[2] 马克思将人类建立在社会劳动基础之上的"自由自觉"认定为人的本质属性。人和动物的区别分化于劳动，体现于人的社会生活，具化于人与人之间所发生的关系，如果失去了社会性联系，就失去了人作为人的本质属性。人在现实中是受自身生产力及其相适应的条件、发展形态所制约的，也就是说人是"现实的人"，是被种种社会关系所规定的人，是具有

---

[1] 中共中央马克思恩格斯列宁斯大林著作编译局. 马克思恩格斯文集：第一卷 [M]. 北京：人民出版社，2009：162.

[2] 中共中央马克思恩格斯列宁斯大林著作编译局. 马克思恩格斯选集：第一卷 [M]. 北京：人民出版社，2009：501.

社会属性的人。

物质决定意识、社会存在决定社会意识；反过来，社会意识对社会存在具有能动的反作用。联想到社区矫正人员，要从其成长环境、生活条件、社会关系出发，了解其走向犯罪的错误价值观的形成过程和具体情况，纠正其错误的价值观、处理事情的非理性的错误认识，也不能脱离现实条件，而是应让其生活在有利于其再社会化的环境中，同时由于意识具有独立性和反作用，所以必须通过宣传教育和帮助说服等，促进其建立新的积极向上的生活观、价值观。正如毛泽东同志所指出的："唯物辩证法认为外因是变化的条件，内因是变化的根据，外因通过内因而起作用。"① 所以，社区矫正人员在外在社区环境的作用下，只有经过自我思想、内心、价值观的改造，才能完成由一个有前科的罪犯向社会人、新人的转变。

马克思主义关于"人的思想"是毛泽东的罪犯改造思想形成的理论基础。马克思反对脱离社会环境孤立地谈论人，他认为，世界就是一个有机联系的统一体并处于永恒发展变化之中。人无完人，人总是会犯错的，要给犯错误的人以改正的机会，对犯错误之人给出路是毛泽东辩证思想的体现。1957年11月，毛泽东在莫斯科共产党和工人党代表会议上讲话指出，对犯错误的人"要采取辩证的方法，而不应采取形而上学的方法。什么叫辩证的方法？就是对一切加以分析，承认人总是要犯错误的，不因为一个人犯了错误就否定他的一切"②。而进入监狱的罪犯和进入社区矫正的罪犯是为他们的错误做出弥补，是矫正错误意识的机会。广大司法工作人员、社区工作者要深刻领会毛泽东对待犯错误之人的辩证的思想。在社区矫正工作中，不能给他们贴上"标签"，歧视他们，排斥他们，遵从人具有社会性的原则，利用普遍的联系，将罪犯放入社会当中，不使其与社会隔离，利用社会上各种联系帮助其再社会化。

---

① 毛泽东选集：第1卷.2版［M］.北京：人民出版社，2006：302.
② 毛泽东文集：第7卷［M］.北京：人民出版社，1999：330.

人是名副其实的社会动物，人是社会人，人的社会化要经历从自然人向社会人转变的过程。社会化过程也是每个人使外在于自己的社会行为规范、准则内化为自己的行为标准的过程。再社会化一词在社会科学语境中有特定的含义，是人的一生社会化的特殊种类，是与自己的过去决裂，并将一定的规范准则、价值标准、认知态度等重新内化的过程。一个违反法律无视道德的人，不管是自觉的还是被迫的，均要进行再社会化，这不仅关系到其在现实社会中的生存和发展，而且对预防再次走上犯罪道路有积极的意义。刑满释放人员、社区矫正人员的再社会化活动，就是一种非常典型的、表现形式特殊的再社会化过程。

马克思主义关于事物的永恒变动思想，对社区矫正工作同样具有重要的指导意义。"人们的观念、观点和概念，一句话，人们的意识，随着人们的生活条件、人们的社会关系、人们的社会存在的改变而改变"[①]。马克思主义认为，整个自然界、人类社会和人的思想都处于永恒的运动、变化与发展之中。运动、变化与发展是事物的本质属性，无论是自然界还是人类社会，乃至人的思想，绝对不变的情况是不存在的。人性具有可变性与发展性，时间和环境的改变对一个人是有影响的。犯罪人实施了危害他人、社会利益的行为，应当被谴责和惩罚，但同时，他们的意识、思想、观念，乃至是非标准也处于变化与发展之中，作为人群中的一种特殊类型，纯粹铁石心肠的人与纯粹顽固不化的人毕竟是极少数，应当遵循永恒变化的规律，充分发挥社会各方面的积极力量，使这一特殊群体中的大部分人，哪怕是其中的一部分人，随着环境的变化、社会条件的改变而发生相应的变化，争取更多的社区矫正人员尽早重返社会。

从历史的维度看，刑法及其重要的制裁手段——刑罚之存在是必要的，犯罪是行为人有责地实施侵害其他社会主体或公共法益的行为，针对犯

---

① 中共中央马克思恩格斯列宁斯大林著作编译局. 马克思恩格斯选集：第1卷 [M]. 北京：人民出版社，1972：270.

<<< 第八章 人的社会性与社区矫正人员回归社会问题

罪人设置刑罚,则是依据不法行为的严重程度和罪责来确定一定的痛苦,它表明了国家对不法行为的否定评价,是对严重违法行为的抵偿,从而达到维护正义、实现法治的目的。党的十八届四中全会提出,坚持法治国家、法治政府、法治社会一体化建设,实现科学立法、严格执法、公正司法、全民守法,促进国家治理体系和治理能力现代化。国家治理体系和治理能力现代化体现在社会治理层面就是社会治理的法治化,而社会治理法律体系建设也意味着社会治理首先要有法可依。① 建立和实施法治属于国家的重要任务,没有法治,人类就不可能和谐地共同生活。法治更贴近于现实生活,它是在社会实践的基础上形成的得到公众普遍认同的行为模式。法治在解决社会冲突、维持社会秩序、保持精神价值方面更具社会实践基础。刑事法治是法治的重要组成部分,对犯罪之人进行惩罚能够彰显正义。刑法不是福利法,也不能等同于社会帮助法,它首要的任务是维护公正,使行为人认识到其违法犯罪行为所要承担的责任。

然而,惩罚过后是回归社会的问题。一个人走向违法犯罪的道路,原因非常复杂。在前科人员中,有的是具有根深蒂固的犯罪嗜好、犯罪习性,刑满释放后一次又一次犯罪的习惯犯;有的是不断重复犯同一种罪的倾向犯,这类人谈不上踏入犯罪人生涯,但也是防范的重点;有的是有心理缺陷的犯罪人;有的是一时糊涂,走向违法犯罪的……类型化,尤其是准确地类型化,才能够实现精准防控,避免要么"全部"、要么"全不"现象的出现,减少社会治理的成本。犯罪人类型很多,这方面的类型化有难度,我们在这方面的工作进展不是很理想,信息不全面、不畅通,官方、民间研究投入也很不够。从"狱中人""前科人"转变成"社会人",让有前科的、真心悔改的迷途之人,真正感觉到自己的努力有用处,有理由相信自己也有未来。"有前科"与"无可救药",不能简单画等号。预防和减少未成年人违法

---

① 王勇,金成波,董亚伟,等. 社会治理法治化研究[M]. 北京:中国法制出版社,2019:54.

171

犯罪，要从社会政策、刑事政策上去设计，如全职工作、成立家庭等，对一个人自律具有重要的意义。封存只是手段、措施，目的是回归社会，封存制度的实践落实非常关键。

因此，遵循唯物辩证法中发展观的基本原理，承认人性是发展变化的，人性的变化是前科之人复归社会的理论基础。当犯罪人受到刑罚的处罚，基于劳动改造的良好效果，有足够的理由或者证据证明其再次犯罪的可能性极低，人身危险性、再犯可能性显著下降时，则意味着国家对其继续实施惩罚的基础条件已经丧失，可以正常接纳其回归社会。

第四节　促进社区矫正人员再社会化的建议

"前科对于已改过自新的前科人员来说是一种耻辱的标签，一种刑罚过剩。随着经济和社会的发展，前科报告制度体现出越来越大的弊端。"2021年全国两会即将召开，全国政协委员、中华全国律师协会副会长朱征夫拟再次提交《关于建立前科消灭制度的提案》。[①] 2023年全国两会期间，全国政协周世虹委员在接受《中国新闻周刊》采访时，提出了消除对罪犯子女考公的限制的建议。建议立即废除有关直系亲属、旁系亲属等有过被刑事处罚等处分而影响考生或被政审人政审的规定；改革政审方式，对考生或被政审人的政治表现以本人现实表现为主，并注重以实证证据予以证明，而不受他人行为的影响或者由有关单位单方认定。[②] 就社区矫正人员来说，国家从制度层面同样需要消除他们复归社会的障碍。

---

① 全国政协委员朱征夫：建议设立前科消灭制度［EB/OL］.百度百家号，2021-03-02.
② 周世虹委员：建议消除对罪犯子女考公的限制［EB/OL］.新浪网，2023-02-28.

一、树立科学务实的犯罪策略理念

党的十九大报告提出，要进一步建成更加和谐的小康社会，并且通过十五年的时间基本实现国家治理体系和国家治理能力的现代化。稳定有序的社会环境是构建和谐社会和推进国家治理能力提升的必要前提。影响社会稳定的因素有很多，其中，刑释人员一直是一个极为特殊、同时也经常被忽视的群体。将对刑释人员的安置帮教作为社会治理工作的一项重要任务，是帮助有前科之人回归社会的重要环节。我国传统的做法是以政策为主，1994年2月14日中央社会治安综合治理委员会、公安部、司法部、劳动部、民政部、国家工商行政管理局联合下发《关于进一步加强对刑满释放、解除劳教人员安置和帮教工作的意见》（综治委〔1994〕2号），明确了安置帮教工作的性质、对象、范围和工作目标以及各部门的任务、责任。2010年，中共中央办公厅、国务院办公厅转发《中央社会治安综合治理委员会关于进一步加强刑满释放解除劳教人员安置帮教工作的意见》（中办发〔2010〕5号），进一步明确安置帮教工作的领导责任，对过渡性安置刑满释放、被解除劳动教养人员的企业给予包括减免税在内的多项优惠政策和资金扶持。然而，有关安置帮教的法律规范多为规范性文件，存在内容陈旧、大而全、以原则性规定为主的客观情况。当然，至少从地方规范性文本中，能够看到关于回归社会的制度构建的指导思想和目的，如江西省《关于进一步加强刑满释放解除劳教人员安置帮教工作的实施意见》第1条"指导思想"中有"促进刑释解教人员顺利回归和融入社会"的表述，《上海市安置帮教工作规定》中有"帮助刑释解教人员融入社会"的表述。

推动社会化导向的帮教工作、强化社会力量参与安置帮教，是实现刑释人员再社会化的必然趋势。社会力量包括方方面面，有的地方开展的尝试和努力值得总结经验和优化推广，如深圳市阳光下之家社会帮教服务中心（以下简称"中心"），是国内首个更生人士矫正服务中心，也是国内最专业的为刑满释放人员提供社会帮教志愿服务的 NGO 组织。中心由全国普法先进个人、全国十大法制新闻人物、广东省十大新闻人物、北京 2008 年奥运会火炬手王金云于 2003 年 9 月创办。12 年中,王金云花费 250 多万元积蓄,坚持不懈地帮助失足者回归社会,劝服在逃人员投案自首。此外,他还帮助 170 多名出狱青少年找到了工作,劝导 600 多人放弃了犯罪或重新犯罪的念头,帮扶一万多名失足者开始了新的生活。中心主要为刑满释放、犯案在逃、监狱服刑、社区矫正人员,以及他们的亲属提供社会帮教服务。多年来,凭借着出色的成绩,中心赢得了社会各界的广泛好评。① 从世界范围看,由政府一手包办是有局限的,一些国家和地区在制度设计上也有计划地运用民间资源,保持此项工作的民间性。

目前,针对刑满释放人员的救助措施,往往承担大量的强制性管控任务,过于强调和侧重预防犯罪的效果,在价值选择上显得单一,或者说失之偏颇,需要同时考虑到其社会化和回归社会的问题,不能随随便便地把刑法变成社会帮助法,但是,接受刑罚惩罚后的人需要回到社会中来。"公共安全不是没有犯罪的一种状态,而是将犯罪控制在一定的范围内,使之处在国家的控制之下,其方法是对已实施的犯罪保持较高的破案率,不顾情面地对犯罪行为进行追诉。"② 尽管有一万个不愿意,但我们首先面对的现实问题是,犯罪现象能够被彻底消灭吗?有学者引用安东尼杨的话谈到,"实践表明,犯罪现象永远存在,应当没有疑问。这一结论具有重大意义,因为其中包含着这样的论断,即它是人类无法避开的同行者,永远不会消失,无论'太阳城'的各种建造者多么用心良苦"③。犯罪现象出现的原因既可能是社会条件,也可能是人之心理、生理的特殊性。在这种情况下,只有既消除了

---

① 安置帮教 [EB/OL]. 搜狗网,2019-09-24.
② 汉斯·海因里希·耶赛克,托马斯·魏根特. 德国刑法教科书:上 [M]. 徐久生,译. 北京:中国法制出版社,2017:3.
③ 拉基莫夫. 犯罪与刑罚哲学 [M]. 王志华,丛凤玲,译. 北京:中国政法大学出版社,2016:144.

<<< 第八章 人的社会性与社区矫正人员回归社会问题

社会条件,也消除了人之"缺陷",犯罪现象才会消失。令人遗憾的是,今天我们仍然不能回答人之犯罪行为的原因问题。所以,对于我们来说,犯罪现象仍然是永久的恶。[1] 怎么办?或者根本就不值得与犯罪现象做斗争?安东尼杨以如下方式回答了这一问题:"与犯罪现象进行的斗争完全在人可能的范围内,只是不要提出将其根除的荒谬任务。"[2]

国际刑法改革运动的一个共同目标,是在整个法律追诉体系中增加由人道主义决定的教育思想。正是基于这一思想,人们尝试使处罚与被判刑人的个性相适应,扩展非监禁刑,以社会教育帮助措施来辅助刑罚,以被判刑人的再社会化为目的来安排刑罚执行,减轻刑满释放人员重返社会的阻力,唤起社会对刑满释放人员的共同责任感。[3]

减少前科给曾经的犯罪人所带来的负面影响,让前科者能够平等地享有与正常人一样的权利,恢复犯罪人的社会主体地位,避免刑罚过剩,以及激励犯罪人积极改造,使其真正改过自新、回归社会,已成为世界当代刑法发展的趋势。如何更好地促进刑满释放人员和社区矫正人员再社会化,具有很强的刑事政策性,目标是面向未来,为前科者排除更生障碍,以便使其重回社会,恢复施展其固有的资格和能力,最终实现人格、生活等方面的再社会化。

从关于刑罚的哲学思想来看,给予前科之人以回归社会的机会是主流观点,包括被看作报应论代表人物的康德、黑格尔,其哲学思想中也蕴含着通过惩罚、改造,促进犯过罪之人回归社会的内容。德国学者梅尔(Merle J.-C.)在其《德国观念论与惩罚的概念》一书中,有一段不同于通常观点的、关于

---

[1] 拉基莫夫. 犯罪与刑罚哲学 [M]. 王志华,丛凤玲,译. 北京:中国政法大学出版社,2016:146.
[2] 拉基莫夫. 犯罪与刑罚哲学 [M]. 王志华,丛凤玲,译. 北京:中国政法大学出版社,2016:146.
[3] 汉斯·海因里希·耶赛克,托马斯·魏根特. 德国刑法教科书:上 [M]. 徐久生,译. 北京:中国法制出版社,2017:20.

175

康德等刑罚哲理的解读："康德将规训视为教养的前提，即教育的积极方面的前提，必须首先通过对人的外在强迫，从而使之尊重法律——最重要的是在成为自身立法者的能力之前，必须首先通过对人的外在强迫，从而使之尊重法律，而那些能力则构建了等同于公民国家的法律下的自由。例如，当我们强调狗遵守规则时，我们真正想要的是狗遵守我们的规则。但对于人，我们应当把人性当作目标，努力促进人性，鼓励法律下的外在自由。惩罚应当促进罪犯的改造……在我看来，康德的权利概念完全可以与特殊威慑理论相协调，后者包含了对罪犯犯罪能力的剥夺和对罪犯的矫正。"①　"惩罚的根据，即作为在特殊威慑之间之后发生的矫正，受到了费希特（Johann Gottlieb Fichte）和黑格尔提出的以对康德权利概念的自由主义解读为基础的理论的支持：惩罚罪犯，以使其可能再度成为共同体中的一员。"② 概括起来，即"惩罚罪犯，以使其可能再度成为共同体中的一员"的理念，是指导刑事政策、犯罪策略确定的理念基础。

从犯罪学的视角来看，随着对犯罪原因研究的开展、犯罪外因论的兴起，将诸如就业困难、缺乏工作机会、政策不公、生活条件差、无居住场所等因素，纳入影响犯罪分子最后做出犯罪决定选择时的因素，为控制犯罪，特别是对重新犯罪的控制，就需要通过对服刑人员、刑满释放人员给予社会帮助，使其适应社会，实现再社会化。"如何防治重新犯罪？历史上先后出现过威慑政策、矫正政策、剥夺政策、重返社会政策、综合政策等防治重新犯罪的政策……'重返社会'政策是防治重新犯罪的重要政策之一。"③

对犯罪原因进行客观解读，方能够形成惩治、预防犯罪的好的策略。在中国传统观念中，对犯罪憎恶有余、宽容不足，机械地认为犯罪等于恶、罪

---

① 梅尔. 德国观念论与惩罚的概念 [M]. 北京：知识产权出版社，2015：78，82.
② 梅尔. 德国观念论与惩罚的概念 [M]. 北京：知识产权出版社，2015：125.
③ 翟中东. 社区性刑罚的崛起与社区矫正的新模式：国际的视角 [M]. 北京：中国政法大学出版社，2013：2-3.

犯等于恶人，无论罪行轻重，都应予以刑罚，甚至重刑治之。① 随着社会的发展和观念的革新，人们认识到犯罪原因非常复杂、多元，认识到社会利益的冲突和经济、政治法律等制度层面不可避免的弊端、个体的差异等，制度弊端可以改进、改良但不可完全避免，个体差异和行为选择无法统一控制，国家和社会可以改变违法犯罪的具体情形，但是决定不了它们的有无，不可能消除它们。现实社会中犯罪是不可避免的，因为一个完美的、毫无矛盾和冲突的社会是根本不存在的。有矛盾冲突就必然会有犯罪。② 对于个人而言，一个人走向违法犯罪道路的原因是非常复杂的。应理性地看待犯罪的产生，从观念上改变对犯过罪的人十恶不赦的刻板印象，树立有"前科"并不等于"无药可救"的观念，减轻社会公众与犯罪人之间的心理隔阂。刑罚观的转变也同样重要。从报应刑论、预防刑论，到并合主义刑罚观，它们认为刑罚的目的不应仅仅限于追求对犯罪人的报应，如何对犯罪分子进行教育改造也是刑罚的一个重要目的。剥夺犯罪人的权利和资格，让其感受痛苦从而使其不敢再犯，这是刑罚设置的应有之义；但同时是如何将犯罪人矫正成为社会人，从而使其重回社会，这是新时期刑罚观应有的内涵。

从世界各国的刑事政策即针对犯罪的反应和策略来看，大都形成了兼顾惩罚、预防及努力促进回归社会的综合理念。"在德国，刑事政策……自始至终在根据符合预防目的的制裁的适用，追求罪责原则的要求与希望之间的均衡……一般而言，具有所有消极结果的刑罚执行，对行为人的自我价值感和重返自由社会的行为人的社会形象，均起不到促进作用。由此可得出结论，特殊预防和再犯预防最好通过以下方式来进行：避免执行自由刑，使用

---

① 郑丽萍. 轻罪重罪之法定界分 [J]. 中国法学, 2013 (02): 128-138.
② 张绍彦. 犯罪定义、原因与惩罚的关联分析 [J]. 中国刑事法杂志, 2008 (03): 85-92.

非监禁制裁。"①"刑法只是社会行为控制综合体系中一个相当小的部分。"②

在我国，罪犯"标签"思想在国人的观念中根深蒂固。从古至今，每一朝代的刑罚都带有浓重的"标签"色彩，如墨刑、黥刑，将罪犯与普通人予以区分，从而加深罪犯的羞耻感，时刻提醒普通人引以为戒。发展到今日，虽然刑罚更加人道化，但由于犯罪前科的存在，"标签"思想和刻板印象依旧深深根植于人们的传统观念中，社会公众大多数将被贴上"犯罪标签"的犯罪人视为危险来源，使后者得不到社会的认同和接纳。前科者遭遇的各种资格、权利、机会的限制或剥夺的歧视性待遇，使其进一步被孤立和边缘化，极易重新走向犯罪的道路。因为倘若导致其犯罪的因素或环境没有得到根本改变，刑满释放后新遭受的社会陌生化的不适应和歧视性排斥会进一步激起其犯罪冲动。我们不仅热衷于制造犯人，更热衷于惩罚犯人、"改造"犯人，并不遗余力地因"罪犯"之污名而将他们拒斥在外，使他们成为永远不可信任的危险他人、敌人，这最终会把一个巨大的群体推向社会全体的对立面，这些人将会成为一个时代终结的"掘墓人"。犯罪标签的存在，很可能会让前科者遭到来自社会公众的歧视和区别待遇，难以建立正常的人际关系，受到惶恐、不安、担忧等情绪的折磨。

二、准确认识社区矫正的性质和功能

2003年7月10日，最高人民法院、最高人民检察院、公安部、司法部下发的《关于开展社区矫正试点工作的通知》（司发〔2003〕12号，以下简称2003"两院两部社区矫正"《通知》）指出："社区矫正是与监禁矫正相对的行刑方式，是指将符合社区矫正条件的罪犯于社区内，由专门的国家机

---

① 汉斯·海因里希·耶赛克，托马斯·魏根特. 德国刑法教科书：下 [M]. 徐久生，译. 北京：中国法制出版社，2017：1014.
② 汉斯·海因里希·耶赛克，托马斯·魏根特. 德国刑法教科书：下 [M]. 徐久生，译. 北京：中国法制出版社，2017：1024.

关在相关社会团体和民间组织以及社会志愿者的协助下，在判决、裁定或决定确定的期限内，矫正其犯罪心理和行为恶习，并促进其顺利回归社会的非监禁刑罚执行活动。社区矫正是积极利用各种社会资源、整合社会各方面力量，对罪行较轻、主观恶性较小、社会危害性不大的罪犯或者经过监管改造、确有悔改表现、不致再危害社会的罪犯在社区中进行有针对性管理、教育和改造的工作，是当今世界各国刑罚制度发展的趋势。"依据2003"两院两部社区矫正"《通知》，我国的社区矫正就是一种刑罚执行工作。《中华人民共和国社区矫正法》（以下简称《社区矫正法》）于2019年12月28日第十三届全国人民代表大会常务委员会第十五次会议通过，自2020年7月1日起施行。《社区矫正法》对社区矫正的性质采取了模糊的处理，表现在《社区矫正法》第1条的规定："为了推进和规范社区矫正工作，保障刑事判决、刑事裁定和暂予监外执行决定的正确执行，提高教育矫正质量，促进社区矫正对象顺利融入社会，预防和减少犯罪，根据宪法，制定本法。"第2条规定："对被判处管制、宣告缓刑、假释和暂予监外执行的罪犯，依法实行社区矫正"，同时规定，"对社区矫正对象的监督管理、教育帮扶等活动，适用本法"。

围绕社区矫正的性质和功能，学界和实务界的看法不同。有学者认为"'社区矫正是依法在社区中监管、改造和帮扶罪犯的非监禁刑罚执行制度'，仍然主张社区矫正的法律性质就是刑罚执行"[①]。"目前中国大陆属于狭义概念，但最广义概念是中国未来社区矫正的发展方向。中国大陆的社区矫正不应定性为'行刑方式''非监禁刑罚执行制度''社区刑罚'，而应定性为非监禁的刑事执行制度。"[②] 具体来说，"社区矫正是指法定执行机关及

---

① 吴宗宪. 社区矫正导论. 第2版 [M]. 北京：中国人民大学出版社，2020：11；吴宗宪. 再论社区矫正的法律性质 [J]. 中国司法，2022（01）：78-86.
② 王顺安. 论中国特色的社区矫正概念与性质 [J]. 宜宾学院学报，2021，21（01）：1-14.

其工作人员在社区并依托社区资源和力量，对被判处管制刑、宣告缓刑、裁定假释、决定或批准暂予监外执行的罪犯，予以监督管理和教育帮扶，旨在有针对性地消除可能重新犯罪的因素，帮助其成为守法公民的一项非监禁刑事执行制度"①。有学者对此观点进行了反驳，主张"在对社区矫正性质的讨论中，应当明确是社区刑罚执行而非刑事执行，这是发展完善社区矫正制度的重要前提条件"，即主张社区矫正的性质更准确的表述为"社区刑罚执行"，就是指在社区中的刑罚执行。②有学者对此进行了较为详细的归纳和梳理，将从法律和有关规定视角出发进行探讨的研究观点归结为多数都是以"刑罚执行"为核心定位社区矫正的性质，代表性的观点主要有非监禁刑罚执行说、刑罚执行或社区刑罚执行说、刑罚执行和社会工作说、刑罚执行和社会福利说。将超出法律和有关规定进行研究的观点归结为跳出"刑罚执行"定位其性质，代表性的观点主要有综合性非监禁处遇措施说、刑事处遇措施说、非监禁的预防与矫治方式说。基于分析和论证，有人主张将我国社区矫正性质定位为具有相当开放性的非监禁性的刑事处遇方法更为妥当。③

社区矫正的性质和功能是社区矫正基础理论中的重要问题，是关系到社区矫正工作能否正常开展和顺利发展的重大问题，明确社区矫正的性质和功能，对于有效、有目标地开展社区矫正工作意义重大。针对《社区矫正法》中模糊社区矫正性质的做法，有学者将其不利后果归纳为四方面：对准确认识社区矫正不利、对做好社区矫正工作不利、对从事社区矫正研究不利、对进行相关立法工作不利。④

围绕社区矫正性质与功能的争议，事实上与几个关键要素有关：社区矫

---

① 王顺安.论中国特色的社区矫正概念与性质[J].宜宾学院学报，2021，21（01）：1-14.
② 刘强，武玉红.社区矫正的性质为社区刑罚执行[J].青少年犯罪问题，2020（06）：33-40.
③ 郑丽萍.互构关系中社区矫正对象与性质定位研究[J].中国法学，2020（01）：149-165.
④ 吴宗宪.再论社区矫正的法律性质[J].中国司法，2022（01）：78-86.

正的对象包括哪些？社区矫正是单一的还是多元的价值目标追求？是偏重于惩罚、惩戒，还是感化、帮教等价值功能选择？由于社区矫正对象的复杂性，无法实现单一的类型化，自然给社区矫正性质的定位带来难度，理论上存在争论也是必然的，正式颁行的《社区矫正法》第1条"为了推进和规范社区矫正工作，保障刑事判决、刑事裁定和暂予监外执行决定的正确执行，提高教育矫正质量，促进社区矫正对象顺利融入社会，预防和减少犯罪，根据宪法，制定本法"，也没有对社区矫正性质做出明确规定，正如有学者所谈到的，"作为上位法的刑法、刑事诉讼法，未来应逐步调整和修改其社区矫正对象方面的规定，以为我国社区矫正的发展和立法完善提供前提和空间"①。

有关社区矫正的性质和功能的争论仍然在继续，然而两极化现象需要克服和避免：一种是过于夸大社区矫正对象的人身危险性，强调惩治、防范和风险管控；另一种是忽视、淡化社区矫正对象可能潜在的、一定的人身危险性，将社区矫正简单理解为社会工作或社会福利。二者都是片面、不全面的，将惩戒、矫正、安置帮教、重归社会等目的、措施综合落实和运行，才是理想的也是务实的选择。"社区矫正产生于100余年前。虽然100多年来关于社区矫正的价值取向一直有不同的主张，有的认为，社区矫正应当突出对社区中服刑人员的监督控制；有的认为，社区矫正应当重视对服刑人员的矫正，以矫正为社区矫正工作的归宿；有的则认为，社区矫正应当以帮助服刑人员为基本价值取向。但是，帮助服刑人员适应社会却一直是社区矫正的基本色调。"② 应该说，社区矫正本身也承载着多重功能，其中帮助服刑人员重返社会的属性是不变的。

---

① 郑丽萍.互构关系中社区矫正对象与性质定位研究 [J].中国法学，2020（01）：149-165.
② 翟中东.社区性刑罚的崛起与社区矫正的新模式：国际的视角 [M].北京：中国政法大学出版社，2013：19.

三、加大社区矫正适用范围

在我国，犯罪记录伴随终身，子女报考公务员、上军警学校、入党等，政审时或多或少受到一些限制。曾有检察院为进行酒驾、醉驾防范提示，梳理过酒驾成本清单，包括法律成本、经济成本、职业成本、时间成本、家庭成本、社会成本及其他成本多项。仅以职业成本为例，包括：（1）律师、医师吊销执业证书。依据律师法第49条规定，"律师因故意犯罪受到刑事处罚的，由省、自治区、直辖市人民政府司法行政部门吊销其律师执业证书"。（2）被用人单位解除劳动合同。《中华人民共和国劳动合同法》第39条规定，劳动者"被依法追究刑事责任的"，用人单位可以解除劳动合同。（3）公民不能入党、不能报考国家公务员。（4）当兵或报考军校无法通过政治审查。（5）从事出租车、货车、客运车辆等营运行业的驾驶人，更是面临失业的危险，尤其醉酒驾驶将终身不得从事营运类工作。（6）作为法定代表人无法顺利办理营业执照。《企业法人法定代表人登记管理规定》（已失效）中规定："正在被执行刑罚或者正在被执行刑事强制措施的"，不得担任法定代表人，企业登记机关不予核准登记。（7）公法检、公职人员双开。醉酒驾驶机动车构成刑法第133条之一规定的危险驾驶罪。《中国共产党章程》（2022修改）第40条第二款规定："严重触犯刑律的党员必须开除党籍。"《中国共产党纪律处分条例》（2023年12月19日颁布，2024年1月1日实施）第34条第1款规定："因故意犯罪被依法判处刑法规定的主刑（含宣告缓刑）"的，应当开除党籍。《行政机关公务员处分条例》第17条第2款规定："行政机关公务员依法被判处刑罚的，给予开除处分。"所以，如果达到醉酒驾驶标准，依据上述规定就应当给予开除党籍、开除公职处分。（8）党员和国家公务人员出现饮酒驾驶违法行为，除受到交通法规处罚外，还将被通报给纪检监察机关，受到纪律查处。对因醉酒驾驶被免于刑事处罚的党员干部，依据《中国共产党纪律处分条例》的规定，也应给予撤销党内职务以上处分。

犯罪成本是方方面面的，犯罪必须接受惩罚，以体现正义。同时，针对被定罪判刑的人员，除被判处死刑、适用终身监禁刑罚的以外，都有一个回归社会的问题，防止其重新走向犯罪的道路，是政府和社会必须面对的现实问题。

社区矫正相较于监禁刑，比较利于前科之人重返社会，这是共识，也是被实践证明了的。从社区矫正的起源和发展来看，社区矫正原本就是"重返社会"政策的一个环节。2003年"两院两部社区矫正"《通知》决定对被判处管制的、被宣告缓刑的、被暂予监外执行的、被裁定假释的、被剥夺政治权利并在社会上服刑的五种罪犯实行社区矫正。《社区矫正法》第2条规定，"对被判处管制、宣告缓刑、假释和暂予监外执行的罪犯，依法实行社区矫正。对社区矫正对象的监督管理、教育帮扶等活动，适用本法"。第3条规定，"社区矫正工作坚持监督管理与教育帮扶相结合，专门机关与社会力量相结合，采取分类管理、个别化矫正，有针对性地消除社区矫正对象可能重新犯罪的因素，帮助其成为守法公民"。社区矫正不能仅强调其惩罚性，更重要的是强调其教扶帮助、教育引导作用，注入更多的人文关怀，促进其复归社会。

四、对户籍、人事档案等制度进行改革

在我国，每个人出生、上学、就业、迁移等无不受到户籍制度和人事档案制度的制约。居民户口簿和人事档案通常还会对一个人从何处转来、是否受过刑事处罚等内容有详细的记录。2012年修正的刑事诉讼法增加了未成年人犯罪记录封存制度。《中华人民共和国刑事诉讼法》（2018修正）第286条规定的未成年人犯罪记录封存制度和新修正的未成年人保护法第103条、预防未成年人犯罪法第59条关于未成年人隐私和信息保护的规定，切实解决了实践过程中未成年人犯罪记录和相关记录因管理不当导致信息泄露，影响失足未成年人重新回归社会等问题。2022年5月，最高人民法院、最高人民检察院、公安部、司法部会签下发了《关于未成年人犯罪记录封存的实施办法》(2022年5月24日发布,自2022年5月30日起施行)。随着我国前科封存制度(主要是未成年人前科封存制度)的构建和落实,国家体系性制度的衔接也需要及时跟进和调整。

1. 建议实现户籍制度的纯粹个人基本信息的记载功能,将户籍制度中的前科记载事项分离出去,恢复户籍制度的原始记载功能,将户口仅作为居民的一种身份象征和户籍证明,人口登记不涵盖过多的计划管理功能,减少户籍制度上的"附加值",将户籍的附加功能弱化。① 这样能减少前科人员回归社会的障碍。同时还要保障公民迁徙的自由,这样才能让曾经的犯罪人从原有的环境中脱离,以一个新人的身份重新融入一个新的社会环境当中。

2. 《中华人民共和国刑法》第100条规定,"依法受过刑事处罚的人,在入伍、就业的时候,应当如实向有关单位报告自己曾受过刑事处罚,不得隐瞒。犯罪的时候不满十八周岁被判处五年有期徒刑以下刑罚的人,免除前款规定的报告义务。"我国的人事档案中包含着有前科人员的犯罪记录,这对其入学、工作影响是非常大的,可以考虑将犯罪记录的内容统一纳入公安机关管理范围,其他各用人单位从当事人的人事档案中撤出犯罪记录的内容。这样,既能够实现前科犯罪记录的平台统一管理和信息的一致性,避免前科信息不对称性,也有利于符合法律规定的不必报告前科人员回归社会。

3. 应该承认,我国的政审制度还残留着株连效应,如公务员政审虽然是考查考生本人的情况,但一些机关公务员政审较为严格,考察是多维度的,还包括父母、直系亲属的背景调查。如果考生父母有犯罪记录,其政审几乎是不可能通过的。因此,改善我国政审制度的首要任务是改变政审中"株连"的做法,降低对前科者亲属入学、就业造成的不良影响,统一各地区的政审标准,使前科者受到公正的政审对待。

---

① 谭湘军. 完善未成年人前科消灭制度的几点建议[EB/OL]. 茶陵县人民法院网, 2009-11-10.

五、完善犯罪人信息保护制度

2021年12月3日，公安部发布了《公安机关办理犯罪记录查询工作规定》（以下简称《犯罪记录查询工作规定》），这个工作规定明确了犯罪记录的定义，即犯罪记录是我国国家专门机关对犯罪人员的客观记载。除人民法院生效裁判文书确认有罪外，其他情况均应当视为无罪。这是一个实现全国犯罪记录和无犯罪记录统一的重要举措，是一个很大的进步。这意味着，检察机关的不起诉决定，无论是相对不起诉还是绝对不起诉，既然没有法院裁判文书确认有罪，那就都视作无罪，公安机关应该出具《无犯罪记录证明》。这也意味着，过去某些地方将违法记录纳入犯罪记录的做法没有了法律依据，从此各省不再自行规定犯罪记录查询的规定。同时，违法行为也不能记录在无犯罪记录证明中。

然而，对于受刑人员的犯罪标签，无论是轻罪还是重罪，依然有着沉重的附随后果。以现行刑法第100条的规定为例，该条规定了前科报告义务，即"依法受过刑事处罚的人，在入伍、就业的时候，应当如实向有关单位报告自己曾受过刑事处罚，不得隐瞒"。也就是说，不管多么轻微的犯罪，在找工作和参军时都要承担"前科"报告义务。此规定意味着，无论是去建筑工地施工、建筑装修，还是开出租、应聘餐厅服务员、送外卖等，都需要向雇主报告自己曾经受过刑事处罚。尽管法律没有禁止雇主雇用服刑人员，但可以想见，当你提交了受过刑事处罚的记录后，雇主会愿意选择一个被定过罪、判过刑的人从事相关工作吗？

前科之人就业难，在通信信息发达的当下更加凸显。如果不对曾经犯罪人的相关信息从法律上加以保护，其犯罪信息很容易被公开披露，使其遭受社会和其他主体的歧视和排挤。司法裁判文书的公开以及网络信息的迅速传播，犯罪信息带来的"污名化"以及后遗效应被无限放大，更为刑满释放人员融入社会制造困难。我国已设立了相关的法律法规保护普通自然人的隐私，如新修订的《未成年人保护法》中对未成年人隐私和信息的保护；我国《民法典》中也规定了对隐私权和自然人个人信息的保护；2021年8月20日颁布的个人信息保护法也体现了国家对个人信息保护的重视。然而，犯罪人的犯罪信息保护尚未得到足够的重视，该信息是否应被纳入制度保护的范围尚存在争论。对此，有学者建议，因犯罪并受到刑罚处罚的事实应当视为个人隐私的一部分而受到法律保护，除去法律规定的必要知悉情形外，其他情况下犯罪人曾经的犯罪事实应作为个人隐私从法律上予以保护和规范。如果他人恶意获取、使用、披露或者散布犯罪人曾经的犯罪信息，造成行为人名誉受损的，应当允许其向有管辖权的法院提起隐私权侵权之诉，并有权获得损害赔偿。[①] 可将犯罪记录信息纳入公民个人信息的范畴。对于违规向他人出售、非法提供或者非法获取犯罪人的犯罪信息，情节严重的，依法以侵犯公民个人信息罪追究刑事责任。刑事规制作为最严厉的法律制裁手段，是保护犯罪人信息的重要法治保障。[②] 无论上述建议能否被采纳，总会逐渐引起有关部门和社会各方面的关注，今后有必要体系性地探讨构建犯罪信息管理和合理使用的问题。

六、避免就业准入层层加码的做法

美国学者于2017年进行的一项实证研究表明，相比于犯罪记录未消灭者，消灭了犯罪记录的人在犯罪记录消灭之后的一年内，再次犯罪的概率降低了2.2个百分点；之后3年内，再次犯罪的概率下降了4.2个百分点。而再犯率下降最可信的原因是，犯罪记录的消灭增进了就业。[③] 可见，促进前科者就业是降低再犯率的一个重要因素。

---

① 李双庆．刑罚后遗效果消灭制度研究［D］．中国青年政治学院，2009．
② 彭新林．立足现实构建犯罪记录消灭制度［EB/OL］．高检网，2021-11-02．
③ 谭畅，刘欢．多专家呼吁建立轻罪前科消灭制度：一朝有案底，余生难就业［EB/OL］．企鹅号，2021-03-26．

我国宪法第 42 条规定,"中华人民共和国公民有劳动的权利和义务"。因此,对曾经犯罪人进行从业限制的严厉的刑罚附随性制裁呼唤我国建立科学的就业准入制度。

1. 就业准入制度限制要避免终身性限制的存在。当然,一些职业代表了国家形象,一旦被滥用将有损公众对国家的信任,可以有条件地对犯罪情节极为恶劣、造成社会严重不良影响的行为人判处终身剥夺。

2. 引入类型化思维,对不同的犯罪人区别对待。现各部门、各用人单位存在一种"前科洁癖",不区分情境场合、不论证必要性和合理性,"一刀切"地对所有犯罪人进行就业限制,一味地将犯罪记录作为负面清单之首选。就业的限制应与行为人曾经的犯罪行为存在关联,比如,对于轻微犯罪、过失犯罪的犯罪人,不应设立过多或者过于苛刻的就业准入限制。

3. 抬高职业禁止的制度位阶。在实践过程中,我国对前科者就业限制的规定不仅出现在刑法和大量的行政法规中,还见于各地方的官方文本和企业规定中。一些地方性立法以及不少企业对前科者就业准入的扩张限制,缺乏上位法依据地继续加码,更是为前科者再就业筑起了一道牢固的围墙。因此,设立就业准入限制应当由位阶较高的法律或行政法规做出统一规定,任何地方性立法不得擅自设立行业准入限制,同时需要构建救济制度,没有救济,仅仅提出主张或应然性规定,同样难以切实实现矫正目标。

七、推进犯罪记录封存落实工作①

以未成年人犯罪记录封存制度为例。目前,我国未成年人犯罪记录封存制度规范性文件包括 2009 年最高人民法院印发的《人民法院第三个五年改革纲要(2009—2013)》,《纲要》明确"落实宽严相济刑事政策"这一司法改革主要任务,提出"建立未成年人轻罪犯罪记录消灭制度,明确其条

---

① 关于轻罪前科消灭内容,详见第七章第二节。

件、期限、程序和法律后果"。2011年,《中华人民共和国刑法修正案(八)》在刑法第100条中增加一款作为第2款:"犯罪的时候不满十八周岁被判处五年有期徒刑以下刑罚的人,免除前款规定的报告义务",明确规定了未成年犯在入伍、就业时,可以免除对有关单位报告自己曾受过刑事处罚的义务。《中华人民共和国刑事诉讼法》(2018)第286条规定:"犯罪的时候不满十八周岁,被判处五年有期徒刑以下刑罚的,应当对相关犯罪记录予以封存。犯罪记录被封存的,不得向任何单位和个人提供,但司法机关为办案需要或者有关单位根据国家规定进行查询的除外。依法进行查询的单位,应当对被封存的犯罪记录的情况予以保密。"《最高人民法院关于适用〈中华人民共和国刑事诉讼法〉的解释》(2021)第581条规定:"犯罪时不满十八周岁,被判处五年有期徒刑以下刑罚以及免予刑事处罚的未成年人的犯罪记录,应当封存。司法机关或者有关单位向人民法院申请查询封存的犯罪记录的,应当提供查询的理由和依据。对查询申请,人民法院应当及时作出是否同意的决定。"2012年5月10日,最高人民法院、最高人民检察院、公安部、国家安全部、司法部联合印发《关于建立犯罪人员犯罪记录制度的意见》,提出建立互联互通、全国统一的犯罪人员信息库,即"犯罪要有记录";规定"国家机关基于办案需要,向犯罪人员信息登记机关查询有关犯罪信息,有关机关应当予以配合",即"记录一般要公开";同时规定"犯罪记录被封存后,不得向任何单位和个人提供",即"犯罪记录封存是例外",呈现出"犯罪要有记录—记录一般要公开—特殊情况下要封存"的特殊逻辑,较为详尽。2017年,最高人民检察院下发《未成年人刑事检察工作指引(试行)》,规定了包含犯罪记录封存制度在内的未成年人检察工作中的八项特殊制度,在顶层设计上对《中华人民共和国刑事诉讼法》(2018)第286条规定的未成年人犯罪记录封存进行了细化。2019年12月30日,最高人民检察院发布了新的《人民检察院刑事诉讼规则》,第483条至第487条规定了未成年人犯罪记录封存,建立专门的未成年人犯罪档案库,执行严格的保管制度。2020年8月20日，最高人民检察院、教育部、公安部联合下发《关于建立教职员工准入查询性侵违法犯罪信息制度的意见》，对"符合刑事诉讼法第二百八十六条规定的未成年人犯罪记录封存条件"的人员做出了例外规定。2021年4月28日，最高检第九检察厅印发《关于统一制发未成年人涉罪记录封存印章的通知》，制作未成年人涉罪记录封存印章样式，在全国范围内统一了未成年人犯罪档案的归档、存放的标准，规范了未成年人犯罪记录封存工作。2024年修正的《中华人民共和国未成年人保护法》正式实施，规定对未成年人进行全方位的保护。第113条规定："对违法犯罪的未成年人，实行教育、感化、挽救的方针，坚持教育为主、惩罚为辅的原则。对违法犯罪的未成年人依法处罚后，在升学、就业等方面不得歧视。"2021年12月3日，公安部印发《公安机关办理犯罪记录查询工作规定》，第10条规定："查询结果的反馈，应当符合《中华人民共和国刑事诉讼法》关于未成年人犯罪记录封存的规定。对于个人查询，申请人有犯罪记录，但犯罪的时候不满十八周岁，被判处五年有期徒刑以下刑罚的，受理单位应当出具《无犯罪记录证明》。对于单位查询，被查询对象有犯罪记录，但犯罪的时候不满十八周岁，被判处五年有期徒刑以下刑罚的，受理单位应当出具《查询告知函》，并载明查询对象无犯罪记录。法律另有规定的，从其规定。"通过《无犯罪记录证明》和《查询告知函》落实了未成年人犯罪记录封存制度。该规定还强化了"公安机关办理未成年人犯罪记录查询工作以人民法院裁判为准"。2022年5月24日，最高人民法院、最高人民检察院、公安部、司法部共同印发《关于未成年人犯罪记录封存的实施办法》的通知，该办法于2022年5月30日施行，对刑事诉讼相关内容进行了细化，进一步对未成年人犯罪记录封存、查询、启封进行了规制，有力推动着未成年人犯罪记录封存制度的实际落实工作。2022年9月12日中央电视台12频道《社会与法》节目，报道了江苏省仪征市人民检察院督促落实陈某等几例未成年人犯罪记录封存的实际做法，报道中提到："2021年6月21

日,江苏省仪征市人民检察院就公安机关落实未成年人犯罪记录封存规定不到位问题提出检察建议。明确各派出所关于违法犯罪记录查询和证明出具工作的职责和流程,对未成年人卷宗档案实行专人管理,单独存放,确保实体卷宗封存。"促进未成年阶段有违法犯罪记录的人员"无痕"回归社会,依法惩戒与依法从宽并行,不是一味地从宽、放任与纵容,而是以教育、感化、挽救作为工作的宗旨。相关工作的推进也表明,未成年违法犯罪记录封存制度的落实更坚定、更坚决。

第九章

犯罪信息纳入社会信用评价的适当性及限制[①]

自1999年始，我国正式开启了现代社会信用体系的建设工作。[②] 我国2003年启动了以"奖励守信、惩罚失信"为核心的社会信用体系建设，在控制信用风险、促进社会诚信等方面发挥了积极作用。[③] 针对党的十八大提出的"加强政务诚信、商务诚信、社会诚信和司法公信建设"的目标，2013年，党的十八届三中全会进一步提出，"建立健全社会征信体系，褒扬诚信，惩戒失信"。次年，国务院印发《社会信用体系建设规划纲要（2014—2020年）》，我国社会信用体系建设的步伐显著加快。2020年12月，国务院办公厅印发《关于进一步完善失信约束制度构建诚信建设长效机制的指导意见》，进一步明确信用信息范围，依法依规实施失信惩戒，完善失信主体信用修复机制，提高社会信用体系建设法治化、规范化水平，社会信用体系建设进入高质量发展阶段。从以上文件精神中可以发现，我国社会信用体系建设已经远远超出了商业信用的内涵范畴，进而作为一种综合性的社会治理工具，将其影响范畴扩展到了现代社会治理的多方面。随着我国社会信用体

[①] 本章是本书作者与内蒙古蒙益律师事务所石栢毓律师共同完成的，特说明并表示感谢。
[②] 林均跃. 中国社会信用体系十年建设历程和取得的成就[C]. 湖南大学信用经济与信用体系国际高峰论坛, 2009.
[③] 陈道富, 曹胜熙. 我国社会信用体系建设的进展、问题与对策建议[J]. 中国经济评论, 2022（08）: 39-42.

系建设的不断推进，犯罪信息作为反映信用主体信用状况的一类重要信息，逐步进入一些地方社会信用立法的规划，并被纳入社会信用评价的范畴。

第一节　犯罪信息纳入社会信用评价的文本检索情况①

2014年国务院印发《社会信用体系建设规划纲要（2014—2020年）》（以下简称《社会信用规划纲要》）以来，我国社会信用体系建设呈现积极发展态势，出台了方向性、原则性的国务院规范性文件，包括2016年国务院印发《关于建立完善守信联合激励和失信联合惩戒制度加快推进社会诚信建设的指导意见》（以下简称《失信惩戒指导意见》），2019年《国务院办公厅关于加快推进社会信用体系建设构建以信用为基础的新型监管机制的指导意见》（国办发〔2019〕35号，以下简称《社会信用体系建设指导意见》）等。犯罪信息与社会信用都起到对社会主体进行评价以及由此带来的社会资源分配与调节作用，然而，二者之间的逻辑关联并非自犯罪信息进入社会信用体系时才出现的。我国存在大量的非刑罚性质的禁止或限制性规定，包括职业禁止的规定、考试资质的限制、落户积分的限制等。② 各种类型的因犯罪前科、受过刑罚惩罚所附随的禁止限制性规定，与对相关人员的社会信用、再犯可能性的考量是分不开的。

---

① 目前与犯罪有关的信息或记录的称谓很不统一，有的称作"刑罚信息"，如《陕西省公共信用信息条例》第25条；有的表述为"刑事犯罪信用信息"，如《福建省公共信用信息管理暂行办法》第13条、《辽宁省公共信用信息管理办法》第8条。相近的内容，学界有称之为"犯罪记录"的，如李怀胜《犯罪记录对社会信用体系的耦合嵌入与功能校正》一文。本书采用"犯罪信息"一词，泛指因个人或单位的前科、犯罪等被纳入社会信用评价的信息。
② 王瑞君.我国刑罚附随后果制度的完善[J].政治与法律，2018（08）：92-106.

在我国，征信制度已经广泛运用于金融领域，并且随着社会信用体系的建立，犯罪信息也不同程度地进入社会信用的评价范畴。我国的信用制度建设作为一种社会管理手段，在法律功能上存在与犯罪信息管理制度的耦合，因此，将犯罪信息纳入社会信用评价具有积极意义和重要作用。然而，在犯罪信息纳入社会信用评价的过程中，各地方规范性法律文件中存在犯罪信息内容泛化、信用主体犯罪信息不对称等一系列问题。因此，明确社会信用体系中犯罪信息的定位，有助于社会信用体系建设过程中犯罪信息运用规范性与合法性的加强，也有助于犯罪人重返社会，保障犯罪人的合法权益。

由于目前我国尚未出台社会信用体系建设国家层面的法律，对于信用主体适用失信惩戒的最高级别规范性文件是国务院于2014年出台的《社会信用规划纲要》及各类指导意见等指导性、方向性文件。因此，对犯罪信息进入社会信用评价具体实施细则的探讨，主要以目前各地方现行有效的地方性法规和地方政府规章为样本而展开分析。在"北大法宝"法律法规中检索，标题关键词选择"信用"，时效性选择"现行有效"，效力级别分别选择"地方性法规"和"地方政府规章"，得到截至2022年6月，我国社会信用体系建设相关地方性法规和政府规章的数量情况（如图9-1所示）。

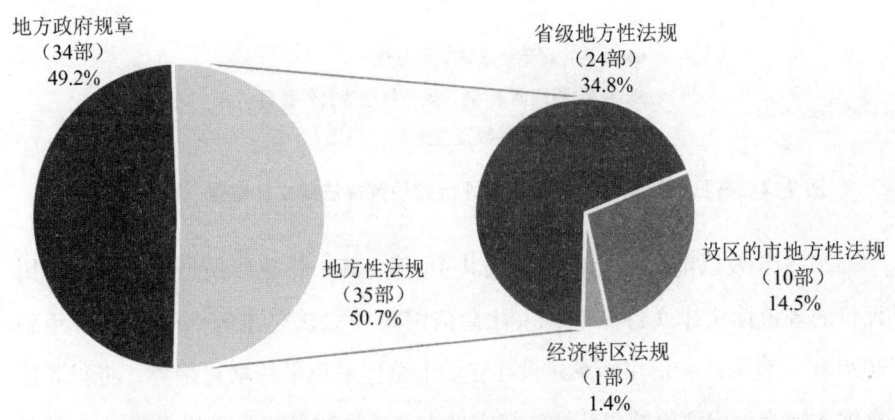

图9-1 地方社会信用体系建设地方法规效力级别（北大法宝）

数据显示，截至 2022 年 6 月，在我国各地方的社会信用体系建设规范性法律文本中，地方性法规和地方政府规章所占比重基本相当，在现行有效的 69 部规范性法律文件中，地方性法规共 35 部，地方政府规章共 34 部。在地方性法规中，省一级地方性法规居多，共有 24 部，占地方规范性法律文件总数比重的 35%。

图 9-2 是"北大法宝"截至 2021 年 12 月发布的社会信用体系建设各地方规范性法律文件的数量以及其中将"犯罪信息"纳入社会信用评价数量。本次统计以 2014 年国务院发布《社会信用规划纲要》为时间节点，将统计数据分为 2013 年及以前和 2014 年及其以后的各年度地方性社会信用立法情况进行整理和分析，得到研究样本如下：2014—2022 年社会信用立法分别为 2 部、3 部、3 部、7 部、6 部、4 部、6 部、16 部、4 部；其中将犯罪信息纳入社会信用评价的立法分别为 1 部、2 部、1 部、4 部、1 部、3 部、2 部、9 部、2 部。

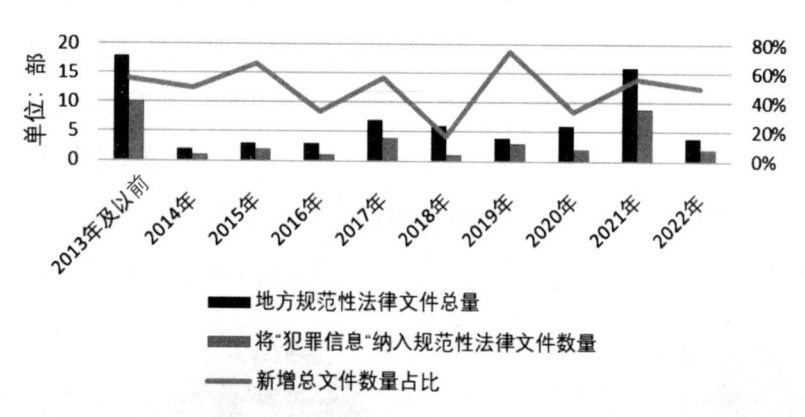

图 9-2　将犯罪信息纳入社会信用评价的规范性法律文件数量（北大法宝）

2013 年及以前，社会信用立法共 18 部，其中将犯罪信息纳入社会信用评价的规范性法律文件 9 部，占社会信用相关立法总量的 50%；2014 年到 2020 年，我国社会信用体系建设在立法上总体呈现平稳增长趋势，将犯罪信息纳入社会信用评价的规范性法律文件占总立法数量的 50% 以上；到了 2021

年社会信用体系建设立法较上年规范性法律文件数量增长了166%，其中将犯罪信息纳入社会信用评价的地方性法规占年度总立法数量的56%。

将69部规范性法律文件样本内容进行整理，其中对于社会信用目录范围的规范性表述可大致分为三种类型：未将犯罪信息纳入社会信用评价的；将生效裁判文书中认定构成犯罪的信息归入社会信用评价的；对"反映信用主体信用状况的生效裁判文书认定犯罪的信息"归入社会信用评价，进行限定的。上述三种表述类型对犯罪信息内容的限定程度依次递进，各类规范性法律文件数量如下表所示。值得注意的是，自2019年起，厦门经济特区颁布了第一部明确将纳入社会信用评价的犯罪信息内容限定在与信用状况相关范围内的地方性法规后①，南京市、辽宁省、重庆市、广东省也纷纷注意到内容限定的必要性，于是对犯罪信息的评价范围做出限定。②

社会信用目录范围表述类型

序号	表述类型	数量
1	未将犯罪信息纳入社会信用评价	34部
2	将生效裁判文书中认定构成犯罪的信息归入社会信用评价	30部
3	限定"反映信用主体信用状况的生效裁判文书认定犯罪的信息"归入社会信用评价	5部

---

① 《厦门经济特区社会信用条例》第8条："下列信息应当纳入公共信用信息目录……（二）刑事处罚、行政处罚、行政强制执行等反映社会信用主体信用状况的信息……"

② 2020年《南京市社会信用条例》；2021年《辽宁省社会信用条例》《重庆市社会信用条例》《广东省社会信用条例》。

第二节 文本层面制度设计的特点及问题

我国社会信用体系在立法建设方面正迅速发展，各地方的立法实践正处于积极探索阶段，一些地方已经将犯罪信息认定为社会信用目录中的应有内容，其中呈现出的特点及问题值得关注。

一、相关文本的特点

根据收集的规范性法律文件样本所反映出的信息可以看出，目前犯罪信息纳入社会信用评价的规范性法律文件存在以下特点。

1. 文本层级相对较低。我国社会信用体系建设蓬勃发展，但是，国家层面最高层级的文本主要是国务院发布的《社会信用规划纲要》，此外有2016年《失信惩戒指导意见》、2019年《社会信用体系建设指导意见》，这些方向性、原则性的国务院规范性文件，从整体来看，对地方信用体系建设无法起到统摄作用；从各地出台的相关具体实施细则来看，由于缺乏全国人大层面具体制度的立法，因而无法对各地方具体制度建设，做出明确的限制和规范。

2. 各地方对于犯罪信息内容限定不统一。在现行有效的各地方规范性法律文件中，对于是否将犯罪信息纳入社会信用评价以及将何种犯罪信息纳入社会信用评价的做法并不一致。截至2022年6月，在现行有效的69部社会信用体系建设规范性法律文件中，仍有34部法律文件尚未将犯罪信息纳入社会信用评价，社会信用体系在各地方存在评价标准上的不一致，这导致各地方之间，甚至是同地方的不同社会信用规范之间，在制度衔接上存在问题。

3. 将犯罪信息纳入社会信用评价的文件中，对犯罪人的制裁范围广泛。

在现行有效的规范性法律文件中,仅有 5 部法律文件将犯罪信息的评价标准限定在与社会信用相关的范围之内,而其他大部分规范性法律文件,例如,《陕西省社会信用条例》《江西省社会信用条例》《江苏省社会信用条例》等,仅规定将人民法院生效判决认定构成犯罪的信息作为评价社会信息的依据,说明大部分的犯罪信息在社会信用评价中规定相对笼统,将犯罪人的所有犯罪信息不加区分地纳入社会信用评价,立法机关对于二者之间逻辑关联性问题思考较少。

4. 对于涉及犯罪信息的具体类型缺乏系统性描述。刑法中依据犯罪主体的不同,区分法人犯罪和自然人犯罪;依据犯罪人主观恶性的不同,区分故意犯罪和过失犯罪。而在社会信用体系建设的地方文本中,对于犯罪信息的描述缺乏系统规划,有的地方将企业信用信息与个人信用信息分别进行调整,例如,陕西省分别出台了《陕西省企业信用监督管理办法》和《陕西省公共信用信息条例》,海南省出台了《海南省企业信用评级办法》和《海南省征信和信用评估管理暂行规定》,江苏省出台了《江苏省个人信用征信管理暂行办法》和《江苏省企业信用征信管理暂行办法》。而有的则将企业和个人信用信息在同一规范性文件中做出整体规制,例如,《北京市公共信用信息管理办法》《上海市公共信用信息归集和适用管理办法》《重庆市社会信用条例》等。如果说对于行为主体分类标准尚有规则可循,那么有关行为人主观恶性的评价在社会信用体系建设中目前仍未得到足够重视。

随着社会信用体系建设的深入推进,对于体系中具体规则的设立应当做出更严格的要求。由于各地方之间社会信用立法的规范性法律文件中,关于犯罪信息的规定存在不一致的情况,信用评价在具体规范上的问题有待完善,因此有必要对现有的地方规范性法律文件进行分析,结合社会信用建设的实践情况,形成更加科学的制度体系,助推社会信用体系建设,实现更高质量的发展。

二、值得重点研究的问题

由于将犯罪信息纳入社会信用评价的制度层面的设计，目前仍处于尝试和地方性制度设计阶段，从相关文本及内容来看，值得思考的问题不少，可以概括为以下主要问题。

1. 纳入社会信用评价的"犯罪信息"的范围问题。犯罪信息作为信用主体的一种特殊信息类型，除犯罪者本人及其近亲属外，其他主体很难通过一般途径得知其犯罪的具体信息，通过社会信用评价制度，将他人获取信用主体犯罪信息的行为合法化，等于将其个人信息权部分让渡于国家或负责社会信用评价的机构。从国家制度体系性角度来看，至少应该是属于与犯罪人社会信用有关的"犯罪信息"。从目前相关文本的规定来看，有的文本将犯罪信息的内容限定在能够反映信用主体信用状况的范围内，然而，大部分相关文件对犯罪信息的描述相对笼统、模糊，如《青海省公共信用信息条例》第13条规定，"经生效判决认定构成犯罪的信息"，应当纳入公共信用信息目录的失信信息当中。至于行为人实施的是故意犯罪还是过失犯罪，是单位犯罪还是个人犯罪，在犯罪中是主犯、从犯还是胁从犯，对犯罪信息进行信用评价能否反映特定领域相关信用状况等一系列涉及犯罪内容的具体问题，在大部分社会信用评价制度中没有限定。

对信用主体的犯罪信息进行社会信用评价的直接结果是对犯罪人采取失信惩戒措施，而犯罪信息涵盖范围的扩大，无疑会导致更多的"不相关"犯罪人遭受失信惩戒后果。

2. 对犯罪人适用失信惩戒的限度问题。对信用主体的犯罪信息进行归集、使用和披露的目的是发挥其在社会管理领域的重要功能，犯罪信息作为行为人参与社会生活过程中相关领域信用评价的参考，将其纳入社会信用体系是必然要求。然而对于犯罪信息的过度使用，则会导致失信惩戒对信用主体的过度惩罚，使犯罪人承担过重的社会压力。例如，珠海市拟设立共享汽车领域的信用体系时,做出了对存在违法犯罪记录者可能禁租共享汽车的规定。① 如果行为人实施的是过失致人重伤这类与共享汽车租用服务不存在信用评价客观联系的犯罪,那么对行为人适用失信惩戒措施,则其严厉程度已经超出过失致人重伤所应承担的责任后果。如果对行为人适用的失信惩戒措施不能提升警戒犯罪人再次犯罪的心理作用,那么这一惩戒措施不仅超出了必要限度,使犯罪人承担了过重的附随义务,还应当认定为是一种无效的惩戒措施。

3. 社会信用体系中信用主体犯罪信息不对称问题。信用主体犯罪信息的运用为社会信用体系建设提供了便利,但仍然无法消除社会信用评价过程中的信息不对称问题。当前信用主体的犯罪信息不对称,主要体现在犯罪信息的制作、查询和跨地区适用等方面,并由此产生了信息不对称前提下的信用主体权益受损和社会信用无法得到实质提升等诸多问题。在社会信用体系建设过程中,由于各地方社会信用体系建设完备程度和市场经济环境不同,加之信用主体犯罪信息作为个人信息和隐私的特殊性质,新媒体的信息产生和传播作用有限,信用主体犯罪信息档案的归纳和整理更多来源于信用主体的犯罪记录,由于犯罪记录制度和社会信用制度分属于不同领域,二者之间制度衔接在实践过程中操作并不娴熟,因此社会信用评价中的犯罪信息不对称的情况时有发生。

4. 各地方之间社会信用体系建设制度的衔接问题。由于社会信用体系建设还处于探索阶段,虽然社会信用作为社会性治理工具的总体目标是明确的,但从目前社会信用体系建设的实践来看,各地方规范性法律文件的具体规定还存在些许差异。现行有效的地方规范性法律文件中,有超过半数的法规中没有明确规定将犯罪信息纳入社会信用评价,而现有的将犯罪信息作为信用评价的法规对于犯罪信息的内容限制也不尽相同,有的将生效的司法裁判文书作为认定犯罪人存在失信行为的依据;有的将人民法院生效判决中认

---

① 李京. 有违法犯罪记录者或被禁租共享汽车 [N]. 南方都市报, 2017-09-22 (ZB02).

定构成犯罪的信息作为信用信息可供查询；有的将能够反映信用主体信用状况的法院生效判决、裁定信息作为公共信用信息补充目录的内容。犯罪信息的信用评价在各地方之间尚未形成统一标准，在一些地方出台的规范性文件中没有正确认识到犯罪信息与社会信用之间的客观关联，对犯罪信息与社会信用之间是否存在逻辑关联重视程度不够，可见，将犯罪信息纳入社会信用评价，尚未在各地方之间形成良好的衔接和完整的体系。

另外需要注意的是，一些地方出台的信用体系建设规范性文件也没能对犯罪信息制定出统一的评价标准。从语词的来源和含义来看，社会信用信息包括公共信用信息和市场信用信息两个部分，那么作为社会信用信息组成部分的公共信用信息，自然应该与社会信用信息评价规则保持一致，然而各地方出台的规范性文件中却存在一些问题。例如，《陕西省社会信用条例》第29条规定，生效的司法裁判文书应当作为认定失信行为的依据，由此可知，认定信用主体构成犯罪的判决、裁定应当作为认定其存在失信行为的依据，然而在《陕西省公共信用信息条例》中，对于个人信用信息内容的限定并未涵盖信用主体的犯罪信息相关内容。又如《辽宁省社会信用条例》第11条规定，"生效的司法裁判文书、仲裁文书以及行政处罚和行政裁决等行政行为决定文书中反映信用主体信用状况的信息"属于公共信用信息。而《辽宁省公共信用信息管理条例》第10条规定，"经人民法院生效判决认定构成犯罪的信息"属于失信信息，可以看出，在《辽宁省社会信用条例》中对犯罪信息的限定范围较宽泛，而在《辽宁省公共信用信息管理条例》中对犯罪信息的限定范围较窄，如果在实践中信用主体涉及的犯罪行为与信用状况无关，就会存在可以对信用主体的犯罪信息进行社会信用评价，但无法进行公共信用评价的矛盾。

第三节　犯罪信息纳入社会信用评价的积极意义

随着地方性规范文本陆续将犯罪信息纳入社会信用评价的范畴，犯罪信息作为社会信用评价的一项内容，或许能够更好地帮助社会信用体系完整地建立起来，弥补刑事犯罪信息缺失的漏洞，但又会面临犯罪信息评价的泛化、对信用主体权利过度侵害等风险。将犯罪信息纳入社会信用评价存在利弊两个方面，有得也有失。

1. 将犯罪信息纳入社会信用评价的目的，从刑事政策和社会治理角度分析，不外乎是防范再犯风险，即特殊预防和一般预防两方面。

首先，将犯罪信息纳入社会信用评价，有助于防止犯罪人再次犯罪。犯罪信息信用化的特殊预防目的主要从两方面实现，一是通过将犯罪信息纳入社会信用评价这一手段，发挥法律对犯罪人的评价和强制作用，从而使犯罪人产生一种对接受惩罚或其他不利后果的恐惧心理，进而主动放弃再次犯罪的意图；二是通过对犯罪人采取失信惩戒措施，例如，通过对犯罪的信用主体采取限制或剥夺资格、限制自由的惩戒措施，直接将犯罪人与可能发生犯罪的环境隔离，直接消除了犯罪人再次实施犯罪的可能性。

其次，为防止社会上的其他人产生犯罪意图而将犯罪信息纳入社会信用评价，实现一般预防目的。一般预防重在发挥法律的指引、预测和教育功能，即通过将犯罪信息明确列为信用评价目录中的内容或对犯罪人采取失信惩戒措施的方式，对社会一般人产生明确的指引作用，在信用主体产生犯罪意图时能够使其准确预测实施犯罪行为将承担失信惩戒的不利后果，同时为社会公众做出诚实守信的正面教育和失信惩戒的负面教育，引导社会一般人共同营造良好的信用环境。

《社会信用规划纲要》明确指出建设社会信用体系的目的是"提高全社

会的诚信意识和信用水平",将犯罪信息纳入社会信用评价自然能够助推社会信用体系建设目的的实现。诚信是社会主义核心价值观的精神要求,信用是社会主义市场经济的基石,是社会治理、公共管理的重要手段,犯罪信息中存在能够评价行为人信用的重要参考因素,各地方、各部门在行政管理、公共服务中,将犯罪信息作为行为人社会信用的一个评价标准,可以不断提高社会个体的诚信意识,进而提升社会整体的信用水平。

2. 完善的法律制度能够支撑社会信用体系的稳定运行,社会信用评价中犯罪信息的法律功能研究是社会信用体系建设的核心课题之一,它对于构建诚信社会具有重要的现实意义。英国法学家拉兹(Joseph Raz)提出将法律功能区分为规范功能和社会功能,其中社会功能又可细化为直接功能和间接功能。拉兹主张法律的直接功能主要包括预防和鼓励。① 将犯罪信息纳入社会信用评价,可以为个人的各种信用活动规划提供方便,为社会服务与资源分配提供参考,解决迄今为止由于犯罪行为尚未受到信用规范而产生的争端。其具体表现在以下两方面。

(1)对犯罪人进行规训与教育。犯罪信息的信用化,不仅是对行为人所犯罪行的惩戒,也是对犯罪人持续进行规训、教育的过程,使其诚实对待社会信用相对人,认真遵守法律、尊重社会共同生活规则。康德将规训视为教育的前提,即教育的积极方面的前提,必须首先通过对人的外在强迫,使之尊重法律,而那些能力则构建了等同于公民国家的法律下的自由。对于人,我们应当把人当作目标,努力促进人性的发展,鼓励法律下的外在自由,因此惩罚应当促进罪犯的改造。② 犯罪信息的社会信用化,对犯罪人适用失信惩戒,不仅是一种对犯罪人的惩罚,更应当以改造、教育罪犯、保障社会诚信为出发点,根据犯罪人实施的犯罪行为对社会法益的侵害程度,适

---

① SIMPSON A W B. Oxford Essays in Jurisprudence, Second Series [J]. Clarendon Press, 1973: 298.
② 梅尔. 德国观念论与惩罚的概念 [M]. 邱帅萍, 译. 北京: 知识产权出版社, 2015: 78.

用相应的失信惩戒措施，使其能够自觉遵守社会秩序，以达到维护社会诚信和良好秩序的目的。

（2）促进社会治理效果，激励社会公众形成维护公共秩序的意识。在社会信用评价中，为了避免因行为人存在犯罪行为而给他人的社会生活带来不必要的风险，将犯罪信息作为社会信用评价的一个参考因素。信用这一心理现象和心理活动直接受到社会信用意识、信用历史与文化、诚信道德观念与传统、信用行为与惯例等的影响①，信用具有社会属性，在人与人之间的社会交往中推动社会运行的整体环境，是人类社会有序发展的一项重要基础。刑罚作为一种对行为人严重违反法律制度最严厉的惩罚方式，是社会制度的重要组成部分，因此，才会受到信用评价的重视和关注。犯罪信息的信用化，一方面是为了通过犯罪信息的传递减少犯罪人再次进入特殊领域实施犯罪的机会，有利于预防特殊类型的犯罪；另一方面可以通过披露犯罪人过去犯罪经历的方式，让人们对犯罪主体更加警惕，从而达到节约社会管理成本、维护社会秩序稳定的目的。社会信用活动相对人必须在参与社会活动时了解对方的犯罪信息，了解信用主体犯罪的情形，有助于减少风险、降低损失，提前控制纠纷的发生，进而达到维护公共秩序的目的。

第四节　犯罪信息纳入社会信用评价的弊端与风险

在社会信用体系建设过程中，由于全国层面的社会信用立法尚未出台，地方层面社会信用制度的建立在实践上也出现了大量的犯罪信息应归不归、无序乱归、无标准共享共用犯罪信息、逻辑关联不清晰的联动惩戒等种种乱象。犯罪信息作为信用主体的一种特殊信用信息，在我国犯罪信息进入社会信用评价的实践过程中，对这一信息不能完全等同于社会信用体系中对

---

① 吴晶妹. 三维信用论［M］. 北京：当代中国出版社，2013：12.

信用主体其他信息的适用规则和处理态度，检视我国社会信用体系建设实践过程中存在的犯罪信息处理和运用问题，犯罪信息进入社会信用评价，存在一定的弊端和风险。

1. 犯罪信息纳入社会信用评价的弊端

如果犯罪信息能够为社会信用体系提供犯罪人的相关信息要素，借由社会信用评价制度将双方共同的社会管理功能充分发挥出来，那么自然能够相得益彰，节约社会信用体系信息获取的成本，提高管理效率。但就目前我国各地方在社会信用体系建设中的实践来看，有的对犯罪信息不加辨别区分、一概纳入其中，有的对犯罪人采取的失信惩戒措施已明显超出其应当承担责任的范围，具体表现为以下方面。

（1）存在犯罪信息与失信惩戒不当联结现象。部分地方政府规章如《福建省公共信用信息管理暂行办法》第13条："公共信用信息工作主管部门可以依法从有关机关和组织征集自然人的信用信息"；《辽宁省公共信用信息管理办法》第8条："个人公共信用信息主要包括下列内容……（二）不良信息……刑事犯罪……"。这类规范性法律文件直接将所有的犯罪信息都纳入社会信用体系的评价范围，即所有的犯罪主体都将被认定为失信主体，被施以失信惩戒，尽管信用主体所犯罪行可能与适用社会信用评价涉及的领域不存在强关联，但仍然具有被采取失信惩戒措施的形式意义上的合法性依据。在犯罪信息进入社会信用评价的制度建设中，立法者并未考虑犯罪人所犯罪行与失信惩戒后果的关联性问题，只是从功能上肯定了犯罪信息与社会信用评价在社会管理层面存在重合关系，这种做法无疑扩大了犯罪信息在社会信用评价中的适用范围，造成犯罪信息与失信惩戒的不当联结。

再如《江苏省机动车驾驶人文明交通信用管理办法（试行）》第8条、第14条规定，"构成严重交通失信行为：（一）因交通肇事罪被判处有期徒刑的"，并且"公路客运、旅游客运、校车服务、危险品运输、渣土运输企业招聘运营驾驶人时，对上述存在较重或严重交通失信行为的人不予聘用"。

如果单独评价这一规定的合法性问题，平等就业原则是我国劳动法中保障劳动者享有平等就业权利和就业机会的基础性原则，将是否受过刑事处罚作为筛选应聘者的依据，是否违背了公民的基本权利，这一点尚存在疑问。如果从犯罪人的主观恶性做进一步讨论，这一规定实际上是将行为人过失犯罪也纳入社会信用体系采取失信惩戒措施了。"社会信用评估要尽可能准确地反映刑满释放人员的信用状况，就必须准确判断刑满释放人员从事犯罪行为时的主观意愿。"[1] 相较于故意犯罪，过失犯罪对于损害结果的发生明显持否定态度，行为人犯罪的主观恶性相对较小，"这意味着其不具备特殊防卫的必要性，通过信用制度来附随评价过失犯罪，进而提升犯罪人的注意能力的心理基础是不存在的"[2]。在这种情况下，地方立法机关不考虑对过失犯罪进行失信惩戒的实际意义，仅凭借犯罪信息与某一特定领域的信用评价存在关联关系就对犯罪人施以信用惩戒的做法，无疑过度加重了对犯罪人的惩罚力度。

（2）现存社会信用体系建设相关法律法规层级较低，对犯罪信息缺乏统一管理。2014年《社会信用规划纲要》出台以来，我国社会信用体系建设呈现出蓬勃发展态势，然而中央层面的立法迟迟没有出台，尽管各地方在立法实践中积极探索社会信用体系建设新方式，失信联合惩戒散落于社会管理各领域的规范中，而中央层面立法缺失导致其无法统摄较低层级的立法，因此各地方之间管理信用主体犯罪信息的手段也不尽相同，甚至部分立法规定相对笼统、模糊，对于征信相对人提供的查询服务无法做到标准统一，这就导致对行为人适用失信惩戒时，各地方在操作程序的衔接上存在问题，无法对犯罪人的权利做到有效保护，同时也不利于社会管理目标的实现。此外，地方文本内容的不统一，自然会带来实践层面做法的差异，也给实践运用带来

---

[1] 吴睿佳，王瑞君. 论犯罪信息的社会信用化：目标、利益及方法的冲突与调和 [J]. 犯罪研究，2020（06）：65-75.

[2] 李怀胜. 犯罪记录对社会信用体系的耦合嵌入与功能校正 [J]. 法学杂志，2021，42（03）：109-118.

较大的操作难度。

（3）犯罪信息信用化加深给信用主体带来"污名化"影响。从信用主体权益维护角度来看，犯罪信息信用化是信用主体将自己的个人信息权让渡于国家公共管理权的产物，而社会信用评价的结果又由犯罪人自身承担，信用主体的犯罪信息在社会信用体系建设中往往起到基础性支撑作用，若不考虑对犯罪主体的权益保护，仅强调信用体系建设上的社会管控，未免使双方利益失衡。对犯罪人采用失信惩戒，除对资格和自由进行限制的行政处罚外，还有诸如提醒告诫、重点监管、负面声誉等①与行为人社会生活密切相关的惩戒模式，这类惩戒措施就严重程度而言，虽然没有资格剥夺和自由限制的惩戒严厉性高，但就对犯罪人社会生活影响而言，显然影响范围更广，也更具有不可预测性。犯罪信息虽然只记载了行为人本身的犯罪事实，但只要将犯罪信息纳入社会信用评价，犯罪人就被贴上"失信人"的标签，这些信息极易给犯罪人的社会生活带来附加的不可控影响。刑满释放人员在重新回归社会时，本身面临着与普通人相比更加严峻的社会环境和心理压力，尽管《中华人民共和国监狱法》第 38 条明确规定了"刑满释放人员依法享有与其他公民平等的权利"，但是，法律无法全面涵盖社会层面的所有问题。其他国家亦存在同类情况，某个刑满释放人员在自述中讲道："回归社会后，无论身边的人对自己显得多么亲切友好，但他们心里只把自己当作罪犯，除了罪犯什么也不是。自己努力尝试改变现状，但已经太迟了。回归社会后发现已经无法适应社会生活，除了其他罪犯，警察才是唯一能够接受自己本来面目的人。"② 这些犯罪人作为回归社会后的蒙受污名者，在被社会信用体系做出负面评价时，被要求必须接受披露自己犯罪信息的行为，使自己"丢脸的信息"为人知晓，在人际交往中也会使蒙受污名者觉得，说出

---

① 沈岿. 社会信用体系建设的法治之道[J]. 中国法学，2019（05）：25-46.
② MAURER D W，PARKER T，ALLERTON R. The Courage of His Convictions[J]. American Sociological Review，1963，28（01）：158.

曾经犯罪的真相自己就不体面。① 尽管我国对刑满释放人员的安置帮教工作致力于帮助犯罪人在刑罚执行完毕后，尽快适应社会，让其与普通公民一样享有平等就业的权利，重新走上工作岗位，承担起家庭和社会的责任；但就目前社会信用管理现状来看，犯罪信息进入社会信用评价的制度规范仍存在与其他制度上的矛盾和冲突。因此，对犯罪人在道德层面、社会层面的合法权益必须予以充分保障。

2. 犯罪信息纳入社会信用评价的风险

目前我国社会信用评价中对犯罪信息的规定界限不明，较为笼统、模糊的问题，归根到底是由于在对社会信用体系缺乏整体性的分析与理解的前提下，径直进入对具体规则的评判，这就使得社会信用评价体系的存在背离了初衷。所以，综合上述目前犯罪信息信用化存在的弊端，社会信用体系建设中犯罪信息的纳入在未来还存在以下风险。

（1）社会信用建设的根本目的是以信用机制为纽带，作为完善市场经济体质的重要补充、创新社会治理的重要手段、增强社会成员诚信意识和促进社会发展与文明进步的总抓手。② 2016 年国务院出台的《失信惩戒指导意见》也表明社会信用体系建立的主要目的是为了激励信用主体在参与社会活动的过程中诚实守信，要保持守信激励和失信惩戒措施适用的平衡，如果过度强调对信用主体犯罪信息在社会信用评价中的价值导向，将导致守信激励与失信惩戒的不平衡，对犯罪人而言也容易引发社会不公平现象。

（2）对犯罪人适用的失信惩戒措施存在从"权利限制"向"权利剥夺"的发展趋势。以与犯罪信息存在内容相关性的犯罪记录制度为鉴，对于犯罪记录采取的限制性措施广泛存在于公务员法、法官法、检察官法、人民警察法、律师法等各项法律规范中，这一措施通过对犯罪人担任特殊职位的资格

---

① 欧文·戈夫曼. 污名：受损身份管理札记 [M]. 宋立宏，译. 北京：商务印书馆，2014：117.
② 李怀胜. 犯罪记录对社会信用体系的耦合嵌入与功能校正 [J]. 法学杂志，2021，42（03）：109-118.

加以限制，降低行为人的再犯罪可能性。然而，基于犯罪记录引起的事实上权利的剥夺，不仅涉及面广，而且没有限定禁止期限，① 这就意味着，对犯罪人的惩罚将不受时间的限制，可以无限期地延续下去，那么这种惩罚已经超越了资格限制的程度，属于对犯罪人资格的剥夺。刑法第5条规定，"刑罚的轻重，应当与犯罪分子所犯罪行和承担的刑事责任相适应"。对犯罪人适用刑罚外的失信惩戒手段，更应当秉持罪刑相适应原则，不能让犯罪人承受超出罪责限度的惩罚，必须将失信惩戒措施控制在合理限度内，防止过度惩罚。

（3）社会信用体系建设中犯罪信息的纳入，需要同时实现预防犯罪和犯罪人权利保护两方面的价值目标，但在实践过程中，对犯罪信息的过度关注，导致犯罪人的权利无法得到有效保护，长此以往，在社会信用体系建设中关注犯罪人权益的人性化一面将会受到压制，而社会性的一面将无限制扩张，最终犯罪信息的纳入会成为国家进行社会管理和犯罪预防的工具，个人权利会受到过度侵犯。犯罪信息作为一项特殊的个人信息，本就是个人为了满足国家公共利益的需要而让渡的，国家在行使社会信用评价权力时必须始终保持谨慎和克制的态度，在双方的利益冲突中找到一个相对平衡点。

第五节　犯罪信息纳入社会信用评价的限制

《社会信用规划纲要》将社会信用体系纳入，使之成为社会治理体制的重要组成部分，"社会信用体系是社会主义市场经济体制和社会治理体制的重要组成部分。它以法律、法规、标准和契约为依据，以健全覆盖社会成员的信用记录和信用基础设施网络为基础，以信用信息合规应用和信用服务体

---

① 吴尚聪. 犯罪记录的双重属性及其使用限度：以个人信息为切入 [J]. 中国人民公安大学学报（社会科学版），2019，35（02）：90-95.

系为支撑,以树立诚信文化理念、弘扬诚信传统美德为内在要求,以守信激励和失信约束为奖惩机制,目的是提高全社会的诚信意识和信用水平"。要"对违法违规等典型失信行为予以公开",并要"建立健全社会信用奖惩联动机制,使守信者得到激励和奖励,失信者受到制约和惩戒"。

一、犯罪信息纳入社会信用评价坚守的原则

近年来,各地方之所以纷纷出台"犯罪信息应当进入社会信用评价"的规范性文本,原因在于犯罪信息和社会信用评价具有相同的作用基础——社会治理的功能。然而,犯罪信息作为一种特殊的个人信息,不是所有的犯罪行为都应被纳入社会信用评价当中,符合社会信用评价相应调整范围的才可以纳入,"如果前科事实与惩罚后果之间缺乏物理或者心理的因果关系,意味着失信惩戒的正当性基础就不复存在,也意味着失信惩戒难以对前科事实做出正向传导机制"[1]。因此,要设立犯罪信息在社会信用评价中的适用条件,就要遵守底线原则,使犯罪信息纳入社会信用评价的制度和实践符合正义、合法、比例等原则的要求。

(一)法治原则

《牛津法律大辞典》将"法治"归纳为:"所有的机构,包括立法、行政、司法及其他机构都要遵循某些原则。上述原则一般被视为法律特征的表达,如正义的基本原则、道德原则、公平和正当程序的观念。它意味着对个人的最高价值和尊严的尊重。在所有法律制度中,法治意味着:对立法权的限制;制止行政权滥用的措施;获得法律咨询、帮助和保护的充分与平等的机会;个人和集体权利和自由的适当保护;在法律面前人人平等。……它不但是指政府要维护和执行法律与秩序,而且政府本身要服从法律规则;它本

---

[1] 李怀胜.犯罪记录对社会信用体系的耦合嵌入与功能校正[J].法学杂志,2021,42(03):109-118.

身不能漠视法律或为自己的需要而重新制定法律"①。古希腊哲学家亚里士多德（Aristotle）曾说过："法治应包含两重含义，一是已成立的法律获得普遍的服从，二是大家所服从的法律又应该本身是制定得良好的法律。"② 现代法治，"是以民主为前提和目标，以法律至上为原则，以严格依法办事为核心，以制约权力为关键的国家治理方式、社会管理机制、社会活动方式和社会秩序状态"③。"法治是文明社会的基本共识和人类的普遍追求，法治更是我们这个时代的主旋律。我们正在走入一个法治时代，国际社会正在呈现出一种法治化的趋势，国家之间、区域之间乃至世界范围内的很多问题越来越多地被纳入法治轨道。"④ 法治的根本原则是法律至上，核心是严格依法办事，法治的关键在于制约权力。权力及其拥有者必须受到法律的制约，这是法治的重要标志。正如习近平总书记所言："纵观人类政治文明史，权力是一把双刃剑，在法治轨道上行使可以造福人民，在法律之外行使则必然祸害国家和人民。"⑤ "法治是一种社会治理机制。作为社会治理机制的法治，与人治是对应和对抗的，它是社会控制者通过法进行的社会运作过程和社会组织形式。在法治中，法的规定是社会治理的根据和手段，法的实现是社会治理的目标和要求，法的实施是连接法的规定和法的实现的桥梁。"⑥ "社会治理是一个复杂的、动态的体系和过程……治理的主体不是单一的，而是多元的。社会治理呈网络状态，它有多个层次和多个方面，在其中有许多组织都对治理发挥着作用，国家虽然在一个很长的历史时期里处于关键位置和发挥着中心作用，但它并不是唯一的治理者，而只是其中的一员，当然不是普通

---

① 戴维·M. 沃克. 牛津法律大辞典 [M]. 李双元，等译. 北京：法律出版社，2003：990.
② 亚里士多德. 政治学 [M]. 吴寿彭，译. 北京：商务印书馆，1983：199.
③ 张文显. 法理学 [M]. 北京：高等教育出版社，2018：366.
④ 张文显. 法理学 [M]. 北京：高等教育出版社，2018：365.
⑤ 中共中央文献研究室. 习近平关于全面依法治国论述摘编 [M]. 北京：中央文献出版社，2015：37-38.
⑥ 张文显. 法理学 [M]. 北京：高等教育出版社，2018：367.

的一员，而是治理的领导者。"① 社会信用评价是社会治理的重要举措之一，社会治理必须依据规则，法治就是最高的规则。"实现社会治理法治化，要求社会治理的多元主体以法治化的视野和观念审视各种社会关系和社会利益，以法治思维和法治方式推动社会治理，在社会生活的各个领域都能够自觉维护法律的权威和尊严，在法治框架内进行社会治理创新。与此同时，还要注重加快完善社会治理的有关法律制度，以此促进社会治理的依法实施和社会的依法自治。"② 迄今为止，部分规范性法律文件已将犯罪信息纳入社会信用体系的评价范畴，为犯罪信息的信用化提供了法律正当性基础。然而，在现行法律中的相关规定多数较为宏观，存在法律适用范围的模糊性与法律规则的空白，公共信用体系建设距离法治的要求还有一定的差距。在国家社会信用信息管理条例尚未出台，仅存在《中华人民共和国个人信息保护法》和《企业信息公示暂行条例》，以及社会信用体系存在部分相关规定的情况下，各地方如何利用已有的信用立法规定弥补上位法缺失，通过对犯罪信息信用化法治要素的补强，稳固犯罪信息信用化的合法性基础，成为犯罪信息纳入社会信用过程中应重点关注的问题。自上海市2017年制定了第一部社会信用条例后，各省和部分地级市纷纷通过立法形式制定地方社会信用立法，主要表现为公共信用信息管理、社会信用信息管理、综合性社会信用条例和专项信用条例等模式③，这些地方性立法在一定程度上弥补了上位法缺失，对一些较为宽泛、模糊的法律规则做出了进一步明确规定。笔者主张，于完善社会信用体系过程中，在犯罪信息的管理和传递上应当坚持合法性原则，具体需要做到以下两点。

1. 犯罪信息传递的合法性。犯罪信息传递应当严格依据现行地方性法规和相关法律的规定。由于目前我国尚未出台具有较高层级效力的规范性法律

---

① 严存生. 法律的人性基础 [M]. 北京：中国法制出版社，2016：396-398.
② 李坤轩. 社会治理法治化研究 [M]. 北京：中国政法大学出版社，2020：20.
③ 王伟. 公共信用的正当性基础与合法性补强：兼论社会信用法的规则设计 [J]. 环球法律评论，2021，43（05）：34-51.

文件，那么地方立法上关于犯罪信息在社会信用体系中如何运用的制度规范，可以由相关领域中现存的高位阶法律规范提供立法上的合法性根据。《企业信息公示暂行条例》对向社会公示的企业信息的范围和条件、公示信息的内容、公示方式、不予公开的情形以及失信主体的救济方式进行了详细的规定，这部条例的调整范围虽然是针对企业的，但在个人信用信息的采集、使用和披露等问题上，也具有重要的参考、借鉴意义。《关于建立犯罪人员犯罪记录制度的意见》对犯罪人员信息库建立、犯罪人员信息查询程序规范等问题加以明确，而犯罪信息作为对犯罪人员犯罪记录在社会信用领域的提炼与整合①，可以认为犯罪信息来源于犯罪记录，因此在社会信用信息的采集、归纳、共享、披露等重要环节也应当参考犯罪记录相关法律规定。综上，地方性法规、政府规章以及其他规范性文件对犯罪信息在社会信用体系中的使用，要保证相关规定的合法性，只能对现有同领域内上位法进行细化和补充，参考借鉴相关领域法律，而不得违反合法性要求，做出与现有的上位法存在矛盾、冲突的规定。

2. 犯罪信息管理主体履职的合法性。社会信用体系的运行需要公权力的介入，政府行使公权力对犯罪主体适用失信惩戒需要严格依据法律规定，遵循法治逻辑。其中，最核心的就是对信用信息管理主体职权法定的要求。国家基于有效防控犯罪和维护社会秩序的公共政策需要，对本属于犯罪人员个人信息的犯罪信息予以统一管理利用，其本质上是公民个人权利的让渡，为了保持犯罪信息中个人性与社会性之间的平衡，要求对信用管理主体的职权进行合理限制，对犯罪主体进行失信惩戒必须具备合法的权力来源。如《辽宁省公共信用信息管理条例》第 31 条详细规定了行政机关对因犯罪被列入

---

① 依据《关于建立犯罪人员犯罪记录制度的意见》，犯罪人员信息登记机关录入的信息应当包括以下内容：犯罪人员的基本情况、检察机关和审判机关的名称、判决书编号、判决确定的日期、罪名、所判处的刑罚以及刑罚执行情况等。而进入社会信用评价的犯罪信息中只需包含犯罪人的姓名、性别、年龄、所犯罪名、判处的刑罚以及刑罚执行情况等与犯罪人罪行相关的基本信息即可，无须包含司法机关相关信息。

失信联合惩戒对象名单的信息主体可以采取的惩戒措施，同时依据立法法第11条设定的11个法律保留事项，地方性法规和地方政府规章不得超越法律加以规定；否则，将会产生信用信息管理主体权限过大、失信惩戒标准不清、社会信用监管措施过于任意的缺陷，对犯罪人员适用失信惩戒措施行为的合法性也将受到质疑。

(二) 比例原则

比例原则根基于正义理念。"正义是社会制度的首要德性，正像真理是思想体系的首要德性一样。"[①] "正义乃百德之总，道德的真谛是正义，而正义是一种理想的社会状态及其构建这一状态的人际关系的基本原则……"[②] 公正是法的基础和指导原则，自古至今，论功行赏、有错接受惩罚、犯多大错承担多大责任，体现了分配正义的基本的内在要求，符合社会主体最朴素的心理情感和直觉。公正性是人类文明社会必须坚守的底线和原则，"不管是法律创制还是在具体的情形下规定刑罚与犯罪的相当性，都不可能忽视公正和人道主义的要求，现代社会没有这个权利"[③]。罪刑相适应、比例原则的绝对化是不可能的，"立法者不能确定理想的公正的刑罚，因为他不具备上帝那样的能力。因此，在刑罚与犯罪之间不可能有完全理想的平等……但是这绝不意味着，以立法者为代表的国家在选择刑种和刑度实现自己的政治目的时可以违反任何正义，这种情况在许多国家的历史中都能遇到"[④]。什么是公正？围绕公正的概念始终争论不休。"所有时期的哲学家和学者，从孔子、柏拉图、亚里士多德、罗马法学家开始，到现代的学者，公正现象的实质都是在法哲学的语境中考察的，包括：①所有人在相同条件下

---

① 约翰·罗尔斯. 正义论 [M]. 北京：中国社会科学出版社，2009：179.
② 严存生. 法律的人性基础 [M]. 北京：中国法制出版社，2016：12.
③ 拉基莫夫. 犯罪与刑罚哲学 [M]. 王志华，丛凤玲，译. 北京：中国政法大学出版社，2016：179.
④ 拉基莫夫. 犯罪与刑罚哲学 [M]. 王志华，丛凤玲，译. 北京：中国政法大学出版社，2016：180-181.

学习的平等；②行为与报应之间的相互联系；③得与失之间的平衡。所有人都承认，并且认为其实质是'对每个人应有的报应'。这意味着，对所实施的犯罪行为的刑罚应当符合公正原则，不管是在刑事法律层面，即在刑事制裁中，还是在处刑时的执法活动中。"[1] 多大的"剂量"是正义、有效、合理的，是个历史的世界级难题。作为刑法的基本原则之一的罪刑相适应原则，就是在讲，对不同的情形应科处不同的刑罚，罪责越重，刑罚越重，这一思想是建立在人们朴素的公平正义感基础上的，即人们心目中的相同事情当相同对待。"公平正义感，深深地根植于人们的人格感之中。"[2] 公平正义的"人格感"最大程度的兑现，要通过更具体化和可运行的原则、制度及其贯彻来实现。公法中的比例原则就是其一。

从立法实践来看，比例原则的思想渊源最早可以追溯至英国1215年6月10日颁布的《大宪章》，《大宪章》规定犯轻罪者应按犯罪之程度科以罚金，犯重罪者应按犯罪之轻重没收其土地与居室以外的财产。从行政法规来看，比例原则起源于德国，比例原则是德国行政法上的一项基本原则，并且被称为行政法的"皇冠原则"。比例原则最初只适用于德国警察法领域，德国1931年6月1日颁布的《普鲁士警察行政法》规定，警察机关选择维护公共安全或秩序的方式时，应尽可能选择对关系人和公众造成危害最小的方法。第二次世界大战以后，德国逐步将比例原则的适用范围扩展至几乎所有行政管理领域，其1953年颁布的《行政执行法》规定："强制方法必须与其目的保持适当比例，决定强制方法时应尽可能考虑当事人和公众最小侵害。"[3] 通常认为，比例原则由妥当性原则、必要性原则、均衡性原则等内容组成。妥当性原则，主要是指行政行为必须有利于实现所追求的行政目的和法律目的，这就要求行政机关在行使自由裁量权时，应准确理解法律内容和

---

[1] 拉基莫夫. 犯罪与刑罚哲学 [M]. 王志华，丛凤玲，译. 北京：中国政法大学出版社，2016：180-181.
[2] 张明楷. 刑法格言的展开 [M]. 北京：北京大学出版社，2013：91.
[3] 李坤轩. 社会治理法治化研究 [M]. 北京：中国政法大学出版社，2020：57.

法律精神，行政行为要建立在理性基础上，排除各种不相干因素的干扰；必要性原则，主要是指计划采取的行政手段是必需的，属于可选择手段中最温和的方式，对当事人所产生的法律负面影响也是最小的，目的与手段、结果与措施之间相互匹配；均衡性原则，主要是指所保护的公共利益要远大于因实施行政管理而使行政相对人遭受的损害。① 比例原则作为行政法的一项基本原则，其理念和内涵，也同样适用于公法、公法以外的制度和非制度性的制裁措施。刑法也不例外，"刑法与社会公正判断的任何偏离都会逐渐损害刑事法律的道德信用，且会进一步损害其塑造社会规范、内化规范观念的效力，亦会损害其作为道德权威得到遵从的能力"②。同时，对社会主体之外的针对社会主体的惩罚、惩戒、否定评价的手段和措施，均应体现比例原则，遵守比例原则就是在遵守人们公平正义的最朴素的"人格感"，这也是法治社会的理念要求。"在法治原则下，对公民行为的控制不是通过就事论事的指令，而是借助体现类似案件会得到类似处理这一原则的一般性规则来实现的。"③ 总而言之，正义已经深深刻入人们的人格感深处。回到犯罪记录、犯罪信息被纳入社会信用评价中来，犯罪即失信，在一些地方官方文件中出现的不当做法，应该克制和反思，在尚没有统一立法约束和指导的现状下，地方立法应该保持冷静，把握好失信行为的合理界限。顺着这一思维，刑罚是社会主体最严厉的责任承担方式，犯了罪的人为此付出了与其行为相当的惩罚代价。按理说，犯罪人在承担其刑事责任后，便具备了以正常身份重返社会的机会和前提。目前我国的监狱法等释放的也是这种理念，但是，由犯罪记录、犯罪信息延伸出来的附随否定、排斥性的评价和做法却越来越多，对这一现象值得从社会治理长远的政策角度进行思考。

---

① 李坤轩. 社会治理法治化研究 [M]. 北京：中国政法大学出版社，2020：58.
② 保罗·罗宾逊. 正义的直觉 [M]. 谢杰，金冀翔，祖琼，译. 上海：上海人民出版社，2018：179.
③ 富勒. 法律的道德性 [M]. 郑戈，译. 北京：商务印书馆，2009：244.

(三) 逻辑关联性原则

"犯罪即失信"是功利主义的匪夷所思的一个结论性命题。其负面色彩和效果已经引起了人们相当程度的关注和反思。从迄今为止的地方性立法将犯罪信息、犯罪记录与"失信"挂钩的做法来看,"跟风式"立法及其内容的设置,关乎对公正、比例等法治理念的遵循、贯彻,其中出现了不严肃、不严谨的现象。缺乏上位法依据的不断加码的"惩戒"评价,使得与罪错行为的关联被不加筛选地纳入了立法的核心内容,由此产生了对于行为人罪错记录的重复评价和无端苛责,这无助于做出理性的科学的社会治理决策。

从针对社会主体的行为规范之构建的一般原理的角度来看,作为责任和法律后果的逻辑大前提,要限定在合理和适当的范围内,适用条件与后果之间应相互对应,具有逻辑上的一致性。"作为一种规则体系,法律必得首先自洽而后自治始成为规则;作为一种意义体系,法律也必得自洽而圆融……而无论是作为规则体系还是意义体系,法律都必须秉有逻辑的一致与连贯,具有理性化的匀称之善与美,根本原因还是在于生活本身如此,应当如此,终极而言,也不得不如此。"[①] 涉及权利、义务、责任的正式文本,宏观上要讲究体系的自洽和融贯,具体规范的类型化要明确,并且符合规范设计的主旨。犯罪信息、犯罪记录是否纳入社会信用评价,哪些犯罪信息、犯罪记录归属于社会信用评价的范畴,一是涉及对社会信用的理解问题,二是涉及类型化思维在逻辑大前提中的应用问题。

我国"奖励守信、惩罚失信"为核心的社会信用体系建设,在控制信用风险、促进社会诚信等方面发挥了积极作用。然而,确实属于违反社会信用的行为,才能够纳入社会信用评价和失信惩戒的范畴。类似于将闯红灯、未执行垃圾分类、欠缴物业费等"违法行为"和"违约行为",不加区分地简单认定为"失信行为",或者将所有的犯罪行为都纳入"失信行为"的范围内,显然都是对"社会信用"的误读和对国家构建失信惩戒制度的错误

[①] 许章润. 法学家的智慧 [M]. 北京:清华大学出版社,2004:183.

理解。

"社会信用体系建设的内在要求是树立诚信文化理念、弘扬诚信传统美德，根本目标是提升全社会的诚信意识和信用水平。"① 这里有一个值得研究的问题：如果行为人的行为已经被认定为犯罪行为并接受了刑罚惩罚，是否还要将其犯罪信息、犯罪记录纳入社会信用评价的范围？换言之，将没有达到犯罪程度的失信行为纳入失信惩戒，是在弥补失信行为缺乏相应惩戒的制度缺陷，也符合国务院发布的《社会信用规划纲要》的指导思想和目标；但是已经接受刑罚惩罚的犯罪信息、犯罪记录是否还要被纳入社会信用评价的范围？退一步讲，纳入社会信用评价的犯罪信息、犯罪记录，应该是与诚实信用价值密切相关的信息和记录，否则任何犯罪信息、犯罪记录都可以被纳入社会信用评价中来，接受联合惩戒，就会导致违法犯罪成本越来越高，甚至"一罪多罚"的结果，使得有前科、有犯罪记录的人员，回归社会难上加难。

在具体制度设计中，最应该注意的是要避免前科事实与信用惩戒后果的不当联结。因此，要强调犯罪信息、犯罪记录与社会信用之间的逻辑关联性，将无关社会信用评价的犯罪信息、犯罪记录置于社会信用评价之外，即便是与社会信用有逻辑关联性的犯罪信息和犯罪记录，也要考虑已经给予犯罪人的惩罚，如果已经实现了必要的惩罚，赎罪的惩戒措施已经包含了失信的惩戒，就不宜无条件、无期限地延续否定性、惩罚性的制裁措施。

二、犯罪信息纳入社会信用评价的适当限制

根据公法原理、公权力行使和依法行政的要求，没有法律依据、没有法律授权，行政规范性文件不能减损公民权益、增加公民义务。各级政府和各职能部门在社会信用体系建设中都在制定规范和标准，规制公民行为。然

---

① 陈道富，曹胜熙. 我国社会信用体系建设的进展、问题与对策建议［J］. 中国经济评论，2022（08）：39-42.

而，由于目前我国缺乏社会信用的顶层立法，各地和各部门的信用规范既缺乏统一的规定，也缺乏对权利义务边界的共识，出现了对"社会信用"分类不统一、对"失信行为""失信人"等概念泛化的现象，"在实际操作中，'守信激励'发展相对滞后；'失信人'认定泛化，用个别领域含义宽泛的'失信行为'给个人和组织进行'信用画像'，存在以偏概全的问题。'一处失信，处处受罚'政策叠加社会信用救济与修复机制不足，造成单次失信成本过高和'一罪多罚'的法律瑕疵。总之，实践过程中的不完善，导致社会普遍担忧其异化为全面控制或成为新的行政手段，反而带来了市场的恐惧和混乱"[1]。失信行为、失信人认定过于宽泛，不利于社会信用制度的构建和落实，影响预期效果。涉及犯罪信息、犯罪记录，也应根据不同的类型，区别对待。

1. 有必要依据"犯罪信息"与"失信行为"的逻辑关联性，规定和限定纳入社会信用评价的"犯罪信息"的内容，防止不加区分地将所有犯罪信息纳入社会信用评价和惩戒的范围，更不能出现犯罪即失信的怪现象。2016年国务院《失信惩戒指导意见》规定：对重点领域和严重失信行为实施联合惩戒。在有关部门和社会组织依法依规对本领域失信行为做出处理和评价基础上，通过信息共享，推动其他部门和社会组织依法依规对严重失信行为采取联合惩戒措施。重点包括：一是严重危害人民群众身体健康和生命安全的行为，包括食品药品、生态环境、工程质量、安全生产、消防安全、强制性产品认证等领域的严重失信行为。二是严重破坏市场公平竞争秩序和社会正常秩序的行为，包括贿赂、逃税骗税、恶意逃废债务、恶意拖欠货款或服务费、恶意欠薪、非法集资、合同欺诈、传销、无证照经营、制售假冒伪劣产品和故意侵犯知识产权、出借和借用资质投标、围标串标、虚假广告、侵害消费者或证券期货投资者合法权益、严重破坏网络空间传播秩序、聚众扰乱

---

[1] 陈道富，曹胜熙. 我国社会信用体系建设的进展、问题与对策建议[J]. 中国经济评论，2022（08）：39-42.

社会秩序等严重失信行为。三是拒不履行法定义务，严重影响司法机关、行政机关公信力的行为，包括当事人在司法机关、行政机关做出判决或决定后，有履行能力但拒不履行、逃避执行等严重失信行为。四是拒不履行国防义务，拒绝、逃避兵役，拒绝、拖延民用资源征用或者阻碍对被征用的民用资源进行改造，危害国防利益，破坏国防设施等行为。社会信用评价应当尽可能反映信用主体的信用状况，这是由社会信用的评价标准和犯罪信息的信用逻辑关联决定的。失信惩戒作为对犯罪主体社会信用的一种否定性评价，可以理解为原有的刑罚措施不足以弥补犯罪人行为对社会公共信用产生的不利影响，进而将这一信息引入社会信用管理体系，对其进行"衍生惩戒"或"二次惩戒"[1]，然而，刑法中对犯罪人适用刑罚所保护的法益，未必与国家基于公共政策需求而建立社会信用体系所要达到的目的完全吻合。在将犯罪信息纳入社会信用评价的时候，应该以具体行为人的犯罪信息是否属于"社会信用"为标准进行衡量。

2. 国务院发布的《社会信用规划纲要》指出："社会信用体系是社会主义市场经济体制和社会治理体制的重要组成部分。它以法律、法规、标准和契约为依据，以健全覆盖社会成员的信用记录和信用基础设施网络为基础，以信用信息合规应用和信用服务体系为支撑，以树立诚信文化理念、弘扬诚信传统美德为内在要求，以守信激励和失信约束为奖惩机制，目的是提高全社会的诚信意识和信用水平。"政务诚信、商务诚信、社会诚信和司法公信建设均是重点诚信建设领域。社会信用的外延无确定的界限，并且社会信用信息的分类也标准不一、类型不一，有以信息产生的过程为标准进行分类的，有以信息产生的领域进行划分的，有以信息体现的信用程度为标准进行分类的。"对地方立法中公共信用信息的分类进行梳理，发现3种分类标

---

[1] 韩家平. 关于加快社会信用立法的思考与建议 [J]. 征信, 2019, 37 (05): 1-6.

准：信息产生的过程标准、信息产生的领域标准和信息体现的信用程度标准。"① 显然，在讨论是否应当将犯罪信息纳入社会信用评价的范畴以及哪些犯罪信息可以或能够纳入社会信用评价的范畴时，"信息体现的信用程度标准"以及是否属于信用信息，是更可取的标准。

3. 细化犯罪信息纳入社会信用评价的失信惩戒措施适用工作。除在规范性文件中对犯罪发生领域以及主观上的故意和过失进行区分外，行政机关在适用失信联合惩戒时，需要根据行为人犯罪的个案情况进行具体分析。司法机关对行为人做出有罪判决时，其中的量刑情节尤其应当作为行政机关适用失信惩戒措施的参考，原因在于量刑情节是人民法院对犯罪分子进行刑罚裁量时，对其犯罪的各种事实情况进行衡量，对比是否符合法定或酌定的量刑情节而做出从重、从轻、减轻、免除等刑罚结果，是对犯罪分子应当承担的不利后果进行的综合、全面的考量，符合刑法罪刑相适应原则的要求。而失信惩戒措施作为对犯罪人惩罚的一种延伸，应当与刑罚衡量标准保持基本一致，即行政机关在对犯罪人适用失信惩戒措施时，应当参考人民法院生效裁判文书中的量刑情节。

---

① 郑令晗，黄碧云. 社会信用地方立法的公共信用信息分类研究：以51部社会信用地方立法为样本［J］. 中国信用，2022（08）：112-118.

参考文献

一、专著

[1] 中共中央马克思恩格斯列宁斯大林著作编译局. 马克思恩格斯选集：第一卷 [M]. 北京：人民出版社，2012.

[2] 毛泽东文集：第3卷 [M]. 北京：人民出版社，1996.

[3] 中共中央文献研究室编. 习近平关于全面依法治国论述摘编 [M]. 北京：中央文献出版社，2015.

[4] 沈家本. 历代刑法考 [M]. 北京：商务印书馆，2016.

[5] 蔡枢衡. 中国刑法史 [M]. 北京：中国法制出版社，2005.

[6] 张晋藩. 中国法律的传统与近代转型. 第2版 [M]. 北京：法律出版社，2005.

[7] 高绍先. 中国刑法史精要 [M]. 北京：法律出版社，2001.

[8] 王宏治. 中国刑法史讲义先秦至清代 [M]. 北京：商务印书馆，2019.

[9] 龙腾云. 刑罚进化研究 [M]. 北京：法律出版社，2014.

[10] 何勤华，夏菲主编. 西方刑法史 [M]. 北京：北京大学出版社，2006.

[11] 何秉松. 人权防卫论：对传统刑罚理论的反思与超越 [M]. 北京：群众出版社，2012.

[12] 马克昌. 刑罚通论 [M]. 武汉：武汉大学出版社，1999.

[13] 许章润. 法学家的智慧 [M]. 北京：清华大学出版社，2004.

[14] 张文显主编. 法理学. 第5版 [M]. 北京：高等教育出版社，北京大学出版社，201 [8]

[15] 严存生. 法律的人性基础 [M]. 北京：中国法制出版社，2016.

[16] 谢晖. 法的思辨与实证 [M]. 北京：法律出版社，2016.

[17] 张明楷. 刑法格言的展开 [M]. 北京：北京大学出版社，2013.

[18] 张明楷. 刑法学. 第6版 [M]. 北京：法律出版社，2021.

[19] 强世功. 惩罚与法治：当代法治的兴起 [M]. 北京：法律出版社，2009.

[20] 王立峰. 惩罚的哲理 [M]. 北京：清华大学出版社，2013.

[21] 陈瑾昆. 刑法总则讲义 [M]. 北京：中国方正出版社，2004.

[22] 林山田. 刑罚学 [M]. 台北：台湾商务印书馆股份有限公司，1983.

[23] 林山田. 刑法通论：上、下册 [M]. 北京：北京大学出版社，2012.

[24] 邱兴隆. 关于惩罚的哲学：刑罚根据论 [M]. 北京：法律出版社，2000.

[25] 左卫民，周长军. 刑事诉讼的理念 [M]. 北京：北京大学出版社，2014.

[26] 苏力. 法治及其本土资源 [M]. 北京：中国政法大学出版社，2004.

[27] 姜明安主编. 行政法与行政诉讼法 [M]. 北京：北京大学出版社，2015.

[28] 吴宗宪. 社区矫正导论. 第2版 [M]. 北京：中国人民大学出版社，2020.

[29] 梁根林. 刑事制裁：方式与选择 [M]. 北京：法律出版社，2006.

[30] 韩大元：中国宪法事例研究：一 [M]. 北京：法律出版社，2005.

[31] 罗豪才，毕洪海主编. 软法的挑战 [M]. 北京：商务印书馆，2011.

[32] 劳东燕. 风险社会中的刑法：社会转型与刑法理论的变迁 [M]. 北京：北京大学出版社，2015.

[33] 李坤轩. 社会治理法治化研究 [M]. 北京：中国政法大学出版社，2020.

[34] 王勇等. 社会治理法治化研究 [M]. 北京：中国法制出版社，2019.

[35] 马克昌主编. 近代西方刑法学说史 [M]. 北京：中国人民公安大学出版社，2008.

[36] 翟中东. 社区性刑罚的崛起与社区矫正的新模式：国际的视角 [M]. 北京：中国政法大学出版社，2013.

[37] 姚星亮. 污名：差异政治的主体构建及日常实践 [M]. 北京：社会科学文献出版社，2017.

[38] 亚里士多德. 政治学 [M]. 吴寿彭，译. 北京：商务印书馆，1983.

[39] 尤根·埃利希. 法律社会学基本原理 [M]. 叶名怡，袁震，译. 北京：中国社会科学出版社，2009.

[40] H. L. A. 哈特. 惩罚与责任 [M]. 王勇，等译. 北京：华夏出版社，1989.

[41] 佐伯仁志. 制裁论 [M]. 丁胜明，译. 北京：北京大学出版社，2018.

[42] 田中成明. 法的空间：在强制与合意的夹缝中间 [M]. 东京：东京大学出版会，1993.

223

[43] 迈克尔·R. 达顿. 中国的规制与惩罚：从父权本位到人民本位 [M]. 郝方昉, 崔洁, 译. 北京：清华大学出版社, 2009.

[44] 哈伯特·L. 帕克. 刑事制裁的界限 [M]. 梁根林, 译. 北京：法律出版社, 2008.

[45] 罗斯科·庞德. 通过法律的社会控制 [M]. 沈宗灵, 译. 北京：商务印书馆, 2008.

[46] 戈登·休斯. 解读犯罪预防：社会控制、风险与后现代 [M]. 刘晓梅, 刘志松, 译. 北京：中国人民公安大学出版社, 2009.

[47] 卢曼. 社会的法律 [M]. 郑伊倩, 译. 北京：人民出版社, 2009.

[48] 切萨雷·龙勃罗梭. 犯罪及其原因和矫治 [M]. 吴宗宪, 译. 北京：商务印书馆, 2022.

[49] 克劳斯·罗克辛. 德国刑法学总论：第1卷 [M]. 王世洲, 译. 北京：法律出版社, 2005.

[50] 盖叶尔, 佐文. 社会控制论 [M]. 黎鸣, 等译. 北京：华夏出版社, 1989.

[51] 福柯. 惩罚的社会 [M]. 陈雪杰, 译. 上海：上海人民出版社, 2016.

[52] 福柯. 规训与惩罚 [M]. 刘北成, 杨远婴, 译. 北京：生活·读书·新知三联书店, 2012.

[53] 埃里克森. 无需法律的秩序：相邻者如何解决纠纷 [M]. 朱苏力, 译. 北京：中国政法大学出版社, 2016.

[54] 保罗·罗宾逊. 正义的直觉 [M]. 谢杰, 金翼翔, 祖琼, 等译. 上海：上海人民出版社, 2018.

[55] 富勒. 法律的道德性 [M]. 郑戈, 译. 北京：商务印书馆, 2010.

[56] 亚历克斯·梯尔. 越轨社会学 [M]. 王海霞, 等译. 北京：中国人民大学出版社, 2011.

[57] 杰克·D.道格拉斯，弗兰西斯·C.瓦克斯勒.越轨社会学概论[M].张宁，朱欣民，译.石家庄：河北人民出版社，1987.

[58] 马克思·韦伯.法律社会学：非正当性的支配[M].康乐，简惠美，译.桂林：广西师范大学出版社，2011.

[59] 尼尔·克里斯蒂.犯罪控制工业化[M].胡菀茹，译.北京：北京大学出版社，2014.

[60] 欧文·戈夫曼.污名：受损身份管理札记[M].宋立宏，译.北京：商务印书馆，2014.

[61] 汉斯·海因里希·耶赛克，托马斯·魏根特.德国刑法教科书：上、下[M].徐久生，译.北京：中国法制出版社，2017.

[62] 佐伯仁志，道垣内弘人.刑法与民法的对话[M].于改之，张小宁，译.北京：北京大学出版社，2012.

[63] 约翰·罗尔斯.正义论.修订版[M].何怀宏，何包钢，廖申白，等译.北京：中国社会科学出版社，2009.

[64] 古斯塔夫·拉德布鲁赫.法哲学[M].王朴，译.北京：法律出版社，2013.

[65] 鲍桑葵.关于国家的哲学理论[M].汪淑钧，译.北京：商务印书馆，1995.

[66] 田中英夫，竹内昭夫.私人在法实现中的作用[M].李薇，译.北京：法律出版社，2006.

[67] 冯·李斯特.论犯罪、刑罚与刑事政策[M].徐久生，译.北京：北京大学出版社，2016.

[68] 安东尼·吉登斯.现代性的后果[M].田禾，译.南京：译林出版社，2000.

[69] 马丁·因尼斯.社会控制：越轨行为、犯罪与社会秩序[M].陈天本，译.北京：中国人民公安大学出版社，2009.

[70] 亚当·斯密. 道德情操论 [M]. 王秀莉, 译. 上海: 上海三联书店, 2008.

[71] 小约瑟夫·巴达拉克. 灰度决策: 如何处理复杂、棘手、高风险的难题 [M]. 唐伟, 张鑫, 译. 北京: 机械工业出版社, 2018.

[72] 戴维·M. 沃克. 牛津法律大辞典 [M]. 李双元, 等译. 北京: 法律出版社, 2003.

[73] 安东尼·吉登斯, 菲利普·萨顿. 社会学基本概念 [M]. 王修晓, 译. 北京: 北京大学出版社, 2019.

[74] 安塞尔. 新刑法理论 [M]. 卢建平, 译. 香港: 香港天地图书有限公司, 1990.

[75] 大谷实. 刑事政策学 [M]. 黎宏, 译. 北京: 中国人民大学出版社, 2009.

[76] 格奥尔格·罗曼. 论人权 [M]. 李宏昀, 周爱民, 译. 上海: 上海人民出版社, 2018.

[77] 乔纳森·特纳, 简·斯戴兹. 情感社会学 [M]. 孙俊才, 文军, 译. 上海: 上海人民出版社, 2007.

[78] 亚伯拉罕·马斯洛. 马斯洛人本哲学 [M]. 唐译, 编译. 长春: 吉林出版集团有限责任公司, 2013.

[79] 卡尔·拉伦茨. 法学方法论 [M]. 陈爱娥, 译. 北京: 商务印书馆, 2003.

[80] 安德鲁·冯·赫希. 已然之罪还是未然之罪: 对罪犯量刑中的该当性与危险性 [M]. 邱兴隆, 胡云腾, 译. 北京: 中国检察出版社, 2001.

[81] И. М. 拉基莫夫. 犯罪与刑罚哲学 [M]. 王志华, 从风铃, 译. 北京: 中国政法大学出版社, 2016.

[82] 梅尔. 德国观念论与惩罚的概念 [M]. 邱帅萍, 译. 北京: 知识产权出版社, 2015.

[83] 法国刑法典 [M]. 朱琳, 译. 北京: 法律出版社, 2016.

[84] 德国刑法典 [M]. 徐久生, 庄敬华, 译. 北京: 中国方正出版社, 2004.

[85] 李康. 埃利亚斯 [M]//杨善华. 当代西方社会学理论. 北京: 北京大学出版社, 1999.

[86] 康均心, 尹露. 美国复权制度中国化思考: 以"禁止询问犯罪记录"为例 [M]//赵秉志主编. 刑法论丛: 第43卷. 北京: 法律出版社, 2015.

[87] 林均跃. 中国社会信用体系十年建设历程和取得的成就 [M]//张强, 黄卫东主编. 信用经济与信用体系国际高峰论坛论文集. 长沙: 湖南大学出版社, 2009.

二、期刊

[1] 李怀胜. 犯罪记录对社会信用体系的耦合嵌入与功能校正 [J]. 法学杂志, 2021, 42 (03).

[2] 沈岿. 社会信用体系建设的法治之道 [J]. 中国法学, 2019 (05).

[3] 吴尚聪. 犯罪记录的双重属性及其使用限度: 以个人信息为切入 [J]. 中国人民公安大学学报 (社会科学版), 2019, 35 (02).

[4] 王伟. 公共信用的正当性基础与合法性补强: 兼论社会信用法的规划设计 [J]. 环球法律评论, 2021, 43 (05).

[5] 陈道富, 曹胜熙. 我国社会信用体系建设的进展、问题与对策建议 [J]. 中国经济评论, 2022 (08).

[6] 韩家平. 关于加快社会信用立法的思考与建议 [J]. 征信, 2019, 37 (05).

[7] 崔永东. 社会司法的理论反思与制度重建 [J]. 学术月刊, 2017, 49 (06).

[8] 何荣功. 预防刑法的扩张及其限度 [J]. 法学研究, 2017, 39 (04).

[9] 李兰英, 熊亚文. 刑事从业禁止制度的合宪性调控 [J]. 法学, 2018 (10).

[10] 陈伟. 有期限从业禁止的性质与内涵辨析: 以刑法修正案 (九) 第 37 条之一为中心 [J]. 四川大学学报 (哲学社会科学版), 2018 (04).

[11] 李成. 社会融入: 禁止职业歧视的价值基础重构 [J]. 中外法学, 2015, 27 (05).

[12] 付强. 论犯罪行为的刑罚附随后果 [J]. 法学杂志, 2015, 36 (07).

[13] 徐安住. 犯罪行为的附随法律责任初探 [J]. 求索, 2008 (01).

[14] 李荣. 我国刑罚体系外资格刑的整合 [J]. 法学论坛, 2007 (02).

[15] 李正山. 我国犯罪附随后果职业限制的缺陷及因应 [J]. 公民与法, 2016 (05).

[16] 罗翔. 犯罪附随性制裁制度的废除 [J]. 政法论坛, 2023, 41 (05).

[17] 彭文华. 犯罪附随后果制度的体系定位与本土设计 [J]. 中国刑事法杂志, 2023 (04).

[18] 彭文华. 我国犯罪附随后果制度规范化研究 [J]. 法学研究, 2022, 44 (06).

[19] 严磊. 积极刑法观下犯罪附随后果研究 [J]. 人大法律评论, 2021 (01).

[20] 徐翁明. 也论刑法中职业禁止的法律性质 [J]. 成都理工大学学报 (社会科学版), 2017, 25 (04).

[21] 于志刚. 从业禁止制度的定位与资格限制、剥夺制度的体系化: 以《刑法修正案 (九)》从业禁止制度的规范解读为切入点 [J]. 法学论

坛, 2016, 34 (01).

[22] 刘夏. 保安处分视角下的职业禁止研究 [J]. 政法论丛, 2015 (06).

[23] 徐久生, 师晓东. 犯罪化背景下犯罪附随后果的重构 [J]. 中南大学学报 (社会科学版), 2019, 25 (06).

[24] 姜世波, 孔伟. 私力惩罚的空间: 基于国际足联诉马图扎伦案的思考 [J]. 甘肃政法学院学报, 2015 (03).

[25] 桑本谦. 公共惩罚与私人惩罚的互动: 一个解读法律制度的新视角 [J]. 法制与社会发展, 2005, 11 (05).

[26] 吕耀怀, 陈颜琳. 论社会制裁及其矫治功能 [J]. 湖南工业大学学报 (社会科学版), 2008, 13 (05).

[27] 陆诗忠. 论"应受劳教处罚行为"分流处理中的若干问题 [J]. 烟台大学学报 (哲学社会科学版), 2017, 30 (05).

[28] 梁栋, 肖周录. 后劳教时代规范违法行为的立法模式探究 [J]. 西北工业大学学报 (社会科学版), 2016, 36 (04).

[29] 从淑萍. 论禁止重复评价与一事不再罚 [J]. 东岳论丛, 2009, 30 (06).

[30] 吴习彧. 羞辱刑的病症法学分析 [J]. 社会科学战线, 2012 (06).

[31] 姜晓萍. 国家治理现代化进程中的社会治理体制创新 [J]. 中国行政管理, 2014 (02).

[32] 于建嵘. 从刚性稳定到韧性稳定: 关于中国社会秩序的一个分析框架 [J]. 学习与探索, 2009 (05).

[33] 张红晓. 社会风险治理: 趋势、困境与进路 [J]. 领导科学, 2022 (06).

[34] 四川省监狱管理局课题组. 四川省刑释人员重新犯罪问题探析 [J]. 犯罪与改造研究, 2020 (05).

[35] 管健. 污名的概念发展与多维度模型建构 [J]. 南开学报（哲学与社会科学版），2007（05）.

[36] 吴尚聪. 现代性、社会控制与犯罪记录制度：犯罪记录的谱系学考察 [J]. 甘肃政法大学学报，2021（06）.

[37] 周光权. 积极刑法立法观在中国的确立 [J]. 法学研究，2016，38（04）.

[38] 涂欣筠. 新社会防卫论及其对我国刑事政策的启示 [J]. 理论探索，2017（02）.

[39] 康树华. 新社会防卫论评析 [J]. 当代法学，1991（04）.

[40] 韩轶. 刑罚预防新论 [J]. 法律科学，2004（05）.

[41] 赵宏. 限制的限制：德国基本权利限制模式的内在机理 [J]. 法学家，2011（02）.

[42] 陈景辉. 比例原则的普遍化与基本权利的性质 [J]. 中国法学，2017（05）.

[43] 纪海龙. 比例原则在私法中的普适性及其例证 [J]. 政法论坛，2016，34（03）.

[44] 郑晓剑. 比例原则在民法上的适用及展开 [J]. 中国法学，2016（02）.

[45] 李海平. 比例原则在民法中适用的条件和路径：以民事审判实践为中心 [J]. 法制与社会发展，2018，24（05）.

[46] 刘权. 适当性原则的适用困境与出路 [J]. 政治与法律，2016（07）.

[47] 许玉镇. 试论比例原则在我国法律体系中的定位 [J]. 法制与社会发展，2003，9（01）.

[48] 陈翠玉. 古代株连制度的思想争论及其解读 [J]. 岳麓法学评论，2017，11（01）.

[49] 夏朗. 论轻罪时代的前科淡化: 对犯罪信息获知途径的限缩 [J]. 政法论坛, 2023, 41 (05).

[50] 张伟珂. 域外刑事复权制度立法比较研究 [J]. 法治研究, 2014 (07).

[51] 刘博. 复权制度中国化的路径刍议 [J]. 学习论坛, 2017, 33 (12).

[52] 范进学. 论宪法比例原则 [J]. 比较法研究, 2018 (05).

[53] 刘志伟, 宋久华. 论刑法中的职业禁止制度 [J]. 江西社会科学, 2016, 36 (01).

[54] 靳高风, 张雍锭, 郭兆轩. 2022—2023 年中国犯罪形势分析与预测 [J]. 中国人民公安大学学报(社会科学版), 2023, 39 (02).

[55] 何荣功. 轻罪立法的实践悖论与法理反思 [J]. 中外法学, 2023, 35 (04).

[56] 刘传稿. 轻重犯罪分离治理的体系化建构 [J]. 中国刑事法杂志, 2022 (04).

[57] 杨先德. 积极刑法立法下的扩大追诉现象及其司法规制 [J]. 中国刑事法杂志, 2021 (06).

[58] 张明楷. 增设新罪的观念: 对积极刑法观的支持 [J]. 现代法学, 2020, 42 (05).

[59] 何秉松. 试论新刑法的罪刑相当原则(上) [J]. 政法论坛, 1997 (05).

[60] 郑丽萍. 轻罪重罪之法定界分 [J]. 中国法学, 2013 (02).

[61] 张绍彦. 犯罪定义、原因与惩罚的关联分析 [J]. 中国刑事法杂志, 2008 (05).

[62] 吴宗宪. 再论社区矫正的法律性质 [J]. 中国司法, 2022 (01).

[63] 王顺安. 论中国特色的社区矫正概念与性质 [J]. 宜宾学院学

报，2021，21（01）.

[64] 刘强，武玉红. 社区矫正的性质为社区刑罚执行［J］. 青少年犯罪问题，2020（06）.

[65] 郑丽萍. 互构关系中社区矫正对象与性质定位研究［J］. 中国法学，2020（01）.

三、报纸

[1] 李京. 有违法犯罪记录者或被禁租共享汽车［N］. 南方都市报，2017-09-22（ZB02）.

[2] 陈菲，丁小溪. 最高人民检察院就"赵宇正当防卫案"作出回应［N］. 检察日报，2019-03-02（1）.

[3] 刘纯. 社会服务30小时醉驾男被免起诉［N］. 滨海时报，2017-12-06（7）.

[4] 史奉楚. 喷漆"涉毒家庭"是变相游街示众［N］. 北京青年报，2018-05-11（A02）.

[5] 李爱梅. 赋予教师合理的教育惩戒权［N］. 光明日报，2017-03-20（2）.

[6] 江必新. "推进国家治理体系和治理能力现代化"［N］. 光明日报，2013-11-15（1）.

[7] 杨凡. "公捕公判、游街示众"之痛［N］. 人民法院报，2010-08-04（2）.

[8] 朱宁宁. 专家建议修改刑法给轻罪罪犯以"出路"加快构建有中国特色的犯罪记录消除制度［N］. 法治日报，2023-04-04（5）.

[9] 王顺安. 归正人员平等就业权不应被漠视［N］. 上海法治报，2023-03-03（B7）.

[10] 白岫云. 建立我国轻罪体系的构想［N］. 法治日报，2020-11-11

(9).

[11] 于改之. 比例原则刑法适用的限度 [N]. 中国社会科学报, 2023-07-18 (5).

[12] 傅达林. 恪守惩戒的边界: 新时代立法现象观察之九 [N]. 检察日报, 2018-07-04 (7).

[13] 成功, 刘树德. 轻罪时代的犯罪治理及其制度供给 [N]. 人民法院报, 2023-08-25 (5).

[14] 路歌. 惩罚岂能无底线? [N]. 河南法制报, 2017-09-25 (5).